U0720130

图像儒释道系列

釋氏源流

〔明〕释宝成 编撰
王孺童 点校

中华书局

图书在版编目(CIP)数据

释氏源流/(明)释宝成编撰;王孺童点校. —北京:中华书局,2019.11(2025.4 重印)
ISBN 978-7-101-14106-1

Ⅰ.释… Ⅱ.①释…②王… Ⅲ.佛教史-世界 Ⅳ.B949.1

中国版本图书馆 CIP 数据核字(2019)第 191315 号

书　　名　释氏源流
编 撰 者　〔明〕释宝成
点 校 者　王孺童
责任编辑　邹　旭
封面设计　周　玉
责任印制　管　斌
出版发行　中华书局
(北京市丰台区太平桥西里 38 号　100073)
http://www.zhbc.com.cn
E-mail:zhbc@zhbc.com.cn
印　　刷　北京新华印刷有限公司
版　　次　2019 年 11 月第 1 版
2025 年 4 月第 3 次印刷
规　　格　开本/920×1250 毫米　1/32
印张 13　插页 2　字数 351 千字
印　　数　5001-6000 册
国际书号　ISBN 978-7-101-14106-1
定　　价　48.00 元

出版说明

《释氏源流》，明释宝成编撰，于洪熙元年（1425）成书，以四百篇故事勾勒出一部简明佛教史，其中前二百篇叙释迦生平及印度诸祖传承，后二百篇叙佛教传入中土及历代高僧事迹。这些故事均出自历代佛典传记，经采择精华改写而成，叙述生动，可读性强，每篇均配以相应插图，使文中情节栩栩如生，宛在目前，并且保存了明代版画的珍贵原貌。

本书广受僧俗欢迎，由明至清曾多次刊刻。此次整理，以明嘉靖三十五年（1556）本之清初翻刻本为底本，由王孺童先生点校整理，全文标点，校记以小字随文括注，保留了底本上图下文的版式，简体横排，以方便读者阅读。

中华书局编辑部

二〇一九年七月

目录

卷上

卷下

释迦垂迹

释迦者，梵语也，华言“能仁”，即娑婆世界化佛之姓也。垂迹者，菩提之为极也。神妙寂通，圆智湛照，道绝形识之封，理显生灭之境。然释迦如来最初得佛之后，大悲利物，示有始终。圣人之利见于世也，则必有降本垂迹、开迹显本之妙存焉。夫本者，法身之谓也；迹者，八相之谓也。由法身以垂八相，由八相以显法身，本迹相融，俱不可思议。岂实诞于王宫，宁真谢于双林？但悯群迷长寝，同归大觉，缘来斯化，感至必应。若应而不生，谁能悟俗？化而无名，何以导世矣？是以标号“释迦”，名种“刹利”，体域中之尊，冠人天之秀。然后脱屣储王，真观道树，舍金轮而驭大千，明玉毫而制法界。今约如来因行，引经论，叙圣源，用明法王一代化仪始终之义，此所以度众生之垂迹也。

如来因地

《因果经》云：过去无数阿僧祇劫，有仙人善慧。时灯照王太子名普光，启父出家，成菩提道。善慧初与五百外道讲论义胜，各以银钱上之。与外道别，当往然灯佛所，欲施供养。见王青衣，持七茎莲华过，追问："此华卖否?"答言："当送王宫，欲以上佛。"善慧即以五百银钱买五茎华，以用供佛。青衣从命，并寄二华，以献于佛。时王及大臣礼佛散华，华悉堕地。善慧五华，皆住空中，化成华台；后散二华，住佛两边。佛赞善慧："汝过阿僧祇劫，当得成佛，号释迦牟尼。"善慧见地浊湿，即脱鹿皮衣，以用布地，解发以覆之，待佛行过。佛记之曰："汝后作佛，当于五浊恶世度诸天人。"时善慧求佛出家，佛言："善来！比丘。"剃除须发，著袈裟衣，即成沙门。遂合掌以偈赞佛："今见世间导，令我开慧眼。为说清净法，去离一切著。今遇天人尊，我今得无生。愿将来获果，亦如两足尊。"

上托兜率

《佛本行集经》云：尔时，护明菩萨从迦叶佛所护持禁戒，梵行清净，命终之后，正念往生兜率陀天。而其一生补处菩萨多生此天，智慧满足，心生欢喜。在下诸天多有放逸，上界诸天禅定力多，寂定软弱，不求下生，但受于乐。菩萨不然，但为教化天上诸天人故，生兜率天，诸天人众称为“护明菩萨”。既生天已，诸天宫殿光明照曜，自然庄严，复有无量庄严之事。菩萨设见最胜最妙五欲之乐，心不迷惑，不曾忘失正念本缘，住兜率天满四千岁，为彼诸天显示法相，令其生厌。菩萨即以天眼遥观下界人间众生，造种种恶业，生、老、病、死，众苦逼迫，无解脱时。欲生人间，拔济一切众生种种诸苦，为欲安乐诸众生故，为欲教化众生，说种种法。是故我今即当下生人间，出家学道，成阿耨多罗三藐三菩提，转无上法轮，度诸众生，灭尽诸苦，成无上道。

瞿昙贵姓

《释迦谱》云：自劫初平等王至大茅草王子懿摩王，王逊位与弟，从婆罗门学，姓曰“瞿昙”，而受之言：“当去王衣，如吾所服。”受瞿昙姓，既入深山，形服殊异，无能识者。于甘蔗园，以为精舍。时有盗贼，从由园过，捕盗寻迹，执小瞿昙。王令以木贯身射之，立以为标，血流于地。大瞿昙仙天眼见之，神足飞来：“我徒何罪，酷乃是乎！”取土中血，以泥团之，持还精舍。左血著于左器之中，其右亦然。瞿昙仙人乃咒愿曰：“若其至诚，愿天神有知，使血化成为人。”却后十月，左即成男，右即成女。因名瞿昙，或名甘蔗。至师子颊王，生四太子：一名净饭，二名白饭，三名斛饭，四名甘露饭。印度族姓有四：刹帝利王种，婆罗门净行种，吠奢商贾种，戍陀罗屠刽种。前二贵姓，后二贱姓。随时所尚，佛生其中。释迦出刚强之世，托王种以振威。净饭远祖，舍国修行，受瞿昙姓，世为贵种。

净饭圣王

《因果经》云：尔时，善慧菩萨功行满足，位登十地，在一生补处，近一切种智，生兜率天，名圣善慧。为诸天主说一生补处之行，亦于十方国土现种种身，为诸众生随应说法。期运将至，当下作佛，现五种瑞：一者、放大光明，二者、大地十八相动，三者、魔宫隐蔽，四者、日月无光，五者、天龙八部悉皆震动。又观五事：一者、观诸众生缘熟，二者、观时将至，三者、观诸国土何国最胜，四者、观诸种族何族尊贵，五者、观过去因缘谁最真正应为父母。即自思惟："摩竭提国其母虽正、其父不真，和沙国受他节度，维耶离国多好斗诤，钹树国举动皆妄，余国边地皆不应生。唯有维卫罗国，于此三千大千世界、此阎浮提最处其中；诸族种姓，刹帝利第一，瞿昙苗裔，圣王之后；其净饭王，于诸世间具足清净，性行仁贤，聪明智慧，夫妻真正，堪为父母。即当于彼王种中生。"

摩耶托梦

《因果经》云：尔时，善慧菩萨从兜率宫降神母胎。于时，摩耶夫人于眠寤之际，见菩萨乘六牙白象，腾空而来，从右胁入，身现于外，如处琉璃。夫人体安快乐，如服甘露，顾见自身，如日月照。见此相已，廓然而觉，便至净饭王所，白言："我于眠寤之际，梦见菩萨乘六牙白象来，入我右胁，此何瑞相？"时王即召善相婆罗门至，说夫人所梦有何凶吉。婆罗门占曰："夫人必怀太子，此善妙相不可具说，今当为王略而言之。今此夫人必怀圣子，定能光显释种，降胎之时放大光明，诸天、释、梵执侍围绕。此相必是正觉之瑞，若不出家为转轮圣王，王四天下，七宝自至，千子具足。"时摩耶夫人自从菩萨处胎以来，每日精修六波罗蜜功行，天献饮食，自然而至，不复乐于人间之味。三千大千世界六种震动，诸抱疾者皆悉除愈，百谷苗稼自然丰稔，国大安乐。

树下诞生

《本行经》云：摩耶圣母怀孕将满十月，垂欲生时，引诸婇女游岚毗尼园大吉祥地，安详徐步，处处观看。园中有一大树，名波罗义，柔软低垂。夫人即举右手攀彼树枝，遂生太子，放大光明，即时诸天、世间悉皆遍照。时，天帝释将天细妙憍尸迦衣裹于自手，承接太子。四大天王抱持太子，向于母前，无人扶持，即行四方，面各七步，举足出大莲华，观视四方，口自唱言："天上天下，唯吾独尊。"一切世间诸天及人恭敬供养。地忽自然涌出二池，一冷一暖，清净香水。又虚空中，九龙吐水，浴太子身。诸天音乐，雨妙香华，供养太子。十方大地六种震动，一切众生皆受快乐。当此土周昭王二十四年甲寅岁四月八日。是日，江河泛溢，山川、宫殿震动，有五色光贯太微宫。王问群臣，太史苏由奏曰："西方有圣人生，却后千年，教法来此。"王令镌石，埋于南郊志之。

从园还城

《本行经》云：有一大臣诣岚毗园外立，见一女人疾走而出，欢喜踊跃，见已报言：“国大夫人产一太子，汝今可还，向大王所，奏是喜事。”大臣调马，行疾如风，未见于王，先打欢喜之鼓。净饭王坐宝殿上，辅相大臣，治理国政，忽闻欢喜鼓声。时王惊问，大臣答言：“大王夫人生一太子，形似天人，身黄金色，放大光明。”王闻是言，即往园中，欲看太子。至彼园已，白夫人言：“宜于太子住处作吉祥事，吾欲面见观视太子。”时有女人抱持太子，将诣王所。时净饭王自心思惟：“太子入城，作何辇舉？”时毗首羯磨天化作七宝辇舉，四大天王各变其身，悉并年幼，头为螺髻，端正可喜，躬御太子宝舉而行。时净饭王令诸童子，身着黄衣，左手执金瓶，右手持宝杖，在太子前，翊从而行。复有无量诸天玉女，各持诸天杂宝香炉，焚烧种种微妙之香，供养太子，引导而行。

仙人占相

《本行经》云：尔时，净饭王即召相师，观占太子吉凶之相。诸相师等，一心瞻看太子形容，各依先圣诸论答言：“此太子者，有大威德，今生王家，身有三十二相，于世间中则有二种：若在家受世乐者，则作转轮圣王，七宝具足；若舍王位，出家学道，得成如来、应、正遍知，名称远闻，充满世界。”复有阿私陀仙至净饭王宫，求见太子：“大王慈恩，愿当示我。”夫人手抱太子，令向仙人。仙人两手抱持太子，安于顶上，复置膝上，即报王言：“今此太子，身黄金色，头圆鼻直，足满臂长，犹如金像，备具三十二相、八十种好，必定出家学道，得成阿耨多罗三藐三菩提，当转无上法轮，能于一切天人、魔、梵、沙门、婆罗门等，阐扬正法。若闻法者，皆得解脱。”仙人言已，作是思惟：“今当有佛出兴于世，自恨衰老，不值如来，常处长夜，恒迷正法。”于是悲啼懊恼，歔欷哽咽，乘空而去。

姨母养育

《本行经》云：尔时，太子既以诞生适满七日，摩耶夫人其形羸瘦，遂便命终，即便往生忉利天上。在于天上，思忆太子，与诸婇女左右围绕，各持天妙香花，从虚空下，诣太子所，处处遍散。渐到王宫，语净饭王言："我于往昔怀孕之时，满足十月，受于快乐，我今得生天上还受快乐，愿莫为我生大忧苦。"即便隐身，还彼天宫。时净饭王即将太子付嘱姨母摩诃波阇波提，言："汝是太子姨母，应当养育，善须护持，应令增长，依时乳浴。"又别拣取三十二女，令助养育，八女抱持，八女洗浴，八女令乳，八女戏弄。尔时，姨母谨依王敕，不敢乖违。姨母养育太子，譬如日月从初一日至十五日，清净圆满，养育太子亦复如是。又复譬如尼拘陀树，得种好地而渐增长，后成大树。从其太子出生已来，净饭王家一切财物，金、银、珍宝、牛、羊、象、马，日日增长，无所乏少。

往谒天祠

《大庄严经》云：菩萨生已，诸释眷属诣净饭王所，白言：“大王今者可将太子谒于天庙，以祈终吉。”王即许之。净饭王告摩诃波阇波提言：“欲将太子往于天庙。”并敕宫人：“并须严饰，以诸宝服庄严太子。”时净饭王自将太子乘车而出，及诸大臣、释氏眷属前后翊从，烧香散花，满于街路。象马车乘，无量军众，执持幡盖。无数妓女，鼓乐歌舞，随从而行。无量诸天于虚空中，散众天花。时净饭王威仪整肃，诣于天庙。至天庙已，王自抱持太子入天庙中。足逾门阃，所有诸天形象皆从座起，迎于太子，曲躬而立。时众会中，百千天人皆大欢喜，迦毗罗国六种震动。诸天形象各现本形，而说偈言：“圣子如日月，亦复同溟海，而与须弥等，不宜恭敬我。福慧及威力，礼者获大利。若人去憍慢，生天证涅槃。”太子示入天庙，时无量诸天人民发阿耨多罗三藐三菩提心。

园林嬉戏

《本行经》云：时净饭王为太子作众宝璎珞、胜妙花鬘、宝冠腰带，庄严太子。时摩诃波阇波提怀抱太子，安置膝上，坐宝辇中。无数童男童女，皆以诸宝璎珞庄饰其身，手执诸花，于前引导太子，往诣园林。尔时，释种亲族、童子童女，各持鹿车、羊车，复持种种船舫，种种鼓乐，箫、笛、琴、瑟，牛、羊、狮、象，诸杂鸟形，一切器仗列太子前，恣令嬉戏。复置羝羊，真金为鞍，令太子乘，园中游戏。彼诸童子亦乘羊车，伴太子戏。童子童女各各欢笑，人人拍手，歌舞叫啸。或复聚沙为塔，散花礼拜，令其太子恣意嬉戏，具足八年。如是娱乐太子，增长智慧，不似世之婴孩，流涕不净，无有粪秽，亦不呱啼呻吟嚬缩，不饥不渴。诸母养育，常生欢喜。时彼园内，有一天神名曰离垢。然彼天神，在于虚空，隐其半身，即持种种天花，散于太子顶上。姨母抱持太子，坐宝车上，还其本宫。

习学书数

《本行经》云：净饭王知其太子年已八岁，而告群臣："卿等当知，访问国中智慧第一，堪为太子师者，教太子读书及余诸论。"咸言："有毗奢婆密多罗，善知经论，堪教太子。"诸释种童子，亦随太子而学。太子将升学堂，毗奢婆密多罗遥见太子，遂起身顶礼，自觉羞惭，见虚空中，诸天神王守护太子，以诸天花散太子上。太子既初入学而问师言："教我梵书、仙书，若此书凡有六十四种，未审尊师教我何书？"是时，毗奢婆密多罗闻太子说是书名，遂怀私惭，折伏贡高我慢之心，向于太子前，而说偈言："希有清净智慧人，善顺于诸世间法，自己通达一切论，复更来入我学堂。如是书名我未知，汝今悉皆诵持得，是为天人大尊导，今复更欲觅于师。"尔时，释种童子俱入学堂读书写字。太子威德力故，复有诸天神力加护，诸释童子皆悉通达书数经论。

讲演武艺

《本行经》云：时净饭王复集群臣："卿诸臣等，谁知何处有师，最能武艺，堪教太子?"答言："羼提提婆堪教太子，兵戎法式，其所解知，凡有二十九种，悉皆通达。"王造园苑，拟以游戏。提婆将引太子入园，教戎技智。太子见已，悉皆弃舍："我自解此，不须更学。"提婆即教其余释种。太子于此一切诸技，何假须教。复欲教习诸王要法，所谓天文、祭祀、占察、悬射，前事谬语，知禽兽音，达于声论，造作诸技，因技报答，咒术杂事，十余种名，古先治化，一切书典，教于太子，及自他释亦如是教。又复世人积年累月所学问者，或成不成，彼等众技，一切诸论，太子能于一时之中，及余释种不须习学，悉皆通达，一切自在。是时，提婆即为太子而说偈言："汝于年幼时，安庠而学问。不用多功力，须臾而自解。于少日月学，胜他多年岁。所得诸技艺，成就悉过人。"提婆惭耻，反礼太子。

太子灌顶

《过去因果经》云：尔时，净饭王即会群臣而共议言："太子今者年已长大，智慧勇健，皆悉具足。今宜应以四大海水灌太子顶。"又复敕下余小国王："却后二月八日灌太子顶，皆可来集。"至二月八日，诸余国王，并及仙人、婆罗门等，皆悉云集。悬缯幡盖，烧香散花，鸣钟击鼓，作诸妓乐。以七宝器，盛四海水，诸仙人众，各各顶戴，授婆罗门。如是乃至遍及诸臣，悉已顶戴，传授与王。时王即以灌太子顶，以七宝印而用付之。又击大鼓，高声唱言："今立萨婆悉达以为太子。"尔时，虚空天、龙、夜叉、人、非人等，作天妓乐，异口同音赞言："善哉！"当于迦毗罗卫国立太子时，余八国王亦于是日同立太子。太子启王，出游园苑，王即听许。群臣导从，游观田野，看诸耕人，起大慈悲，即便思惟："离诸爱欲。"王闻此语，心生忧恼，虑其出家，宜急婚聘，以悦其意。更增妓女，而娱乐之。

游观农务

《普曜经》云：尔时，太子年遂长大，启于父王，与群臣俱游于村落。观耕犁者，勤劳执役。见地耕转，虫随土出，乌鸟寻啄。太子见已，起慈悲心，哀嗟世间，有如斯苦，匆匆不安，人命甚短，忧畏无量。日月流迈，出息不保，就于后世。天人始终，三恶道苦，不可称载。五趣生死，轮转无际，沉没不觉，痛苦难喻。又见园中，有阎浮树，枝叶茂盛。在彼树下，结跏趺坐，一心禅思，三昧正受，以为第一。五百神仙，飞行虚空，不能得过。时诸仙人即下住地，观见菩萨禅思坐定，叹未曾有。于时日照树曲，覆菩萨身，一切树木，皆悉曲躬，向于菩萨。群臣见已，疾往启王。时王闻之，前诣树下，即见太子，威神吉祥，巍巍无量，而说偈言："如火在山顶，如月在众星，现身树下禅，威光无不照。其初生之时，身自坐禅思，其身威神光，明彻普遍照。十方诸天人，因是得济度。"即同太子，严驾还宫。

诸王捔力

《本行经》云：净饭王与大臣娑呵提婆，谕诸释种童子："武艺之中，谁能最胜?"于戏场中，安施铁鼓。提婆达多射彻三鼓。难陀即射，亦彻三鼓。有司进弓，太子试弓，以弓力弱，令取内库祖王所用良弓。太子牵挽，平胸而射一箭，穿过七个铁鼓，其箭射达十拘卢奢。复更别立铁猪，太子一箭便穿七铁猪，彼箭入地，即成一井，于今人民常称"箭井"。尔时，诸天各将天花散太子前，帝释取箭，上天起塔供养。时净饭王既见太子技能皆悉胜彼，敕取白象，拟太子乘。提婆达多先入城，见此白象，问言："何往?"答言："拟太子乘。"时提婆达多我慢兴盛，左手执鼻，右手筑额，一拳倒地，遂即命终，塞彼城门，往来不通。难陀次至，见象塞路，执彼象鼻，牵离城门。太子见已，左手举象，以右手承，从于虚空，掷置城外，一拘卢奢，而象堕地，即成大坑。至今，人民相传此处名为"象坑"。

悉达纳妃

《因果经》云：尔时，净饭王集诸群臣而共议言："太子年已长大，宜应娶婚。"诸臣答言："有释种婆罗门名摩诃那摩，有女名耶输陀罗，颜容端正，聪明智慧，贤德过人，礼仪备具。有如是德，堪为太子妃。"王言："若如卿语，便为纳之。"王还宫内，即敕老成宫女："汝往摩诃那摩长者家，瞻看其女容仪礼节如何，可停于彼十日。"女受王敕，往彼长者家瞻看此女，还答王言："观看此女，容貌端正，威仪进止，无与等者。"王即遣人语摩诃那摩长者言："太子年长，欲为纳妃，汝女善淑，宜堪此举。"时长者答使者言："谨奉敕旨。"王即令诸大臣，择取吉日，遣车具礼，而往迎之。既至宫已，具足太子婚姻之礼。又复更增二妃，一名瞿夷，二名鹿野，并诸婇女，娱乐太子。以有三妃，造三时殿。尔时，太子恒与其妃行住坐卧，无有世俗之意。于静夜中，但修禅观，未尝与妃有夫妇之道。

五欲娱乐

《本行经》云：尔时，净饭王为太子立三等宫婇女三千，侍御太子。第一宫婇女当于初夜，第二宫婇女于半夜时，第三宫婇女于后夜时，奉侍太子。时净饭王念阿私陀仙人所说，复置诸杂音乐，各各千数，常于宫内昼夜不绝。太子在于婇女之中，受诸快乐，不须远涉，出宫外游。时饭王为增太子诸功德故，建立苦行，断于一切诸邪恶法，行一切善，布施诸物，造众福业，备行苦行，以此善根，回资太子，为令增长诸功德故，愿莫出家。太子在于父王宫内，唯独一人具足五欲娱乐，逍遥嬉戏，自恣足满，十年不曾出外。净饭王于太子所住宫院周匝，别更造立子城，唯置一门，安施机发，开闭之时，五百人扶持拥卫，方得开阖。其门声动，闻半由旬。内外悉罗壮士防守，身着铠甲，禁卫宫闱。如是严紧，恐畏太子舍离椒房，逾越出家。

空声警策

《本行经》云：尔时，虚空有一天子，名曰“作瓶”。见是太子，十年在宫，受五欲乐：“莫为贪着，心醉荒迷，情放盈溢。百年迅速，时不待人。护明菩萨今须觉察，早应捐弃，舍俗出家。我若不先为彼作于厌离之相，则彼躭湎未有醒悟发出家心。我今应当赞助其事。”即于空中而说偈言：“善哉仁者年盛时，宜速出家令满愿，应当利益天人等，五欲行者不可厌。没溺六尘境舍难，唯有出世行大智，乃能厌离此五欲，是故仁今可捐弃。众生多有烦恼患，仁当为作大医师，说妙种种法药王，速疾将向涅槃岸。无明黑暗所障蔽，诸见罗网种种缠，速然智慧大明灯，早使天人得净眼。”空中天子说此偈已，威神感动发劝因缘，复以太子宿世善根福德力故，令彼宫中婇女所作音声，不顺五欲之事，唯传涅槃、住持、信解、微妙诸法之声，欲令太子厌离世间，心生觉悟。

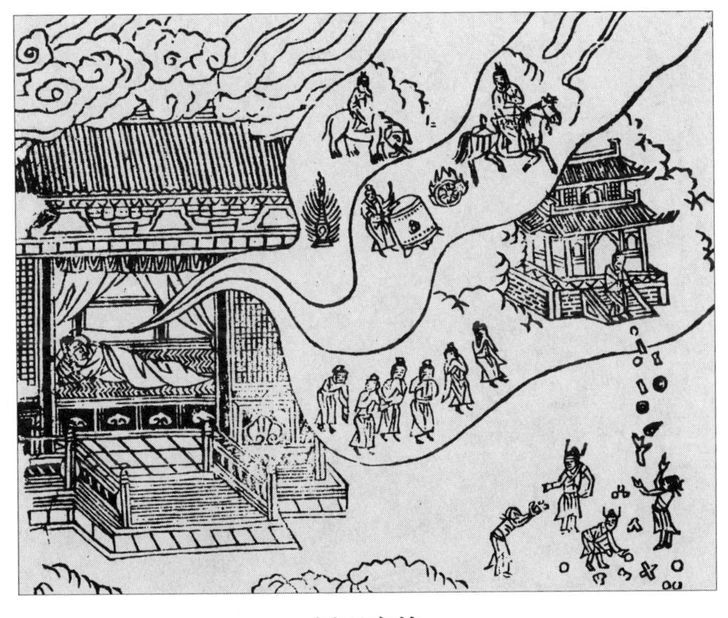

饭王应梦

《本行经》云：尔时，作瓶天子以神通力，欲令太子发出家心，即于其夜与净饭王七种梦相：一、梦帝释幢从东门出；二、梦太子乘大白象城南门出；三、梦太子驾驷马车城西门出；四、梦杂宝庄严大轮城北门出；五、梦太子在城中央大街，手执一槌，挝打大鼓；六、梦太子坐高楼上散施珍宝，四方诸人来将宝去；七、梦城外不远，有于六人举声大哭，宛转于地。王梦是相，心大惶怖。明日召占梦师，说如上梦，答言："不知。"王复忧愁。时作瓶天化婆罗门言："善能解梦。"大王召入，说七种梦。婆罗门言："第一、太子出家瑞相，第二、证果相，第三、得四无畏相，第四、成佛相，第五、转法轮相，第六、三十七品法宝相，第七、外道六师忧恼相。"化人为王详说梦已，白言："大王，当生欢喜，勿怀恐怖，忧愁不乐。"大王闻已，重增太子五欲之具，令太子爱恋，不乐出家，免吾忧念。

路逢老人

《本行经》云：尔时，作瓶天子欲令太子出向园林，观看好恶，发厌离心，渐教舍离于彼五欲，赞叹园林甚可爱乐。太子闻已发心，令速严饰庄校好车，于彼园林观看游玩。驭者奏净饭王，王出敕令，悉遣洒扫。尔时，太子登上宝车，从城东门而出。作瓶天子变身化作一老弊人，伛偻低头，须髩如雪，四肢颤掉，行步不安，唯仰杖力。如是相貌，在太子前，顺路而行。太子见彼老人，身体极瘦衰相，即问驭者："此是何人?"驭者白太子言："此是老人。"太子复问："何者名老?"驭者答言："凡名老者，为诸衰耄所逼，诸根渐败，无所觉知，非朝即夕，其命将终。"太子复问："我今此身，亦当如是受老相耶?"答言："太子，贵贱虽殊，凡是有生，悉皆有老。即今人身，具有如是老相，但未现耳。"太子复言："我今不向园林游戏，宜速回驾。"还入宫中，心自思惟："作何方便，得免衰老之相?"

道见病卧

《本行经》云：尔时，作瓶天子复见思惟："菩萨在彼宫内，著于五欲，放逸情荡，已经多时。世间无常，盛年易失，应当早舍宫内出家，使其觉悟，令速厌离。"菩萨宿福因缘，忽然发心欲出游戏，太子即召驭者言："庄严好车，出城游玩。"太子乘车，从城南门出，渐向园林。作瓶天子于太子前路，化作一病患人，身体羸瘦，面色痿黄，喘气微弱，命在须臾。太子见病人已，问驭者言："此是何人?"驭者报言："此是病人。"复问："何名病人?"答曰："此人不善安隐，威德已尽，困笃无力，死时将至，无处归依。此人不久自应命终，欲得求活，无有是处。"复问："为独此人？为当一切?"答言："非独此人，一切天人皆悉未免。"太子告言："若我此身不脱是病，难得度者，我今不假园林游戏。"即勒回车，而还宫中，静坐思惟，一心系念。净饭王闻已，忆阿私陀仙受记之语，决定真实，太子莫复舍我出家。

路睹死尸

《本行经》云：时作瓶天子复发是念："菩萨宫内极意欢娱，我今可为厌离五欲，早令出家，令从宫内向彼园林。"是时，太子谓善驭者："汝可速驾驷马宝车，我欲出城，诣园游戏。"太子坐车，从城西门出，向于外观看园林。作瓶天子于太子前，化作一尸，在于路上。太子见之，心怀惨恻，谓驭者言："此是阿谁？卧于路上。"驭者答言："此名死尸。"太子复问驭者："死尸是何？"驭者报言："太子，此人已舍世间之命，无有威德，今同木石，捐舍亲族一切识知，唯独精神自向彼世，从今以后，不复更见父母、兄弟、妻子眷属。如是眷属，生死别离，更无重见，故名死尸。"复问驭者："我亦有此死否？"驭者报言："太子尊身，于此死法，亦未免脱。一切世间之人，无分贵贱，不择贤愚，皆不免死。"太子闻已，情思不悦，回驾还宫，端坐思惟，默然系念："人人贵贱，受福若尽，无常至时，皆无有异也。"

得遇沙门

《大庄严经》云：尔时，太子召驭者言："今日欲往园林游玩，汝可严驾。"驭者奏王，王谓驭者曰："太子前出三门，见老、病、死，愁忧不乐，今日宜令从北门出。"严饰道路，香花、幡盖倍胜于前。太子与诸官属前后导从，出城北门。尔时，净居天化作比丘，着坏色衣，剃除须发，手持锡杖，徐步而行，形貌端严，威仪整肃。太子遥见，问是何人。时净居天以神通力，令彼驭者报太子言："如是名为出家人也。"太子即便下车作礼，因而问之："夫出家者，何所利益？"比丘答言："我见在家生、老、病、死，一切无常，皆是败坏、不安之法，故舍亲族，处于空闲，勤求方便，得免斯苦。我所修习无漏圣道，行于正法，调伏诸根，起大慈悲，能施无畏，心行平等，护念众生，不染世间，永得解脱，是故名为出家之法。"太子闻已，深生欢喜："天人之中，唯此为上，我当决定修学此道。"既见是已，登驾而还。

耶输应梦

《本行经》云：时太子妃耶输陀罗即于是夜，便觉有娠。尔时，其夜疲极，睡眠卧梦，见有二十种可畏之事，忽然惊起，报太子言："梦见大地周匝震动，有帝释幢崩倒于地，天上星宿悉皆堕落，最大伞盖车匿持去，我头发髻刀截而去，我身璎珞为水所漂，我之身形渐成丑陋，我身手足自然堕落，我此身形忽然赤露，我所坐床自塌于地，我眠卧床四脚摧折，众宝大山崩颓堕地，宫内大树被风吹倒，明月团圆忽然而没，红日照明忽然黑暗，宫城炬火出向城外，护城之神忽然啼哭，迦毗罗城忽为旷野，园林花果并皆凋落，防御壮士交横驰走。"白言："太子，我见如是二十种恶梦，心大恐怖，惊疑不安。为复我身寿命欲尽？为共太子恩爱别离？"太子闻是语已，自心思惟："我今不久舍世出家。"复慰谕耶输言："汝见如是恶梦，不须怀忧，但当安隐，无复烦恼。"

初启出家

《庄严经》云：菩萨于静夜中，作是思惟："若不启父王私自出家，违于教法，不顺俗理。"从其所住，诣父王宫，放大光明，长跪合掌，白父王言："愿欲出家。"王闻此言，涕泣不许。重白父言："有四种愿，当断出家：一、愿不老，二、恒少壮，三、常无病，四、恒不死。"王即告言："此愿甚难！诸仙世人，谁免老死？"王召亲族，而作是言："太子昨夜来请出家，我若许之，国无继嗣。作何方便，令其息心？"诸族白言："我等当共守护太子，太子何力能强出家？"王敕亲族，城东门外置其五百释种童子，英威勇健，制胜无前；一一童子有五百辆斗战之车以为严卫，五百力士执戟于前，南、西、北门如上所说。于其城上，周匝分布五百壮士，擐甲持矛，昼夜巡警，无暂休息。国太夫人波阇波提于王宫内，集诸婇女，自从今夜，无令眠睡，户牖重关，坚持锁钥，守护太子，莫生怠慢，勿使出家，悉无依怙。

夜半逾城

《庄严经》云：尔时，菩萨于音乐殿中，端坐思惟："过去诸佛皆发四种大愿：一者、愿我未来自证法性，于法自在，得为法王，以精进智，救拔三界爱缚苦恼众生；二者、有诸众生婴此生死黑暗稠林，患彼愚痴，无明瞖目，以空、无相、无愿为灯、为药，破诸暗惑，除其重障，成就如是方便智门；三者、有诸众生竖高幔幢，起我、我所，心想倒见，虚妄执著，为说正法，令其悟解；四者、见诸众生处不寂静，三世流转，如旋火轮，亦如团丝，自缠自缚，为彼说法，令得解缚。"太子语车匿言："汝可鞁乾陟来。"车匿答言："今始半夜，何用鞁马？"太子复言："我今出家，莫违我意。"净居诸天令彼军士、婇女悉皆昏睡，都无觉知。车匿即鞁马毕，太子乘已，初举步时，大地六种震动，升空而去。四大天王捧承马足，梵王帝释翊从引路。至彼往古跋伽仙人苦行林中，即便下马，端然而坐。

金刀落发

《庄严经》云：菩萨作是思惟："若不剃除须发，非出家法。"乃取金刀，即自剃发，而发愿言："愿断一切烦恼及以习障。"时天帝释即以天衣，于空取发，还天供养。菩萨自观身上，犹着宝衣，即作念言："出家之服，不当如是。"时净居天化作猎师，身着袈裟，手持弓箭，默然而住。语猎者言："汝所著者，乃是往古诸佛之服，云何着此而为罪耶？"猎者言："我着此衣，以捕群鹿。鹿见此服，而不避我，方得杀之。"菩萨言："汝着袈裟，专为杀害；我今若得，惟求解脱。我今与汝憍奢耶衣，汝可与我粗弊衣服。"是时，猎者即脱袈裟，授与菩萨。菩萨于时心生欢喜，即便与彼憍奢耶衣。时净居天以神通力，忽现本形，飞上虚空，还至梵天。菩萨见已，于此袈裟倍生殷重。于时，菩萨身着袈裟，仪容改变，作如是言："我今始名真出家也。"于是安详徐步，至彼跋渠仙人苦行林中，一心求道矣。

车匿辞还

《庄严经》云：时太子至山林已，慰谕车匿："世间之人，或有心从而形不随，或有形随而心不从，汝今心形皆悉随我。世间之人，见富贵者竞来奉事，见贫贱者弃而远之。我今舍国来至于此，惟汝一人独能随我。我今既得至闲旷处，即自解衣，取庄严具，还于宫中，奉上父王，作如是言：'太子今者于世间法，无复希求，不为生天受五欲乐，亦非不孝，亦无嗔忿慊恨之心，但见世间众生迷于正路，没在生死，为欲拔济众生，故出家耳。惟愿父王，勿生忧虑。'若谓我今年少，未应出家，汝以我言，方便谘启：'生、老、病、死，岂有定时？人虽少盛，谁能独免？'又脱诸余严身之服，与耶输陀罗言：'人生于世，爱必别离。我今为断此诸苦故，出家学道。勿以恋著，横生忧愁。'及语宫中诸婇女等，并告释种童子：'我今欲破无明网故，愿成正觉。'所为事毕，当还相见。"车匿涕泣而回。

车匿还宫

《庄严经》云：是时，车匿牵其白马，并赍璎珞诸庄严具，将入王宫，其马嘶声闻于宫内。摩诃波阇波提及耶输陀罗并诸婇女皆来聚集，共相谓言："将非太子回还宫耶？"车匿入宫门已，姨母及妃并诸婇女，惟见车匿，不见太子，同时啼哭，即问："太子今在何处，汝独回归？"车匿答言："太子弃舍五欲，为求道故，在彼山林，着坏色衣，剃除须发。"姨母闻已，放声大哭，责车匿言："我今何负于汝？取我圣子，送彼山林。猛兽毒虫，甚可怖畏。而今独住，将何所依？"车匿言："太子付我白马及诸宝具，令我速还。太子嘱我：'汝到宫时，拜上姨母，殷勤劝谕：莫生忧念，住此不久，得成正觉，还当相见。'"耶输陀罗责车匿言："汝今何故，损害于我？"车匿答言："但以诸天神力，使守卫之人咸皆熟睡，无所觉知。太子出宫，如日升天，放大光明，诸天捧承马足而去，非干车匿之事也。"

诘问林仙

《因果经》云：尔时，太子至跋伽仙人林中，鸟兽瞩目。仙人遥见太子，谓是天神，与诸徒众迎太子坐。太子观察仙人之行，或披软草、或披树叶以为衣服，或食草木花果，或一日一食、二日一食、三日一食，或事水、火，或奉日、月，或翘一足，或卧尘土、荆棘，或卧水、火之侧。太子问其所由，仙人答言："为欲生天。"太子告仙人言："诸天虽乐，福尽则坠，轮回六道，终为苦聚。我今学道，为断苦本。"太子与诸仙人设此议论，言语往复，乃至日暮。太子即便停彼一宿，明旦辞去。有一仙人善知相法，语众人言："今此仁者，诸相具足，必当得于一切种智，为天人师。我等所学道异，不敢相留。仁者若去，可向北行，彼有大仙名阿罗逻迦兰。仁者可往，就其讲论。我观仁者，亦当不必住于彼论。"于是太子即便北行，诸仙人众见太子去，心怀懊恼，合掌相送，极望绝视，然后乃还。

劝请回宫

《因果经》云：时净饭王遣太子师及以大臣，至跋伽仙人苦行林中，问于仙人："太子出家学道，曾至此林否？"大仙答曰："有一童子共我议论，今诣阿罗逻迦仙人处。"师别，即往彼仙人所，果见太子。师即白太子言："大王久知太子深乐出家，此意难回。然王于太子恩爱情深，愿请回驾还返宫中，不令太子全弃道业。静心之处，何必山林？"太子答言："我岂不知恩爱情深？但畏生、老、病、死之苦，为断除故，是以来此。我今修道，终不回还。"师自思维："奉受王使，来请太子，而复不能转太子意。"徘徊路侧，不能自返，互相议言："既为王使，而无力效，今者空归，云何奉答？我等当留所从五人，聪明智慧，心意柔软，为性忠直。密令伺察，看其进止，守护给侍。"语憍陈如："汝等五人悉能住在此否？"五人答曰："善哉！依命当密守护。"师及大臣辞别太子，悲泣而回。

调伏二仙

《因果经》云：太子至阿罗逻所，太子问言："生死根本，云何断之?"仙人答曰："持戒、忍辱，修习禅定。有觉有观，得初禅；除觉观，定生入喜心，得二禅；舍喜心，得正念，具乐根，得三禅；除苦乐，得净念，入舍根，得四禅，获无想报。"太子复问："非想非非想处，为有我耶？为无我耶？若言无我，不应言非想非非想。若言有我，我为有知？我为无知？我若无知，则同草木；我若有知，则有攀缘。既有攀缘，则有染著，故非解脱。汝以尽于粗结，而不自知细结犹存，以是之故，谓为究竟，细结滋长，复受下生。以此因故，非度彼岸。若能除我及以我想，一切尽舍，是则名为真解脱也。"仙人默然，心自思惟："太子所说，甚为微妙。"于时，太子为求胜法，辞别而去。仙人白言："汝若成道，愿先度我。"太子答言："善哉!"次至迦兰所住之处，论议问答亦复如是。太子即便辞去，仙人奉送，绝视方还。

六年苦行

《普曜经》云：尔时，太子作是思惟："六年之中，示大勤苦精进之行。"因是现行四禅，数出入息，令其意解，无想不念，无所希望，在所至凑，心无所倚。欲现世间，开化外学，若干品业，训诲诸天，示其罪福。外学异术，计死断绝，神无所生；或言有常，云无罪福。为分别说功福之报，现身、口、意当行清净，日服一麻一麦。六年之中，修立难行勤苦之行，宿命不债。六年之中，结跏趺坐，威仪进止，未尝有缺，亦无覆盖。不避风雨，不起经行，大小便利，亦不屈伸，亦不倾侧，身不倚卧，春、夏、秋、冬巍然端坐。值有众难，未曾举手，以自蔽障。诸根不乱，目不邪视，心不恐怖。鹊巢树上，抱卵哺雏，粪污其身，亦不弃去。天龙八部，目自睹见，菩萨功勋，道德巍巍，来往其边，供养奉事。太子定坐六年，现勤苦行，教授开化天人，立之三乘。以是之故，坐六年耳，成无上道，广度众生。

远饷资粮

《因果经》云：太子至伽阇山苦行林中，求正真道，日食一麻一麦，修其苦行。憍陈如等亦修苦行，供奉太子。既见此已，即遣一人，还白王师，具说太子所修行事。王师即往王所，说如上事。尔时，净饭王闻此语已，心大烦恼，举身颤掉，语王师言："太子遂舍转轮王位，并父母、亲族恩爱之情，远去深山，修其苦行。我今薄福，失此之子。"复以使人所言，向波阇波提及耶输陀罗而为说之。时净饭王与姨母及耶输，各严五百车乘资粮之物，令车匿送与太子，随时供养，勿使乏少。车匿领车，疾速而去。至彼，见太子形容消瘦，衔泣而言："大王忆念太子，遣我送此资粮，远饷太子。"答言："我违父母，及舍国土，远来在此，为求至道，云何当复受此饷耶?"车匿闻已，心自思惟："太子今者既不肯受，我当别觅一人，领资粮车，仍还王所。我住于此，奉侍太子，不离左右。"

牧女乳糜

《因果经》云：尔时，太子心自思惟："我今于伽阇山，示修苦行，日食一麻一麦，身形消瘦，有若枯木。修其苦行，今满六年。我若复以此羸身而取道者，彼诸外道当言：'自饿是般涅槃因。'我今虽复如是节节，而有那罗延力，亦不以此而取道果。我当受食，然后度生。"作是念已，至尼连河侧，露地而坐。时彼林外有二牧牛女人，一名难陀，一名波罗。时净居天劝牧女言："太子今在林中，汝可供养。"女人闻已，心大欢喜，即择肥壮㹀牛，入河洗浴，亲手自取淳乳，如法煎煮。即取乳糜，盛满金钵，至太子所，头面礼足，而以奉献。太子即便受彼女施，而咒愿之："今所施食，欲令食者得充气力；当使施者得色、得力、得舍、得喜，安乐无病，终保年寿，智慧具足。"即复作如是言："我为度脱诸众生故，而受此食。"咒愿讫已，即受食之，身体光悦，气力充足，堪受菩提。

禅河澡浴

《庄严经》云：尔时，菩萨复作是念："六年勤苦，衣服弊坏。"于尸陀林下，见有破粪扫衣，将欲取之。于时，地神告虚空神言："释种太子舍轮王位，拾是所弃粪扫之衣。"虚空之神闻已，告三十三天，乃至传闻阿迦尼吒天。菩萨手持粪扫之衣，作如是言："何处有水，洗浣是衣？"有一天神以手指地，遂成一池。又念："何处有石浣衣？"时天帝释即以方石，安处池畔。菩萨见石，遂洗浣衣。帝释白言："我当为菩萨洗浣此衣，惟愿听许。"菩萨欲使将来诸比丘众，不令他人洗浣衣故，不与帝释洗浣，即便自洗。浣衣已讫，入池澡浴。是时，魔王波旬变其池岸，极令高峻。池边有树，名阿斯那。是时，树神按树令低，菩萨攀枝，得上河岸。菩萨澡浴之时，诸天散花，遍满河岸。菩萨浴竟，诸天竞取此水，将还天宫。池中水族，饮其水已，得生天上。菩萨为利益故，度脱水族，示现澡浴。

帝释献衣

《庄严经》云：尔时，太子至尼连河，洗浣故衣，入水浴已。河边有一大树，于彼树下，自纳故衣。时净居天子，名无垢光，将沙门应量袈裟，供养菩萨。于是菩萨即受着之。时聚落神告善生女："汝宜营办美食，供养菩萨。"时善生女，即以金钵满盛乳糜，持以奉献，菩萨受之。时河中有一龙妃，名尼连茶耶，从地涌出，手执庄严微妙宝座，奉献菩萨。菩萨受已，即坐其上，取彼善生女所献乳糜，如意饱食，净尽无余。菩萨食于乳糜，身体相好，平复如本，即以金钵掷致河中。是时，龙王生大欢喜，收取金钵，宫中供养。时释提桓因即变其形为金翅鸟，从彼龙王夺取金钵，将还本宫，起塔供养。尔时，菩萨从座而起，龙妃还持所献床座，归于本宫，起塔供养。菩萨由福慧力故，食乳糜已，三十二相，八十种好，圆光一寻，转增赫奕。菩萨正念，诣菩提场，而取正觉。

诣菩提场

《庄严经》云：菩萨正念，向菩提树。时有主风雨神，周遍洒扫，尽令严净。菩萨身放无量光明，普遍振动无边刹土。复有无量诸天，奏天妙乐，雨众天华，遍覆其地，无量希有吉祥瑞相。菩萨将欲向菩提树，其夜，大梵天王告诸梵众言："当知菩萨被精进甲，智慧坚固，成就菩萨之行，通达波罗密门，于菩萨地得大自在，住于如来秘密之藏，超诸魔境。一切善法皆能自觉，不由他人而得觉悟。为诸如来大神通力之所护念，当为众生说解脱道。菩萨以如是等无量功德，诣菩提场。为欲降伏众魔怨故，成阿耨多罗三藐三菩提；欲圆满十力、四无所畏、十八不共法，转正法轮故；为欲作大师子吼，施大法雨，令诸众生得满足故；令诸众生得清净法眼，令诸外道息诤论故；欲使本愿得圆满故，于一切法得自在故，不为世间八法所染，犹如莲花不著于水。"

天人献草

《本行经》云：菩萨念言："我今至菩提场，欲作何座?"时净居天白言："大圣仁者，过去诸佛皆坐草座而取正觉。"菩萨思惟："谁能与我如是之草?"帝释天王即化其身为刈草人，不近不远，右边而立，刈取于草。其草青绿，颜色犹如孔雀项毛，柔软滑泽。而手触时，犹如微细迦尸迦衣，色妙清香。菩萨见于彼人刈如是草，渐至人边，宽缓问言："仁者，汝何名字?"其人答言："我名吉祥。"菩萨闻已，心大欢喜，如是思惟："我今欲求吉祥，他人吉祥以名，吉祥在于我前，我今决当得证阿耨多罗三藐三菩提。"如是思惟，出妙音声，复语刈草之人："仁者，汝能与我草否?"彼人答言："我能与之。"即便刈草以奉菩萨。其草净妙，菩萨即取彼草一把，手自执持。当时，菩萨取草之时，其地六种震动。当是时，菩萨将此草，安详徐步，向于菩提树下，以为草座，而取正觉，利益众生，悉皆得度。

龙王赞叹

《本行经》云：菩萨持草行时，空中忽有青雀、拘翅罗鸟、孔雀、白鹤、迦陵频伽、共命之鸟，数各五百，右绕随飞。复有天子、天女亦各五百，各执宝瓶，散诸香华，围绕而行，其地摇动。彼地有一龙王，名曰迦荼，其龙长寿，经历劫数，曾见往昔诸佛经过。又龙日月昼夜甚长，睡眠未久，见大地动，复闻震声，即便惊寤，从自宫殿即出观看，见自居处不远，有一菩萨安详而行。龙王见其菩萨，预知先瑞，犹如过去诸大菩萨，发心欲向菩提树下，一种无异。见是相已，更无疑心，决定知此菩萨当证阿耨多罗三藐三菩提。尔时，黑色龙王有一龙妃，名曰金光，与诸龙女等各执诸妙香花、杂色衣服、宝幢幡盖、种种珍宝，奉上供养；作诸天乐，其声微妙，歌咏赞叹；合十指掌，在菩萨前，头面顶礼。菩萨语龙王言："如汝所说，我今必成阿耨多罗三藐三菩提，广度众生。"

坐菩提座

《庄严经》云：尔时，菩萨向菩提场。时无量菩萨并诸天众，各各庄饰菩提之树。其菩提树高显殊特，百亿由旬，七宝所成；有八万四千，一一皆愿菩萨坐其树下，得成正觉；一一树下，各随色类敷狮子座，悉以众宝庄严。尔时，菩萨示现取草，周遍敷设，如师子王具足势力，精进坚固，无诸过失，尊贵自在，智慧觉悟，有大名称，降伏众魔，摧诸外道，具足如是种种功德，将证菩提。而面向东，于净草上，结跏趺坐，端身正念，发大誓言："我今若不证得无上菩提，宁可碎是身，终不起此座。"尔时，菩萨升菩提座，即证方广神通游戏首楞严定。得是定已，现身各各坐彼狮子之座，一一身上皆具众妙相好庄严。其余菩萨并诸天人，各各皆谓菩萨独坐其座。由定力故，能令地狱、饿鬼、阎罗王界，及诸人、天，皆见菩萨坐菩提座。菩萨放大光明，遍照十方诸佛刹土。

魔王得梦

《本行经》云：尔时，菩萨从于眉间放白毫光，遍照魔王宫殿，翳彼诸魔之光。魔王波旬于睡眠中，得三十二种恶梦：梦见宫殿震动、忽然失火、墙壁颓落、尽为瓦砾、尘土坌乱、秽恶充满、象马倒死、鸟羽毻落、泉水枯干、树木摧折、身体寒热、面貌痿黄、咽喉干燥、喘息不停、衣裳垢腻、天冠堕落、天主号哭、魔军忧恼、魔子大叫、魔民逃散、刀仗损失、乐器破坏、左右远离、朋友仇怨、玉女赤露、诸女啼哭、心绪昏乱、恐怖不乐、仙言不吉、神唱不祥、诸方驰走、无处自在。魔王得是不祥之梦，内怀恐惧，心意不安，普唤至一切诸魔眷属皆令集聚，向说夜梦所见之事："我应不久必失此处，恐畏更有大福德人来生此处。"即召地居诸天、诸魔兵众、诸龙、夜叉八部等众，而敕之言："今有释迦种姓之子，欲取菩提。我等相共至于彼处，断其如此勇猛之心，勿令取证菩提。"

魔子谏父

《本行经》云：尔时，魔王长子商主白父王言："而今父王欲共悉达菩萨而作怨仇，唯恐后时悔无所及。"魔王告子："咄！汝小儿愚暗浅短，未曾知我变化神通，未曾睹我自在威力。"商主答父言："儿非不知父王神通威力，但父王而不知悉达菩萨广大神通福德威力。然则父王至于彼边，应当自见。"魔王波旬不取其子之言，即召四种兵众，所谓象兵、马兵、车兵、步兵。百千万亿天神鬼兵，形容可畏，皆执弓箭、刀剑器仗，擎山持杵，作大威猛，魔王率领向菩提树下。魔王军众遥见菩萨坐狮子座，不惊、不怖、不摇、不动，身体赫奕，犹如金山，放大光明，不可譬喻，魔王军众悉皆退散。魔王见已，心大恐怖，犹怀我慢，不肯回还。复告军众："莫惊、莫怖、莫畏、莫走，此乃是我试彼心看。我今更慰喻彼，看其起离菩提树下，不令菩萨在此菩提树下成正觉也。"

魔女炫媚

《本行经》云：魔王波旬不取长子商主谘谏，告诸女言："汝等诸女，宜至彼释种子边，试观其心，有欲情否？"其诸魔女听王敕已，相与安详，向菩萨所。于菩萨前，示现种种妇女媚惑、谄曲之事。复将香花散菩萨上，复以种种五欲之事劝请菩萨，观看其面，观其心情，为有欲心姿态。魔女见于菩萨，深心寂定，本来清净，无浊无垢；面目清净，犹如莲花从水中出，而不染著；如须弥山，确然不动，善摄诸根，调伏心意。彼等既见菩萨如是，皆生惭愧羞耻之心。诸魔女等，善解女人幻惑之法，更加情态，益显娇姿，庄严其身，示现美妙音辞，巧便来媚。菩萨答言："汝宿命有福，受得天身，不念无常，而作妖媚，形体虽好，而心不正。汝辈故来，乱人善意，非清净种，革囊盛秽，汝来何为？去！吾不用。今阿母等，不安天上，何为横来？"佛指魔女，变成老母，发白面皱，不能自复。

魔军拒战

《本行经》云：时魔王言："此人不可以五欲惑之。"更设美言，慰喻令去："仁沙门释子，自小来未见战斗，刀兵甚可怖畏。又仁莫共他作怨仇，贪、嗔、痴业，仁宜速去。"菩萨谛观，确然不从，既不动身，亦不移坐，语魔王言："我今已坐金刚牢固，结跏趺坐，甚难破坏。"魔王闻已，发嗔恚言，率领四种兵众，象、马、步、车，诸杂军等，幡旗麾纛，羽盖旌旆。多诸夜叉，悉食人肉，善解神射，各把鞞弓，执持利箭，槊、矛、剑、戟、刀、棒、金刚斗轮、铁钺种种诸仗，驾千万亿象、驼、马车，放大吼声，虚空充塞。复有无量诸龙，各各皆乘大黑云队，放闪电雹，雾霏乱下。时魔波旬手执利剑，向菩萨言："截汝身体。"菩萨答言："汝魔波旬及诸军众，百千万亿，悉如汝身，尽力来此，彼等皆不能动我一毛，况割身体，作我障碍，欲妨菩提，令我不得取阿耨多罗三藐三菩提。我终不起，离于此处，余树下坐。"

魔众拽瓶

《杂宝藏经》云：尔时，如来在菩提树下，巍然端坐。恶魔波旬将八十亿众，欲来坏佛，至如来所，而作是言："悉达太子，汝独一身，何能坐此？汝可起去。若不去者，我捉汝脚，掷着海外。"佛言："我观世间，无能掷我着海外者。"佛言："波旬，汝于前世，但曾作一寺主，受一日八戒，布施辟支佛一钵之食，故生第六梵天，为大魔王。而我于阿僧祇劫，广修功德，供养无量诸佛，亦复供养声闻、缘觉之人，不可计数。"波旬言："太子，汝道我昔，一日持戒，施辟支佛食，信有真实？汝自道者，谁为证知？"佛即以手指地言："此地证我。"作是语时，一切大地六种震动，无量地神从地涌出，头面作礼，胡跪合掌，而白佛言："世尊，我为作证，如佛所说，真实不虚。"佛语波旬："汝今先能动此净瓶，然后可能掷我着于海外。"时魔波旬及八十亿众，尽其神力，不能令动净瓶，魔王军众悉皆退散。

地神作证

《本行经》云：尔时，菩萨即以右手指于地言："此地能生一切物，无有相为平等行。此证明我终不虚，唯愿现前真实说。"是时，地神从于地下忽然涌出，胡跪合掌，曲躬恭敬，向菩萨言："最大丈夫，我证明汝。我知于汝往昔世时，千万亿劫施无遮会。"作是语已，其地遍及三千大千世界，六种震动，犹如打钟，震、遍、吼等具十八相。魔王军众皆悉退散，势屈不如，各各奔走，自然恐怖，不能安心。是时，或象蹶倒，驼马乏卧；或车脚折，弓箭、刀枪从于手中自然落地，坚固铠甲破碎损坏去离于身。争竞逃窜，或覆其面，踣地而眠，或走投山，或入地穴，皆失本心，荒迷倒地。或有回心，归依菩萨，请乞救护养育于我，其有依倚于菩萨者，不失本心。时其波旬闻大地声，心大恐怖，闷绝躃地，不知东西。波旬唯闻空中而作是言："悉令灭尽，莫放波旬。"魔王军中，竞共奔走。

魔子忏悔

《本行经》云：魔王波旬长子名曰商主，即以头面礼菩萨足，乞求忏悔，白言："大善圣子！愿听我父发露辞谢，凡愚浅短，犹如小儿无有智慧。我今忽来恼乱圣子，将诸魔众现种种相，恐怖圣子。我于已前，曾谘父言：'以中正心，虽有智人善解诸术，犹尚不能降伏于彼悉达太子，况复我等？'但愿圣子恕亮我父，我父无智不识道理，如是恐怖大圣王子，当何取生？大圣王子！愿仁所誓，早获成就，速证阿耨多罗三藐三菩提。"尔时，大梵天王、释提桓因、无量无边诸余天等遍满虚空，咸见菩萨降伏诸魔及魔军众，皆大欢喜，以欢喜心，口唱是言："善哉！希有！"其声遍满四方虚空，震声响彻，作天妓乐，歌咏赞叹。复将诸天妙花以天旃檀细末之香，散菩萨上，合十指掌，顶礼菩萨，口作是言："今此圣者必证阿耨多罗三藐三菩提。"魔子商主顶礼菩萨，赞叹而去。

菩萨降魔

《本行经》云：菩萨思惟："此魔波旬，不受他谏，造种种事。"菩萨语波旬言："我至菩提树下，将一把草铺已而坐，恐畏波旬成于怨仇，斗诤相竞，造诸恶行，无有善心。我今欲断怨仇，欲灭恶业。汝若欲生怨恨之心：'菩萨坐此树下，将草作铺，著粪扫衣。'汝心如是妒嫉此事。汝魔波旬，且定汝意，我若成就阿耨多罗三藐三菩提后，取如是等一切诸事付嘱于汝，愿汝回心，生大欢喜。魔王波旬，汝今心中亦有誓言：'我等必当恐怖菩萨，令舍此座，起走勿停。'然我复有弘大誓愿：'我今此身坐于此座，设有因缘于此坐处，身体碎坏，犹如微尘，寿命磨灭，若我不得阿耨多罗三藐三菩提，我身终不起于此处。'魔王波旬，如是次第我等当观，是谁勇猛？誓愿力强？有能在先成就此愿，或我、或魔及汝军众？若我福业善根力强，我应成就如此誓愿，真实不虚。"

成等正觉

《普曜经》云：菩萨坐于树下，已降魔怨，成正真觉，建大法幢，度脱三界，默坐树下，示现四禅，为将来学，修道径路：意已清净，成一禅行；静然守一，专心不移，成二禅行；已净见真，成三禅行；心不依善，亦不附恶，无苦乐志，正在其中，寂然无变，成四禅行。是谓无为度世之道，以弃恶本，无淫、怒、痴，生死已除，种根已断，无余栽蘖。所作已成，智慧已了，明星出时，廓然大悟，得无上正真之道，为最正觉，得佛十种力、四无所畏、十八之法，得佛道意一切知见，是实微妙甚难得也。昔锭光佛时，莂我为佛，名释迦文，今果得之。从无数劫勤苦所求，适今成耳。自念宿命，诸所施为，道德慈孝，仁义礼信，中正守真，虚心学圣，柔弱净意；行六度无极，布施、持戒、忍辱、精进，一心智慧；行四等心，慈悲喜护；四恩随时，养育众生，如爱赤子，承事诸佛，积德无量，累劫勤苦，功不唐捐。

诸天赞贺

《普曜经》云：于是欲界天王见于如来坐于树下，神通以达，所愿具足，降魔怨敌，竖大幢幡；无极大仁，为大医王，疗众疾患；无极师子，若于恐惧，衣毛不竖；调和心意，灭除三垢，成三达智；越于四海，执一道盖，救护三界。清净梵志，为弃众恶，则为比丘，除诸愚冥。何谓沙门？越于六径，广学无限，名曰博闻。德消尘劳，成为勇猛，度于彼岸。所谓力者，成十种力，具足法宝。见于如来坐于树下，成无上道。于是净居诸天、梵迦夷天、善梵天、化自在天、无憍乐天、兜术天、焰摩天、忉利天及四天王，虚空大地神天供养世尊，普悉庄严一切天地，散花烧香，竖诸幢幡，归命世尊，以偈赞曰："坚固如金刚，志强不可毁。正使肌肉消，骨髓尽无余，若不成佛道，终不起于座。仁师子辞正，建誓立威神。余等诸天神，咸来得善利，乃使最尊人，靡所不照明。我等闻佛音，皆劝助佛道。"

华严大法

《华严经》云：尔时，如来始成正觉，在寂灭场，与四十一位法身大士，及宿世根熟天龙八部，一时围绕，如云笼月。是时，如来现卢舍那身，说圆满修多罗，名为顿教。此经有七处九会三十九品，说《世主妙严》、《如来现相》、《普贤三昧》、《世界成就》、《花藏世界》、《毗卢遮那》，《如来名号》、《四圣谛》、《光明觉》、《菩萨问明》、《净行》、《贤首》，《升须弥山》、《山顶偈赞》、《十住》、《梵行》、《发心功德》、《明法》、《升夜摩天》、《夜摩偈赞》、《十行》、《十无尽藏》，《升兜率天》、《兜率偈赞》、《十回向》、《十地》、《十定》、《十通》、《十忍》、《阿僧祇》、《寿量》、《菩萨住处》、《佛不思议》、《十身相海》、《如来随好》、《普贤行》、《如来出现》、《离世间》、《入法界》等品。譬如日出，先照高山，次照幽谷，乃至普照一切大地，但山有高下，照有先后。如来出现世间亦复如是，成就如是无量无边法界，智光先照菩萨、次照缘觉、次照声闻、次照决定善根众生，随机受化，然后普照一切众生。

观菩提树

《庄严经》云：世尊初成正觉，无量诸天皆悉称赞如来功德。尔时，世尊观菩提树王，目不暂舍，禅悦为食，无余食想，不起于座，经于七日。欲界、色界诸天子等，手捧金盆，各执宝瓶，盛满香水，来诣佛所，头面顶礼，请如来澡浴。世尊受请浴已，诸天子等，各各奉献天妙衣服，烧天妙香，散天妙花，供养如来。无量天、龙、人等，各取如来澡浴之水，以自洒身，皆发道意。诸天子等各还天宫，所将余水，香气不灭，惟闻佛香，不闻余香，心生欢喜，发菩提心。时有天子名曰普花，白言世尊："世尊住何三昧，于七日中结跏趺坐，身心不动？"佛言："如来以喜悦三昧为食而住，由此定力，于七日中结跏趺坐，不起乎座。为居此处，断除无始无终生、老、病、死，故于七日观树不起。至二七日，周匝经行，三千大千世界以为边际。至三七日，观菩提场，目不暂舍，断除生死，得成佛道。"

龙宫入定

《本行经》云：世尊向摩利支处而坐。时迦罗龙王，复有目真邻陀龙王，诣于佛所，白言："我此宫殿已曾布施诸佛，今日世尊受我宫殿，怜悯我故，少时住此。"佛受而坐，经于七日不起。时彼七日，兴云注雨，起大冷风，雨不暂停，遂成寒冻。时诸龙王从宫殿出，以其大身，七重围绕，拥蔽佛身。复以七头垂世尊上，作于大盖，嶷然而住，莫令世尊身体寒冷，风温诸虫触世尊体。时龙王化作年少婆罗门身，在于佛前，顶礼佛足，而白佛言："我今不以恐怖娆乱如来，但恐世尊身有冷风尘触世尊体，思惟是事，覆世尊身。"尔时，世尊告目真邻陀龙王言："汝大龙王，来受三归，并受五戒，汝当长夜得安乐故。"时目真邻陀龙王即白佛言："如世尊敕，不敢有违。"其目真邻陀龙王即从佛所，受三自归依：归依佛、归依法、归依僧。复受五戒。于世间中，最初龙王而得度也。

林间宴坐

《本行经》云：尔时，世尊于龙宫定起，有一天子神通自在，身出大色，最胜光明，照彼尼拘陀树。以天光明，自照明朗，诣向佛所，顶礼佛足，即白佛言："我于往昔为牧羊子，当于世尊为菩萨时，在彼六年苦行之中，曾将乳汁净心供养，奉上世尊，复折尼拘陀树枝，为作荫凉。以此善根因缘，即便命终得生三十三天，为大福德威力天子。我今得是果报，况今世尊得成无上菩提。惟愿世尊今当为我还彼树下，受彼树荫，随意安乐，怜悯于我。"世尊听许，愿往昔日牧羊子之所，尼拘陀树下，跏趺而坐。世尊往诣彼树下入定，七日不动，以解脱力，受安乐故。尔时，世尊以过于彼七日之后，正念正知，从三昧起，告天子言："汝天子来，可从我边，受三自归并及五戒，汝当长夜得安乐故。"而彼天子受佛敕已，即受三自归及受五戒已。时于世间，最初天中成优婆塞。

四王献钵

《本行经》云：世尊思惟："过去诸佛，皆悉持钵而受于食。"时四天王各从四方，持四金钵，奉上世尊，世尊不受；将四银钵，世尊不受；四颇梨钵，而亦不受；四琉璃钵，亦复不受；四玛瑙钵，而亦不受；四砗磲钵，亦复不受。时毗沙门天王告余天王言："我念往昔，青色诸天将石钵来奉我等，白言：'今此石钵，仁等可用受食而吃。'复有一天子来白我言：'慎勿于此石钵受食，宜应供养，比之如塔。当来有佛出世，号释迦牟尼，可将此钵持奉世尊。'"时四天王速疾还宫，各执石钵，盛满天花，以香涂钵，来诣佛所，共将四钵奉佛，白言："唯愿世尊受此石钵。"世尊复念："此四天王以信净心，奉我四钵，我亦不合受持四钵。若受一人，三人有恨，我今总受四王之钵。"尔时，世尊受四天王钵已，如是次第相重安置，左手受已，右手按下，神通力故，合成一钵，坚牢清净，四际分明。

二商奉食

《本行经》云：北天竺有二商主：一名帝黎富婆，二名跋梨迦，驾五百牛车，路经乳汁林，不远而过，车牛皆不肯行。时守林神谓商主言："此处有佛，始成正觉，汝今最宜在前将麨供养。"商主闻已，即各将麨、酪、蜜和揣，至世尊前，顶礼佛足，白言："愿为我等，受此麨、酪、蜜揣。"世尊思惟，过去诸佛，皆持钵器而受盛食。时四天王各持石钵，奉上世尊，可用受食。受钵已，从二商主边受于麨、酪、蜜和之揣，即便咒愿，如法而食。食已，即告彼二商主言："来从我受归依佛、归依法、归依僧，复受五戒，当令汝等长夜安乐，获大善利。"商主闻已，即共白言："如佛圣教，我等不违。"即便共受三自归依并受五戒，于人世间最初得度。商主白佛："愿乞一物，造塔供养。"世尊即与二商佛身发、爪，而告之言："若见此物，与我无异。"商主受发、爪已，顶礼世尊，围绕三匝，辞佛而去。

梵天劝请

《庄严经》云：尔时，大梵天王与六十八拘胝梵众来诣佛所，顶礼佛足，白言："世尊，如来为诸众生，求无上觉，今得成佛。唯愿世尊，转于法轮。"世尊默然，观察世间，念言："我证寂静涅槃之法，为人演说，彼等皆不能了知，是故默然。"时大梵天王及帝释天王乃至三十三天众顶礼佛已，而请如来转于法轮。佛告梵王言："我证甚深微妙之法，最极寂静，难见难悟，非分别思惟之所能解，唯有诸佛乃能知之，是故默然。"时大梵天王观摩伽陀国多诸外道等，于地、水、火、风、空横生计度，著于邪见，以为正道。而彼众生，虽修邪道，有应度者，今当度之。"唯愿世尊，为此等众生故，转于法轮。"世尊以佛眼，观见诸众生上、中、下根，起大悲心，转于法轮。天王闻已，即于佛前，忽然不见。尔时，地神告虚空神唱言："如来今受梵王劝请，转于法轮。"虚空神闻，展转传至阿迦尼吒天。

转妙法轮

《因果经》云：世尊往波罗奈国，至憍陈如、摩诃那摩、跋波、阿舍婆阇、跋陀罗阇所止住处。五人不觉，互来执事。观五人根，堪任受道，佛言："憍陈如，汝等当知，五阴盛苦、生苦、老苦、病苦、死苦、爱别离苦、怨憎会苦、所求不得苦、失荣乐苦，一切众生不知苦本，皆悉轮回。憍陈如，苦应知，集当断，灭应证，道应修。"世尊唤彼五人："善来！比丘。"须发自落，袈裟着身，即成沙门。时世尊问彼五人："汝等比丘，知色、受、想、行、识，为是常，为无常耶？为是苦，为非苦耶？为是空，为非空耶？为有我，为无我耶？"时五比丘闻佛说是五阴无常，漏尽意解，成阿罗汉果，即便答言："世尊，色、受、想、行、识，实是无常、苦、空、无我。"地神欢喜唱言："如来今日于此转妙法轮。"展转唱声至三十三天。于是世间始有三宝：如来大圣是为佛宝，四谛法轮是为法宝，五阿罗汉是为僧宝，为诸天人第一福田。

度富楼那

《本行经》云：迦毗罗国有大婆罗门，为净饭王作于国师，其家巨富，多饶财宝。有子名富楼那，聪明第一，具解韦陀等论，与悉达太子同日而生，本性厌离世间，志求解脱。见太子出家，即与朋友三十人往至雪山，苦行求道，勇猛精进，获得四禅、五通。以天眼观，遥见世尊在鹿苑中，为诸天人说法，谓朋友言："可往见佛，修于梵行。"朋友答言："我等从命。"即共三十人从雪山下，到世尊所，顶礼佛足，乞求出家："唯愿世尊度脱我等。"佛言："当随汝意，从心所愿。"既得出家，乞受戒法。各各用心，独行独坐，勇猛精进，不曾放逸。恒住空闲，正心正信，为欲求于无上梵行。已尽诸欲，见诸法相，欲修诸通，即证彼法；已断烦恼，得证梵行，所作已讫，不受后有。以心善得一切解脱，皆成大德；一切皆悉能作大事，利益众生。佛告诸比丘："富楼那，辩才无尽，说法人中，最为第一。"

仙人求度

《本行经》云：阿般提国有巨富婆罗门，姓大迦旃延，与严炽王作国王师。第二子名那罗陀，其父令习韦陀论及诸咒术，次子不久答父："习韦陀诸论，我已通解，今可为我集一切众，解诸韦陀及以技能。"其父即集大众，那罗陀解一切论。长兄闻弟能通诸论，心生恶念，欲害其命。其父令次子往频陀山阿私陀仙人处，洞解诸论，以得四禅，具五神通。仙人不久命终，那罗陀以世利养，贪恋着心，无有正念，不信有佛、法、僧。有伊罗钵龙王、商佉龙王，为夜叉金齐言："彼城先有一偈云：在于何自在？染着名为染？彼云何清净？云何得痴名？痴人何故迷？云何名智人？何会别离已，名曰尽因缘？"龙王至那罗陀仙所，问此偈义，不能解晓。那罗陀即诣佛所，谘问此义。佛即开解，说种种法。生大欢喜，乞求出家。佛言："善来！入我法中，修于梵行。"因其种族本姓，名大迦旃延。

船师悔责

《本行经》云：世尊安详渐行，从闭塞城至恒河岸，河水暴涨，平流弥岸。世尊欲渡，诣船师边，即语船师言：“乞愿渡我向于彼岸。”船师报言：“尊者当与我渡价，然后我当渡于尊者。”世尊报船师言：“我今何处得有渡价？但我除断一切财宝，设有见者，观于瓦石土块无殊。我以是故，无有渡价。”船师复言：“尊者若不能与我渡价，终不相济。”世尊忽见一群雁，从恒河南岸飞空而来，向北而说偈言：“诸雁群党渡恒河，不曾问彼船师价。各运自身出己力，飞空自在随所之。我今应当以神通，腾空翱翔犹彼雁。若至恒河水南岸，安隐定住如须弥。”时彼船师见佛过已，心生大悔：“我睹大圣福田，而不知施，渡至彼岸。”如是念已，闷绝躃地，良久乃苏。从地而起，即诣摩伽陀主频头王边，奏如是事。王闻此事已，即敕船师：“从今已去，凡是出家之人求欲渡者，勿取价直。”

耶舍得度

《因果经》云：有长者子名耶舍，有大辩才，聪明智慧。于中夜分见空中光明，寻光诣鹿野苑，见佛三十二相、八十种好，礼佛白言："唯愿世尊救济于我。"佛言："色、受、想、行、识，无常、苦、空、无我，汝知否?"答言："实是。"闻是语已，得法眼净，成阿罗汉，愿求出家。佛言："善来！比丘。"即成沙门。时耶舍父，寻子耶舍，至于佛所。佛以神力，隐其耶舍，而为说法："善男子，色、受、想、行、识，无常、苦、空、无我，汝知否?"耶舍父闻已，远尘离垢，见于道迹。如来问言："何缘至此?"答言："寻子。"佛摄神力，父子相见，心大欢喜。佛即授三自归，为最初优婆塞。又有耶舍朋类五十长者子，闻耶舍出家，共诣佛所，愿求出家。佛言："色、受、想、行、识，无常、苦、空、无我，汝知否?"闻已，漏尽意解。佛言："善来！比丘。"即成沙门。是时，始有五十六阿罗汉。佛告比丘："汝等堪为世间作无上福田，宜各游方教化，以慈悲心度诸众生。"

降伏火龙

《因果经》云：世尊念言："优楼频螺迦叶有大名称，我当诣彼，教以正法。"即往寻之。日既将暮，佛语迦叶："欲于石室，止住一宿。"迦叶言："石室中有毒龙，恐相害耳。"佛言："虽有毒龙，但以见借。"迦叶言："若能住者，便自随意。"尔时，如来即入石室，结跏趺坐，而入三昧。尔时，毒龙举体烟出，世尊即入火光三昧，佛亦出烟。龙大瞋怒，身中出火，佛亦出火，二火俱炽，焚烧石室。迦叶夜起，见室尽燃，惊怖叹惜："此大沙门，端正尊贵，不取我语，今为火龙之所烧害。"遽令弟子，以水浇之。火不能灭，火更炽盛。尔时，世尊以神通力，制伏毒龙，授三归依，置于钵中；明旦，持钵盛龙而出。迦叶师徒白言："世尊，龙火猛烈之所伤耶？"佛言："我内清净，终不为彼外灾所害。彼毒龙者，今在钵中。"即便举钵，以示迦叶。迦叶师徒见于世尊处火不烧，能降毒龙置于钵中。迦叶欢喜，叹未曾有。

急流分断

《普曜经》云：世尊至尼连禅河，水流激疾。佛以神通，断水令住，使水分开，佛行其中。迦叶见之，畏佛所漂，即令弟子乘船取佛。佛即从水中贯船底入，无有穿迹。迦叶稽首，愿作沙门。佛言：“且还，报汝弟子。”迦叶受教，告诸弟子：“我受佛戒，欲作沙门。”诸弟子曰：“愿皆随从，得作沙门。”于是师徒脱衣裘褐，及水瓶、杖、屣诸事火具，悉弃水中。俱诣佛前，稽首白言：“今我五百人皆有信意，愿作沙门。”佛言：“善来!”迦叶五百人剃除须发，皆成沙门。迦叶二弟，次名那提，幼名竭夷，各有二百五十弟子，庐舍水边，见诸梵志事火之具，随水下流，恐兄五百人大水所漂。即令五百弟子，顺流而上，见兄师徒皆作沙门，即问大兄：“我意以兄为是罗汉。”并五百人共同声言：“愿如大师，求作沙门。”佛言：“善来。”二弟及五百弟子，剃除须发，皆成沙门。佛今便有一千沙门，随从而行。

弃除祭器

《本行经》云：尔时，三迦叶有一外甥螺髻梵志，名优波斯那，在阿修罗山中，共二百五十弟子修学仙道。彼闻其舅伽叶三人及诸弟子，俱投佛圣，悉皆出家，来至舅前，而说偈言："舅等虚祀火百年，亦复空行彼苦行。今日同舍于此法，犹如蛇蜕于故皮。"优波斯那告诸弟子："我今欲往佛所，修于梵行，汝意云何？"弟子答言："我等亦当随从。"俱诣佛所，白言："我今愿将弟子入佛法中，当修梵行。"佛言："当自取汝鹿皮之衣，及祭火器，悉皆掷弃。"诸梵志言："奉教不违。"即至居处，将祭火具尽皆弃毁，还至佛所，愿求出家。世尊听许，即为彼等增更说法，还以三种神通，示、教、利、喜。是时，众等于无为法悉尽诸漏，心得解脱。尔时，世尊聚集诸比丘众，所谓此等二百五十人，俱并悉从于梵志出家，皆阿罗汉，而得为首，最胜、最妙、最上、最尊，即得自利，随侍世尊，证会说法。

竹园精舍

《因果经》云：世尊即与优楼频螺迦叶兄弟三人及千比丘往王舍城，诣频婆娑罗王所。王与百官出城迎佛，佛为说法："大王，此五阴身以识为本，因于识故而生意根，以意根故而生于色。而此色法生灭不住，如是观者善知无常。如此观身，不取身相，则能离我及以我所。若能观色离我、我所，即知色生便是苦生，若知色灭便是苦灭。若人能作如是观者，是名为解脱。"王闻法已，大臣、人民得法眼净。时王白言："我从今日供养世尊及比丘僧，当令四事不使乏少，惟愿世尊住于竹园。"佛言："大善！"王敕诸臣："速于竹园起诸堂舍，惟愿世尊往住于彼。"佛与比丘及无量诸天，前后围绕，作诸技乐，与王俱往竹园。时王手执宝瓶，盛以香水，于如来前而作是言："我今以此竹园奉上如来及比丘僧，唯愿哀悯为我纳受。"诸王见佛，最为其首；诸僧伽蓝，最为始也。

领徒投佛

《因果经》云：王舍城中有二婆罗门，聪明智慧，一名舍利弗，一名目犍连，各有一百弟子。二人共为亲友，极相爱重，咸共誓言："若先得闻妙法，递相开示。"时舍利弗忽于路次，逢见阿舍婆耆比丘入城乞食，威仪庠序，即便问言："汝师何人？有所教诫？演说何法？"比丘答言："我师是甘蔗种，天人之师，相好智慧及以神通无与等者。我既年幼，学道日浅，岂能宣说如来妙法？然以所知，当为汝说。"即说偈言："一切诸法本，因缘生无主。若解此法者，则得真实道。"舍利弗闻已，即于诸法远尘离垢，得法眼净。时舍利弗还至住处。时目犍连见舍利弗，诸根寂定，即便问言："必闻妙法。"舍利弗具如上说。目犍连闻已，得法眼净。即将二百弟子，往诣竹园，遥见如来相好端严，心生欢喜，愿求出家。佛言："善来！"度为沙门。尔时，世尊与千二百五十人，于摩竭提国广度众生。

迦叶求度

《因果经》云：偷罗厥叉国有一婆罗门，名曰迦叶，极大智慧，诵四韦陀论。其家巨富，善能布施。其妇端正，举国无双。夫妇二人无有欲想，不乐在家，厌离世间，思惟求访出家之法。即舍家业，入于山林，心念口言："诸佛如来出家修道，我今亦当随佛出家。"即便脱去金缕织衣，而着坏色衲衣，自剃须发。尔时，诸天于虚空中，既见迦叶自出家已，报言："迦叶，甘蔗种族净饭王子，其名萨婆悉达，出家学道，号为释迦牟尼佛，今在竹园中住。"迦叶闻天语已，即便往诣竹园。世尊知其当来，宜往度之。即行，遂逢迦叶。迦叶即便顶礼佛足，白佛言："是我大师，我是弟子。"佛言："迦叶，当知五阴色身是大苦聚。"迦叶闻已，即便见谛，乃至得于阿罗汉果。尔时，世尊即与迦叶俱还竹园。以此迦叶有大威德，天人所重，故名大迦叶。乃至佛灭，住持法化，被于来世，此人之力也。

假孕谤佛

《处胎经》云：世尊初成佛道未久，六师兴盛。吾有弟子一千二百五十人，皆得罗汉，六通无碍。时有栴遮摩那耆女，是阿阇罗翅舍钦婆罗弟子，受师明教，日来佛所，外现清信女法，内心受邪师教，来往周旋，欲令人见。以草作腹，日渐令大，后以木盂系腹，状如临产妇女。时邪师问言："汝那得此身？"报言："我日日往瞿昙沙门所，故有此身。"师便嗔言："诳我弟子。我此弟子垂当生梵天，毁辱我弟子乃至于此。"是时，邪师将诸弟子并此女人，往至佛所。当于尔时，如来与无央数众而为说法。梵志至佛所，高声唱言："此沙门瞿昙，犯于淫欲，实不得道。所作变化皆是幻术，非真实道。"指此女人言："众人皆见不也，爱我此女，使令有娠。"发此语已，时天帝释化作黄鼠，在女裙内啮盂绳索，令盂落地，众人皆见。众人同声骂言："汝等邪师徒众，毁谤圣人，造如斯罪。"

请佛还国

《庄严经》云：时父王闻子得道，已经六年，语优陀夷言："汝今可往请佛还国，离别已来十有二年，思欲一见。"优陀夷受教，即诣佛所，具述王意已，愿为沙门，得阿罗汉道。世尊思惟："尔乃还国，当度父母。"即语优陀夷："汝宜先往，现十八变。"王大欢喜，即敕群臣、万民出城四十里，奉迎如来。世尊威仪，端严自在。父王白言："离别多年，今得相见。"大臣、百官稽首作礼，见诸沙门亲近侍从。即敕国内豪族，选五百人度为沙门，侍佛左右。佛弟难陀亦为沙门，难陀所使名优波离，前白佛言："人身难得，佛法难值。诸尊贵者皆弃世荣，我身卑贱何所贪乐？惟佛慈悲愿见救度，许为沙门。"佛言："善来！"度为沙门，随例而坐。难陀作礼，到优波离不礼。佛告难陀："佛法如海，容纳百川，四流归之，皆同一味。据戒前后，不在贵贱。四大和合，假名为身，本无吾我，勿生憍慢。"难陀遂作礼。

认子释疑

《庄严经》云：时佛入宫坐于殿上，王及臣民日日供养百种甘馔。佛为说法，度无量众。耶输陀罗携罗睺罗来，稽首佛足，瞻对问讯，而白佛言：“久违侍奉，旷废供养。”时诸释种眷属皆有疑心：“太子去国十有二年，何从怀孕生罗睺罗？”佛语父王及诸群臣：“耶输陀罗守节贞洁清净，无有瑕疵。若不信者，今当取证。”尔时，世尊化诸比丘皆悉如佛，相好光明等无差异。于时，罗睺罗年已七岁。时耶输陀罗即以指印信环与罗睺罗，而语之言：“是汝父者，以此与之。”罗睺罗应时直诣佛所，以印信环而奉世尊。王及群臣咸皆欢喜，叹言：“善哉！罗睺罗真是佛子。”佛语父王及诸臣曰：“从今已后无复怀疑。此吾之子，缘吾化生，勿咎耶输陀罗也。”尔时，世尊为王说法，即时得道。群臣、万姓、后宫、采女咸受戒法，月六斋、年三斋，净修梵行。国内清宁，风雨以时，万邦来贺。

度弟难陀

《宝藏经》云：佛至难陀舍乞食，难陀作礼，取钵盛饭奉佛，佛不受钵。随佛至精舍，佛逼难陀剃头，难陀恒欲还家，佛不听许。待佛出去，异道而归，佛即异道而来。遥见佛来，大树后藏，佛即举树在空。佛见难陀，将还精舍，佛将难陀至忉利天上，遍诸天宫观看。见一宫中，有诸天女，无有天子。难陀遂问："何以此宫独无天子？"答言："难陀出家命终，当生于此天宫。"难陀便欲即住，天女告言："我等是天，汝今是人，还舍人寿，更生此间。"佛将难陀复至地狱，见诸镬汤悉皆煮人，唯见一镬炊沸空停。难陀即问，狱卒答言："难陀以出家功德当得生天，以欲罢道命终堕此地狱，是故我今炊镬而待。"难陀恐怖，畏狱卒留，即作是言："南无佛陀！愿佛拥护，将我还至精舍。"佛语难陀："汝勤持戒，修汝天福。"难陀答言："不用天生，唯愿我莫堕此地狱。"佛与说法，三七日中成阿罗汉。

罗睺出家

《未曾有因缘经》云：佛在迦毗罗卫国，世尊遣目连白父及耶输曰："太子罗睺年已九岁，应令出家。"耶输答曰："如来为太子时，娶我为妻，未满三年，逃至山泽，勤苦六年，得佛还国。今复欲求我子出家，何酷如之？"时目连方便喻晓，绝无听意。世尊即遣净居天子空中告曰："汝颇忆以五百银钱，买五茎莲花上定光佛时，汝求我世世为妻。我言：'菩萨屡劫行愿，一切布施不逆人意。汝能尔者，听为我妻。'汝立誓愿，随君施与，誓无悔心。而今何故爱惜罗睺，不令出家？"耶输闻已，还识宿命，如昨所见，爱子之情，自然消歇，捉罗睺手，付嘱目连。时净饭王即集国中豪族："各遣一子，随从我孙。"有五十人往到佛所，使阿难与其剃头，及五十诸王公子，命舍利弗为其和尚，目连为阿阇梨。罗睺不乐听法，佛为说未曾有因缘，得受十戒，袈裟着身，即成沙门，遂证四果。

须达见佛

《贤愚经》云：舍卫国王有大臣名须达，居家巨富，赈济贫乏及诸孤老，因名“给孤独”。为儿娶妇，到王舍大城中大臣护弥家宿。其家大设供具，广办饮食。须达问言：“长者今暮，躬自执劳，营办饮食，欲请何人？”答言：“请佛及僧。”须达闻佛、僧名，心情悦豫，问言：“云何名佛？”答言：“净饭王子悉达，初生之时，即行七步，举手而言：‘天上天下，唯我独尊。’见老、病、死苦，出家修道，六年苦行，得一切智，故名佛也。”又问：“云何名僧？”答言：“佛成道已，梵天劝请说法。为憍陈如五人，转四真谛，漏尽结解，便成沙门，能为众生，作良福田，故名僧也。”须达闻已，即生信心，企望至晓，当往见佛。至晓，到世尊所。世尊知须达来，出外经行。须达见佛，犹如金山，相好威容，俨然昞著，倍加心悦，头面作礼，胡跪合掌，问讯起居。是时，世尊即为说法，四谛微妙，苦、空、无、常。闻法欢喜，便染圣法，成须陀洹。

布金买地

《贤愚经》云：须达白佛言："唯愿如来降屈舍卫，使中众生除邪就正。"世尊告曰："彼无精舍。"须达曰："弟子能起，愿见听许。"世尊默然。佛敕舍利弗共往，案行诸地。唯太子祇陀园地，正得其所，宜起精舍。须达到太子所，白言："我今欲为如来起立精舍，太子园好，今欲买之。"太子言："汝若能以黄金布地，令无空者，便当相与。"须达使人象负黄金，八十顷中，须臾欲满，略欠少地。太子言："慊贵置之。"答言："不也。自念金藏，何者可足。"太子念言："佛必大德，能使斯人轻宝如是。"乃令："止勿出金。园地属卿，树木属我，我自上佛，共立精舍。"须达然之。即便施工，起立精舍。为佛作殿，别房住止。千二百人，凡百二十处。复自思惟："上有国王，应当奏知。"即往白王："唯愿大王遣使请佛。"王闻已，遣使请佛及僧。尔时，世尊放光动地，至舍卫国，一切大集，为说妙法，宿缘所应，各得道迹。

玉耶受训

《玉耶经》云：给孤长者为子娶妇，女名玉耶，不以妇礼，承事公姑、夫婿。长者夫妻议言："子妇不顺，唯佛能化。"遂请佛及僧至家，皆出礼佛，玉耶逃藏，不肯礼佛。佛即变化，令长者屋宅墙壁，皆如琉璃水精之色，内外相见。玉耶即出，礼佛忏悔。佛告玉耶："不当轻慢夫婿。女人身中，有诸恶事：初生堕地父母不喜，养育无味，心常畏人，父母恒忧嫁财，生相离别，常畏夫婿，产生甚难，小为父母捡录，中为夫婿禁制，老为儿孙所呵。为妇之道，后卧早起，执于作事，凡有饮食不得先食；夫婿诃骂，不得嗔恨；不得邪淫；夫婿出外，整理家务；常念夫善，不念夫恶；承事夫婿，谦逊顺命；夙兴夜寐，恭恪言令；口无逸言，身无逸行；有善推让，过则称己；诲训仁慈，劝进为善；心端意一，无有邪视；直修妇节，终无缺废；进退礼仪，以和为贵。"玉耶白佛："自今以后，奉事公姑、夫婿。"

渔人求度

《贤愚经》云：尔时，世尊向毗舍离城，到犁越河所不远而坐。时捕鱼人网得一鱼，五百人挽，不能使出。复唤牧牛人众，共一千人，挽得一鱼，身有百头，若干种类：驴、马、骆驼、虎、狼、猪、狗、猿、猴、狐狸，如斯之形。世尊往至鱼所，而问鱼言："汝是迦毗梨不？"答言："实是。"阿难白佛："此鱼何缘如是？"佛告阿难："昔有婆罗门生一男儿，名迦毗梨，聪明博达。其母问子：'汝本高明，更有胜汝者否？'答言：'沙门。'母言：'何以不往学习其法？'奉其母教，即往习学三藏义理，悉皆通晓。若共比丘谈论，理若短屈，即便骂言：'汝等愚騃，无所识别，剧于畜生，知晓何法？'诸百兽头，皆用比之。缘是果报，今受百头鱼身。"时捕鱼人及牧牛人同时求佛出家，佛为说法，种种苦切，漏尽结解，即成沙门。尔时，阿难及于众人闻佛所说，怅然不乐，悲伤交怀，咸共同声而作是言："身、口、意行，不可不慎也。"

月光谏父

《月光童子经》云：有长者申日，信受外道六师不兰迦叶等，设计作火坑、毒饭，欲谋害佛。其子名月光，谏父白言："佛为大圣，三界之尊。昔者世尊求道之日，第六天魔见佛神圣，心中烦毒，念其道成，必当胜我。议设方计，召其鬼兵，兴军聚众，带甲持鉾，旌旗曀日，光曜蔽天。奇形异类，千变万化，担山负石，口眼吐火，齐声吼喊，向于世尊。佛以慈心，举手指之，群鬼恶兵自然退散。魔王顶礼，愿自归依。当时，如来应时降伏弥天之恶，以为弟子。魔王以须弥之毒，大千之火，刀剑矛刃，不能动佛之一毛。今以火坑、毒饭，欲害于佛，譬如蚊蝱之势欲坠大山，蝇蠓之翅欲障日月，徒自毁悴。不如早悔，首过免罪。如来之身，金刚德体。愿父改悔，归命世尊。"长者申日罪盖所蔽，心不开解，告子言："佛有神通，照见未然，当预知我作火坑、毒饭。今受吾请，以此推之，必无远虑。"

申日毒饭

《月光童子经》云：尔时，世尊受申日长者请，不与常同，当放威神，感动十方，令于心服，广化无涯，并化六师及九十六种外道，放大光明，极佛境界。至长者门，火坑即成水池，出大莲花。申日见之，心动神惊，慞惶怖悸，心自念言："我之逆恶，所为无道。"顾谓六师："我今如何？"六师恐怖惭耻，即各逃窜。申日作礼："唯愿世尊恕我愚冥，用信恶言，兴毒害意，幸赖慈化，乞原罪咎。饭食之中悉皆着毒，愿待须臾，更炊饭食。"佛言："便持饭来，不须更设。贪、淫、嗔恚、愚痴、邪见，世之重毒。吾无此毒，毒已灭尽，毒不害我。"申日下食，香彻十方。申日启言："佛大慈悲，悯念众生，济我涂炭。"佛告申日："能自觉悟，重罪必除。吾当为汝广宣道义，令汝心解。"广说无量法言：八解、四谛、三脱、六度，深道法要，微妙之行，解三界空，诸法因缘，造为罪福，观病选药，如应说法。申日情悟，心开疑解。

佛化无恼

《贤愚因缘经》云：舍卫国有辅相子，名曰无恼，雄壮有力，能敌千人。父令就婆罗门学，师即教言："七日之中，斩千人首，而取一指，以为鬘饰。梵天来迎，定生梵天。"无恼受教，持刀走外，见人便杀，人皆号为"鸯掘魔罗"。周行杀害，到七日早，方得九百九十九指，唯少一指。人皆藏窜，无敢行者。遍行求觅，更不能得。七日之中，其母持食躬往。儿遥见母，走趋欲杀。母言："汝何怀逆，欲杀于我？"儿言："我受师教，要七日中满得千指，生于梵天。日数已满，唯少一指，欲杀于母。"时佛化作沙门，行于彼边。无恼见已，舍母速至。佛见其来，徐行舍去。无恼极力，走不能及，便遥唤言："沙门少住。"佛遥答言："我常自住，但汝不住。"无恼复问："云何汝住，我不住耶？"佛言："我诸根寂定，而得自在。汝从邪师，禀受邪教，变易汝心，不得定住。昼夜杀害，造无边罪。"无恼闻已，心意开悟，投佛出家。

降伏六师

《贤愚因缘经》云：佛在王舍城竹园中，与千二百五十比丘俱。时洴沙王已得初果，信敬之心，倍加隆厚。国有六师富兰那等，先于其国，邪见倒说，诳惑万民。迷冥之徒，信服邪教，众类广布，恶党遍满。时王有弟，敬奉六师，信惑邪倒，谓其有道，竭家之财，供给无乏。兄王洴沙殷勤方便，劝令奉佛。弟执邪理，不从王劝。弟白兄王："我自有师，更不奉佛。"遣人往唤六师，皆来聚集，共议斯事。六师悉集，各共议言："我等技能，不减于佛。"即诣王所，自说智能，神化灵术，与佛试之。王领六师，往诣佛所，白言："六师欲得捔术，唯愿世尊奋其神力，化伏邪恶。"时佛升座，帝释侍左，梵王侍右，国王、大臣、万众围绕。佛徐伸臂，以手接座，即有五大神王，摧灭挽拙六师之身。金刚密迹捉金刚杵，杵头出火，举拟六师。六师惊怖，奔突而走。六师徒众，求哀忏悔，为佛弟子，愿成沙门。

持剑害佛

《宝藏经》云：佛在拘弥国，有辅相婆罗门，为人狂暴，动不以道。其妇邪谄，亦复无异。夫语妇言：“瞿昙沙门在此国界，若其来者，闭门莫开。”于一日中，如来忽然在其屋中。婆罗门妇见已默然，都不与语。佛便说言：“汝婆罗门愚痴邪见，不信三宝。”妇闻此语，怀大嗔恚，自绝璎珞，着垢腻衣，在地而坐。夫从外来，问言：“何以尔也?”答曰：“瞿昙沙门骂辱于我，作如是言：‘汝婆罗门，邪见不信。’”夫言：“且待明日。”明日开门，以待佛来。于后日中，佛出现其家。婆罗门即捉利剑，而斫于佛。佛现神通，不能得着。见佛在虚空中，便自惭愧，五体投地，而白佛言：“唯愿世尊下来，受我忏悔。”佛即下来，受其忏悔，为说法要，夫妇俱得须陀洹道。时诸人民闻佛降化如是恶人，各作是言：“世尊出世，甚奇甚特!”佛告诸人言：“非但今日降化如是恶人，过去之时亦曾调伏降化如是恶人。”

佛救尼犍

《杂宝藏经》云：佛在舍卫国。尔时，如来降化外道邪见六师及其眷属，悉使破尽。五百尼犍子作是念言："我等徒众都破散尽，不如烧身，毕就后世。"即集柴薪，便欲烧身。如来大悲，欲拔彼苦，使火不燃。佛在其边，入火光三昧。诸尼犍子见大火聚，心生欢喜，而作是言："我等不须燃火，皆共投身。"既到火聚，身体清凉，极大快乐。见佛在中，倍复庆悦，求欲出家。佛为说法，得阿罗汉，须发已落，法服在身，即成沙门。佛告诸比丘言："昔有商主，入海采宝，顺风而往。即往宝所，诸商人众贪取珍宝，满载船中。商主告言：'莫重著宝，丧汝身命。'时诸商人不听其言，宁共宝死，不肯减却。商主即以自船中宝，投弃海中，上诸商人著己船上。是诸宝船装载极重，尽皆沉没海中；唯商主船救诸商人，俱得还家。尔时，商主深生悲悯，救诸商人；吾今方便种种说法，度诸外道。"

初建戒坛

《戒坛图经》云：佛在祇树给孤独园院中，楼至菩萨请佛立戒坛，为结戒受戒。尔时，如来依言许已，创立三坛：佛院门东名“佛为比丘结戒坛”，佛院门西“佛为比丘尼结戒坛”，外院东门南置“僧为比丘受戒坛”。戒坛从地而立，三重为相，以表三空。为入佛法初门，散释凡惑，非空不遣。时天帝释施以覆釜，置于坛上，以盛舍利。大梵王施无价宝珠，置覆釜上，供养舍利。是为五重，表五分法身。大梵王所施宝珠，大如五升瓶。有大福德者见之，光照八百由旬；薄福德者见之，犹如墨聚。坛既成已，于是十方诸佛、诸大菩萨、天龙八部悉皆云集。诸佛登之，共议结戒轻、重、持、犯等相，又议度尼灭正法相。诸佛通议曰：“古有四部，今何独无？初虽正法灭半，尼行八敬，还住千年。”故此二坛，唯佛所登，共量佛事。外院僧受戒坛，僧为比丘、比丘尼、优婆塞、优婆夷四众受戒坛也。

敷宣戒法

《梵网经》云：尔时，卢舍那佛坐千叶莲花上，放大光明，告千花台上释迦佛说："心地中，金刚宝戒是佛本源，菩萨、佛性种子，一切众生皆有佛性。"尔时，释迦牟尼佛初成正觉已，初结菩萨波罗提木叉，应当孝顺父母、师僧三宝。孝顺至道之法，孝名为戒，亦名制止。佛即放无量光明，为诸大众说一切诸佛大乘戒。佛告诸菩萨言："汝等一切发心菩萨大众诸佛子，应当受持。佛子谛听：若受佛戒者，国王、王子、百官、宰相、比丘、比丘尼、十八梵天、六欲天子、庶民、黄门、淫男、淫女、奴婢、八部鬼神、金刚神、畜生，乃至变化人，但解法师语，尽受得戒。佛子，有十种无尽藏戒：第一、不杀生，第二、不盗财物，第三、不邪淫，第四、不妄语，第五、不饮酒，第六、不说在家出家人过失，第七、不得自赞毁他，第八、不得悭吝财物，第九、不得嗔心，第十、不得邪见谤三宝。应当敬心奉持。"

姨母求度

《中本起经》云：佛入迦维罗卫国，姨母大爱道即至佛所，白言："我闻女人精进，可得沙门四道。愿得受佛法律，出家为道。"佛言："且止。以女人入我法律，服法衣者，当尽寿清净修行梵行。"姨母求哀至三，佛不肯听，立于门外，歔欷悲啼。阿难遂问伯母，伯母答言："不得出家，以自悲伤。"阿难言："且自宽意，待我白佛。"佛言："止止。"阿难复言："伯母多有善意。佛初生时，乃自育养至于长大。"佛言："于我有恩。我生七日，而母终亡，自养育我至于长大。今我于天下为佛，亦多有恩德于姨母。但由我故，得归依佛、法、僧，受持禁戒：不杀、盗、淫、妄、饮酒。"佛言："假使女人欲作沙门，有八敬法不得逾越，当以尽寿学而行之。审能持此八敬法者，听为沙门。"阿难便为伯母说佛教敕，姨母唯诺。佛告阿难："若以女人作沙门，使我正法五百岁衰微。所以者何？女人有五处不能得作故耳。"

度跋陀女

《本行经》云：尔时，世尊听其女人出家，大迦叶以天眼观跋陀罗迦卑梨耶女，在波离婆阇迦外道之处出家学道。即令有神通比丘尼，往彼女人之所，告言："汝夫迦叶，与我同师，出家学道，修行梵行。汝今亦可往诣彼所，修行梵行。"跋陀罗女问比丘尼言："汝师何等?"答言："我师释迦牟尼佛，三十二相、八十种好、十八不共佛法、十力、四无所畏，大慈大悲，戒、定、慧、解脱、知见，皆悉具足。及诸弟子亦复如是。"跋陀罗女言："若如是者，我当随去。"比丘尼共跋陀罗女，乘神通力，如屈伸臂顷，即至佛所，顶礼佛足，白言："世尊，听我出家。"世尊告摩诃波阇波提言："此女听令出家，授具足戒。"跋陀罗女出家不久，至空闲处，独自安静，远离诸浊，勤苦行心，身不放逸，思惟而住，修行梵行。现得见法，自得神通，得安乐住，口自唱言："生死已断，梵行已立，所作已办，不受后有。"

再还本国

《宝积经》云：佛住迦毗罗卫国尼居陀林，告优陀夷："汝可入城，报于父王。"优陀夷以神通力，飞空往诣净饭王所。时王遥见，问言："大师何来？"答言："我为如来乞食而至。"王曰："汝可速还佛所，将食奉佛。我今亦当往见世尊。"世尊食已，先现瑞相。时净饭王见瑞相已，敕诸臣言："速办好乘、香花、幡盖，往诣佛所。"尔时，世尊为度王故，过于人上，在虚空中自在游行。大梵天王、释提桓因、须夜摩天、兜率陀天、化乐天王、他化自在天王，各各执持香花、幢幡供养如来。四天王天、三十三天诸天子等，在虚空中，散天香花供养如来。时净饭王见已，心生希有，而作是言："如来作童子时，不以四天下转轮圣王生于顾恋。今于三千大千世界中为大法王，统领人天，富贵自在。今此世尊为正法王，我今于此为人围绕，世尊乃有天人侍卫。"时净饭王不觉头面着地，礼世尊足。

为王说法

《宝积经》云：尔时，世尊告父王言："我所说法，初善、中善、后善，其义深远，其味亦善，淳净无杂，清白无染。显说梵行法，一一分别解说。所谓六界：地界，水、火、风、空、识界。六触入：眼、耳、鼻、舌、身、意识境界。若缘顺境，生于爱心；缘于违境，则生嗔恚；于中庸境，生愚惑心。行于顺色，生于贪欲；行于违色，则起恚怒；行于中庸，起于无明。如是三事，起贪、嗔、痴。因贪、嗔、痴，堕四恶处，轮转生死，无解脱期。大王，如是作业果报，皆不失坏。无有作业者，无有受报者，但随世俗故有，非第一义。大王，当知一切诸法皆悉空寂。一切诸法空者，是空解脱门；空无空相，名无相解脱门；若无于相，则无愿求，名无愿解脱门。一切法皆具三解脱门，与空共行，涅槃先道，远离于相，远离愿求，究竟涅槃界，决定如法界，周遍虚空际。当知诸根如幻，境界如梦。"佛说是法时，净饭王等得无生忍。

佛留影像

《观佛三昧经》云：尔时，净饭王白佛言："世尊，佛是我子，吾是佛父。今我在世，见佛色身，但见其外，不见其内。悉达在宫，相师皆见三十二相。今者成佛，光明益显，过逾昔日百千万倍。佛涅槃后，末世众生，当云何观佛身色相好，知佛光明？惟愿世尊，今当为我，亦为众生，分别演说。"尔时，世尊入遍色身三昧，从三昧起，有五色光，从佛口出，照父王顶，及于精舍，遍娑婆世界，还从顶入。尔时，世尊欲令大众见佛色身，了了分明。佛化精舍如白玉山，高妙大小如须弥山，百千龛窟。于众龛窟，影现诸像，与佛无异。时佛前地有大莲花，其花千叶，叶有千光，光千化佛，佛千弟子以为侍者。佛告父王："佛灭度后，佛诸弟子，若能割损诸事，损弃诸恶，系念思惟佛常光者，佛不现在，亦名见佛。以见佛故，一切诸恶皆得消灭，随其所愿，于未来世当成三种菩提之道。"

度诸释种

《观佛三昧经》云：尔时，五百释子白佛言："我等恒见佛身，犹如炭人。我等宿世有何罪咎，惟愿佛日为我解说。"佛告诸释子："过去有佛名毗婆尸如来。有长者名日月德，有五百子，聪明多智，广知世间一切文艺、星宿、历数，无不贯练。其父长子，信敬佛法，常为诸子说观佛心，亦说十二因缘。诸子闻已，疑惑不信，言：'父老耄，为诸沙门之所诳惑。我诸书籍都无是义，父今何处求觅得此？'时诸子忽遇重病，父观诸子命不支久，谓言：'汝等邪见，不信正法。今无常刀割切汝身，汝心烦闷，为何所怙？有佛名毗婆尸，汝可称之。'诸子称南无佛。诸子命终，得生天上。因称佛名，同生此处；因汝邪见，不得闻法。汝今随顺佛语，忏悔诸罪，心眼得开，见佛闻法。"白父王言："我等今日，欲于佛法出家学道。"父王告言："汝自白佛。"俱白佛言："我等俱欲出家。"佛言："善来！比丘。"即成沙门。

降伏毒龙

《观佛三昧经》云：如来到那乾诃罗国，罗刹穴中有五罗刹，化作龙女，与毒龙通。龙复降雹，罗刹乱行，饥馑、疾疫已历四年。时王惊怖，召诸咒师，令咒毒龙；罗刹气盛，咒术不行。时王即诣佛所，请佛降之。佛受请已，敕舍利弗、目犍连徒众五百，化百千龙，蟠身为座。龙口吐火，化成金台七宝床座。尔时，世尊顶放金光，无数化佛满虚空中。尔时，龙王见世尊来，父子、徒众十六大龙兴大云雷，震吼雨雹，眼口吐火。五罗刹女现丑恶形，眼如掣电，住立佛前。时龙王子见虚空佛，白父言："父王吐火，欲害一佛。试看空中，有无数佛。"时金刚神手把大杵，杵头出火，烧恶龙身。龙王惊怖，走入佛影。佛影清凉，如甘露洒。龙大欢喜，为佛作礼，五罗刹女亦礼如来。尔时，如来犹如慈母抚子。尔时，龙王及五罗刹女并十六龙子，五体投地，求受佛戒。佛为说三归、五戒之法。

化诸淫女

《观佛三昧经》云：舍卫城中多有淫女，媚诱男子，经一宿者，输金钱二百。国有长者，名如阎达，积财百亿。有子名华德，兄弟三人，游荡无度，竞奔淫舍。始初一往，各输金钱；经一月终，一藏金尽。长者案行，见藏已空，问守藏者，典藏白言："华德三人，日日持钱，往淫女舍。"长者即诣王前，白言："大王，有诸淫女诱我诸子，破尽家财。"王语长者："汝甚大富，金藏犹尽，况余凡下，宁不困耶?"长者白王："惟愿大王，速诛恶人。"王告长者："吾受佛戒，犹不伤蚁，况复杀人。如来在世，一切皆化。"同往佛所，启白此事，愿佛化之。佛告大王："可遣旃陀罗，唤诸淫女，集议论场。"王击金鼓，宣令敕国内臣民，俱集论场。佛敕千二百五十比丘，各随定意，现大神通。大迦叶、舍利弗、目犍连、迦旃延、憍陈如等，各作十八变神通，踊身虚空，飞行化现。淫女见已，皆发信心，受三归依及五戒法。

阿难索乳

《乳光佛经》云：维耶离国有梵志名摩耶利，其家豪富，不信佛法，但修异道。佛遣阿难至摩耶利家，求索牛乳。梵志思惟："我若不与，谓我悭惜。即当指授与弊恶牸牛，令阿难自取，使牛觝杀阿难，折辱其道。"摩耶利使儿引至牛所，诫言："慎莫为取，试看阿难能得乳否。"阿难即到牛傍，思自念言："我师诫敕，不得手自取牛乳。"时忉利天帝下来，化作年少梵志，住在牛傍。阿难谓梵志言："请为我取牛乳。"梵志即持应器至牛所，牛静住不敢复动，随意而取。阿难取乳，欢喜而去。梵志言："此牛极恶，人不得近，今日何故柔善乃尔？瞿昙弟子尚能如此，何况佛之威神！"梵志欢喜，信解佛法。阿难持乳上佛，佛即受之，告阿难言："此牛前世不信佛法，堕此牛中经十六劫。今闻佛名，随人取乳，奉上于佛。用此因缘，当得解脱，却后命尽，终不堕三恶道。最后作佛，号乳光如来。"

调伏醉象

《法句经》云：调达与阿阇世王共议毁佛，王敕国人不得奉佛，佛与五百罗汉住崛山中。调达至王所，白言："佛诸弟子今已迸散，尚有五百弟子在佛左右。愿王明日请佛入城，可饮五百大象使醉，令蹋杀之。吾当作佛，教化世间。"王闻欢喜，即往请佛。佛知其谋，答言："大善！"王退而回，还报调达。明日食时，佛与罗汉共入城门。醉象皆叫，而前搪揬，墙壁、屋宇悉皆破坏，一城战慄。五百罗汉飞在虚空，独有阿难在边。醉象齐头径来趣佛，佛举五指，化五狮子，同声俱吼，震动天地。醉象伏地，不敢举头。象解垂泪悔过，王及臣民莫不惊肃。世尊徐行至王殿上，与诸罗汉食讫咒愿。王白佛言："禀性不明，信彼谗言，兴造逆恶。愿垂大慈，恕我迷愚。"佛告阿阇世王及诸大臣："世有八事兴长诽谤，皆由名誉，以致大罪。何等为八？利、衰、毁、誉、称、讥、苦、乐。自古至今，尠不为惑。"

张弓害佛

《杂宝藏经》云：佛在王舍城，提婆达多心常怀恶，欲害世尊。乃雇五百善射婆罗门，使持硬弓利箭，藏隐树林，候世尊过，诣世尊所，援弓射佛。所射之箭，化成拘物头花、分陀利花、波头摩花、优钵罗花。五百婆罗门见是神变，皆大怖畏，即舍弓箭，礼佛忏悔，胡跪合掌。佛为说法，心开意解，皆得须陀洹道。复白佛言："愿听我等出家。"佛言："善来！比丘。"剃除须发，法服着身，即成沙门。重为说法，得阿罗汉道。诸比丘白佛言："世尊，提婆达多常欲害佛，然佛恒生大慈。"佛言："非但今日。昔有商主名不识恩，入海采宝而还。到回流处，遇水罗刹而捉其船，不能得前。有一大龟心生慈悯，来向船所，负载船人，即得至岸。时龟上岸，歇息略睡；不识恩者，持刀欲杀。诸商人言：'我等蒙龟济难活命，杀之不祥。'不识恩曰：'我复饥急，不问尔恩。'即杀龟而食。不识恩者，提婆达多是也。"

佛化卢志

《经律异相》云：首波罗城有长者名卢志，奉事尼犍，我欲度之。至彼城邑，尼犍闻我欲至彼城，念言："瞿昙若至此者，此诸人民便当舍我，不复供给。"告卢至言："沙门瞿昙今欲来此。然彼沙门委弃父母，东西驰走，所至之处，能令土地五谷不登，人民饥馑，死亡者众。"卢至闻已，即怀怖畏，白言："大师，当欲何计?"尼犍答言："瞿昙性好丛林、清水，城外设有，宜应斩伐；流、泉、池、井，填以臭秽；各严器仗，预当防护。彼设来者，莫令得前；我作种种术，令彼回还。"彼诸人民敬奉而行。我于是时至彼城邑，寻生怜悯，慈心向之，所有树木还生如本；河、池、井、泉，其水清净，盈满其中，生众杂花，弥覆其上；变其城垣为绀琉璃，城内人民悉得彻见；门自开辟，我及大众无能制者，所严器仗变成杂花。卢至长者与其人民，俱共相随来至我所。我即为说法要，皆发菩提之心，咸受戒法。

贫公见佛

《贫穷老公经》云：舍卫国有贫穷老公，年一百岁，扶杖而来，求欲见佛。释、梵侍门，敕不通之。老公大唤曰："吾虽贫贱，千载有幸，今得值佛，欲问罪福，求离众苦。我闻世尊仁慈普逮，万物蒙赖，莫不受恩。是以远来，乞一示见。"佛语阿难："可唤使前。"于是老公匍匐寸进，而白佛言："我生世不幸，贫穷辛苦，饥饿寒冻，求死不得，活无所赖。人命至重，不能自弃。闻佛在世，心独欢喜，昼夜发心，愿一奉颜。向在门外，久不得前，计欲还去，气力不堪。进退无路，但恐命绝，秽污圣门，重增其罪。不悟世尊已哀矜之，得蒙前进，不夺本愿，如此而死，无怨恨矣。惟愿速终，毕罪后世，愿得垂恩，施其上慧。"佛言："人之受生，生死因缘，以多因缘，致其罪根。卿前世时，生豪富家，聪明智慧，用此恣意轻凌于人。聚积财物，不肯布施，故卿今日受此贫穷。罪福报应，亦如影响。"闻已作礼而去。

老人出家

《贤愚因缘经》云：王舍城有长者名尸利苾提，其年百岁，闻说出家功德无量，便自思惟："我今何不于佛法中出家修道？"往到竹园，问诸比丘："佛世尊今何所在？"答言："不在。"又问："大师上足是谁？"比丘指舍利弗。诣前白言："听我出家。"舍利弗视此老人，三事皆缺，不能学问、坐禅、助营众事，告言："汝去！汝老，不得出家。"次向大迦叶、优波离、阿㝹楼陀、五百大阿罗汉等，皆言："年老不得出家。"还出竹园，住立门外，悲泣懊恼，举声大哭。世尊即至其前，放大光明，相好端严。佛问老人："汝何故哭？"长者闻佛梵音，心怀喜跃，如子见父，五体投地，泣白佛言："我独何罪？不听出家。"佛言："谁作是说'年老不听出家'？"答言："舍利弗等。"尔时，世尊以大慈悲，慰谕长者："汝莫愁忧苦恼。我今当令汝得出家，非舍利弗。百劫修福，精勤苦行，汝来随我。"便随佛后，入佛精舍，告大目连："令与出家。"

丑女改容

《百缘经》云：波斯匿王、末利夫人生一女儿，面貌极丑，形不似人。养育长大，觅一贫穷豪族之子，以为其夫。起造舍宅，牢闭门户，内外七重。王嘱女夫："汝若出外，自执锁钥，而自关闭，勿令人见。"王出财物，供给女婿，授为大臣，与诸豪族共为邑会，月月更作。设会之时，夫妇共来，共相欢乐。诸在会者，各将自妇共来赴会，唯彼大臣独不将来。众人疑议："彼人妇者，或是端正，或是极丑。"众人劝酒，令醉卧地，解取锁钥，令人开门，观看其妇。彼女自责："我种何罪？幽闭暗室。"遥礼世尊，愿垂哀悯。佛知其意，即到其家。其女见佛，求哀忏悔。佛为说法，心开意解，恶相丑形，忽然端正，身体端严，犹如天女。使人开门，见其端正，殊妙无比。使人见已，还将锁钥系于本处。其人还家，见妇殊特，问是何人？答言："汝妇。"其妇具以礼佛答夫："缘佛神德，使我如是。"其夫同妇，与王见佛。

夫人满愿

《观无量寿佛经》云：王舍城有太子名阿阇世，随顺调达恶友之教，收执父王频婆娑罗、母韦提希夫人，幽闭深宫，不令复出。时韦提希被幽闭已，愁忧憔悴，向佛作礼，而作是言："世尊威重，无由得见。"尔时，世尊与目犍连、阿难、释梵护世，从空而来。韦提希白言："世尊，我宿何罪？生此恶子。唯愿世尊为我广说无忧恼处，我当往生，不乐阎浮提五浊恶世也。"世尊放眉光，遍照十方世界。佛告韦提希："西方极乐世界阿弥陀佛，去此不远，汝当系念，谛观彼国。欲生彼国者，当修三福：一者、孝养父母，奉事师长，慈心不杀，修十善业；二者、受持三归，具足众戒，不犯威仪；三者、发菩提心，深信因果，读诵大乘，劝进行者。应当一心系念，谛观西方极乐世界阿弥陀佛，及观世音菩萨、大势至菩萨，坐莲花上，佛、菩萨像皆放光明，其光金色，遍满彼国。此想成时，往生彼国。"

鹦鹉请佛

《百缘经》云：佛于祇园，将诣摩竭提国。值诸群鸟中有鹦鹉王，遥见佛来，飞腾虚空，逆道奉迎："唯愿世尊及比丘僧，慈哀怜悯，诣我林中，受一宿请。"佛即然可。时鹦鹉王知佛许已，还归本林，敕诸鹦鹉："各来奉迎。"尔时，世尊将诸比丘，诣鹦鹉林，各敷坐具，在于树下，坐禅思惟。时鹦鹉王见佛、比丘寂然宴坐，甚怀喜悦，通夜飞翔，绕佛、比丘。回向顾视，无诸师子、虎、狼、恶兽及以盗贼，触恼世尊及比丘僧。至明清旦，世尊进引。鹦鹉欢喜，在前引导，向王舍城，白频婆娑罗王言："世尊今者将诸比丘，遂来在近。唯愿大王设诸肴膳，逆道奉迎。"时鹦鹉王于其夜中，即便命终，生忉利天。从天下来，报世尊恩，赍持香花，而供养佛，头面顶礼。佛即为其说四谛法，心开意解，得须陀洹果。

恶牛蒙度

《百缘经》云：佛在骄萨罗国，欲诣勒那树下。至一泽中，有五百水牛，甚大凶恶。复有五百牧牛人，遥见佛来，将诸比丘，从此道行，高声叫唤："唯愿世尊莫行此道。水牛群中，有大恶牛，觗突伤人，难可得过。"佛告牧牛人言："汝等不须忧虑，彼水牛者设来觗我，吾自知之。"恶牛卒来，翘尾低角，跪地吼唤，跳踯前来。世尊于五指端，化五狮子在佛左右，四面周匝有大火坑。时彼水牛甚大惶怖，四向驰走，无有去处。唯佛足前，有少空地，晏然清凉，驰奔趋向，心意泰然，无复怖畏。长跪伏首，舐世尊足，复便仰（按："仰"，原作"低"，据文意改）头，视佛世尊。如来知彼恶牛调伏，而说偈言："盛心兴恶意，欲来伤害我，归诚望得胜，返来舐我足。"

时彼水牛闻说偈已，不食水草，即便命终，生忉利天。从天下来，还报佛恩，赍持香花，来诣佛所，前礼佛足，却住一面。佛即为说种种法要，心开意解，得须陀洹果。

白狗吠佛

《中阿含经》云：世尊入舍卫国，至鹦鹉摩纳都提子家。都提少出，彼家有白狗，在于床上，吃盘中食。狗见佛来，下床便吠。佛语白狗：“汝因护财，而堕于此。”狗大嗔恚，忧戚愁卧。都提还家，见狗卧地不起，即问：“谁嗔此狗？”家人答言：“世尊。”都提嗔恚，诣世尊所。世尊告曰：“狗是汝父。汝若不信，回家问狗，令狗示汝伏藏。”还家语狗：“若前世时，是我父者，当还起食，示我伏藏。”狗即示伏藏处，以口及足把于床下。即便掘地，大得宝物。发大信心，问佛宿因、行业、果报。佛言：“男子、女人寿命极短，杀生业报；寿命极长，慈心不杀。贫穷极苦，悭贪偷盗；多饶财宝，常行布施。有恶智慧，近恶人言；有善智慧，亲善知识。都提当知：作长寿业，必得长寿；作布施业，必得财富；广学多闻，必得智慧。作如是因，感如是果。一切众生，因自行业，因业得报，缘业依业，随其善恶，果报自受。”

火中取子

《经律异相》云：瞻婆国城中，有大长者，无有继嗣，奉事六师，以求子息。其妇怀妊，长者往问六师："是男？是女？"六师答言："生必是女。"长者愁恼。复有知识谓长者言："何不问佛？"长者即诣佛所，以事问佛。佛言："是男无疑。"六师心嫉，以庵罗果和合毒药，持与长者："汝妇临产，可服此药，产则无患。"长者受之，与妇令服，服已即死。长者殡殓，城外焚之。佛语阿难："吾欲往彼，摧灭邪见。"佛与大众往诣焚所。长者白言："佛言无妄！儿母已终，云何生子？"佛言："卿于是时，曾不见问母命修短，但问所怀为是男女。长者当知，定必得子。"是时，死尸火烧腹裂。佛告耆婆："汝往火中，抱此儿来。"耆婆前入火中，抱持此儿，还授于佛。佛付长者言："众生寿命不定，如水上泡。若人福厚，火不能烧，毒不能害。"长者作礼，长跪白佛："唯愿世尊悯我无智，愚迷之甚，信奉外道。从今已往，归命佛、僧。"

见佛生信

《经律异相》云：有国王名阿质，威势勇猛，侵伐邻国，枉苦良善，人民怨之。佛与大众欲往化之。阿质王闻之，即生恶意，与诸王子兴兵合聚，当于大道，迎欲拒佛。当此之时，佛身在前，放大光明，从军中度。阿质国王鼓不复鸣，弓弩不施，刀兵不拔，象马颠倒，步兵转筋，天地阴冥，日月无光。王及众军皆迷惑失息，顿伏而走。佛到王城，城门自开。佛进王宫，入殿而坐，诸天神王拥护围绕。王及诸子闻佛入宫，还宫与佛相见，作礼前谢，白佛言："卑鄙暗陋，少不学问，不知礼义，狼兽为比，愚痴迷惑，违犯天人。大圣不顾边陲小国，今枉世尊远来鄙土，君臣悖逆，唯愿世尊哀我无智，既已厚恩，教化人民。"王及诸子悔过自责，白佛言："乞戒，终身奉行。"佛言："王当恩信、仁义、慈孝、贞洁、宽柔、忍辱、布施育民。众生可哀，人命可惜，国土、珍宝不足恃怙。为民父母，爱民如子。"

因妇得度

《三摩竭经》云：有难国王遣使至舍卫国长者阿难邠坻舍。长者见使者黑丑如鬼，问言："汝何等人?"答言："难国王为太子娶妇，闻长者有女名三摩竭，人中第一，故来求之。王自有书相闻。"长者便到佛所，白佛："难国王遣使来到我家，辞言：'为王太子来求我女。'今当云何?"佛言："与之。"长者送女至彼。时难国王见子妇来，便请其师尼犍若陀弗，入宫饭之。王与夫人呼子同妇，出来礼师。三摩竭见尼犍裸形丑黑，是为猪、狗畜生无异，口遥唾之，即还，闭门不出。师告王："汝问妇事何师?"妇答言："是佛。"王言："佛可见否?"答言："佛有神力，烧香遥请即至。"王言："大善!"三摩竭即上高台，烧香作礼，言："今难国王不知有佛，愿佛明旦与诸弟子，劳屈尊神来到于此。"佛敕诸比丘："各以道力变化，自在所为。"诸比丘各乘龙、凤、虎、豹、牛、马、孔雀，从空而至，为王说法，及诸尼犍悉皆得度。

盲儿见佛

《越难经》云：波罗奈国有长者名越难，财富巨亿，为人悭嫉，不肯舍施。常语守门人："乞者勿通。"越难子名旃檀，亦复悭贪。越难寿尽，还生国中，为盲妇作子。其夫语妇："汝身重病，今复怀孕。我无饮食，汝便自去。"妇便出去，得大墙窟，便止其中。九月生子，两目复盲，乞食养之。至年七岁，其母教言："今有乞我，少饭充饥，如雨渴者。"儿闻母说，便行乞食，到其子家。时守门者适小出外，入到中庭。旃檀闻语，呼守门问。门监惧罪，即掣盲儿，扑于门外，伤头折臂。母闻走到："何人无道？"时门神便谓之言："汝得是痛，尚为小，其大在后。汝前世时，有财不施，故得是报，死更苦痛。"观者闻声，佛问阿难："是何等声？"阿难具说。佛与大众到此儿所，与少饭食。以手摩头，目便开明，折伤即愈，因识宿命。佛问："汝前世长者，字越难耶？"乞儿对曰："是也。"诸人闻已，皆发信心，施佛及僧。

老婢得度

《观佛三昧经》云：须达长者有一老婢，名毗低罗，勤谨家业，一切委之，常执库藏。须达请佛及僧，供给所须，有病比丘多所求索。老婢悭吝，嗔佛、法、僧，而作是言：“我家长者愚痴迷惑，受沙门术，求乞无厌，何道之有？”复发恶念：“何时不闻佛、法、僧名？”末利夫人闻之，而作是言：“云何须达如好莲花，而爱老婢？”即勅须达：“遣汝妇来。”妇到，语言：“汝家老婢，恶口谤佛、法、僧，何不驱摈？”妇言：“佛世多所润益，何况老婢？”夫人闻已，心大欢喜：“我欲请佛，汝遣婢来。”明日佛到，长者遣婢即持金银，劝助王家供养佛、僧。时佛入门，老婢见已，心不生喜，即时欲退。佛在其前，佛举十指，化皆是佛。老婢见佛，及说妙法。老婢还家，犹畏见佛。佛言：“此婢于我无缘，罗睺有缘，令往化之。”罗睺罗承佛威神，乘空而至。老婢见已，心大欢喜，求受五戒。时罗睺罗为说三归五戒，闻已成须陀洹。

劝亲请佛

《法句经》云：须达长者有亲友长者，奉事外道，不信佛法及诸医术。时得重病，宗亲知友皆来省问，劝令请佛治病。坚执不肯，答众言："吾事天地神祇，终不改志。"须达语曰："吾所事师，号曰为佛，神德广被，见者得福。可试请来，说经咒愿。听其所说，言行进趋，何如？以卿久病，不得除瘥，劝卿请佛，冀蒙其福。"长者答言："便为我请佛及僧。"须达即便请佛，往诣其门，佛放光明，内外通彻。长者见光，欣然身轻。佛告长者："人生世间，横死有三：一者、有病不治，二者、治而不慎，三者、憍恣自用，不达逆顺。为三横死。若有病者，当以明道，随时安济。一者、四大寒热，当须医药；二者、众邪恶鬼，当须经戒；三者、奉事贤圣，矜济穷厄。德感神祇，福佑群生，以大智慧，消去阴盖。奉行如此，现世安吉。"长者闻已，四大安静，众患消除，如饮甘露，中外怡怿，身安意定。宗室国人，莫不敬奉。

嘱儿饭佛

《法句经》云：有大长者名修罗陀，财富无数，笃信奉佛，自誓常以腊月八日请佛及僧。长者临终，付嘱子孙：“吾死之后，奉行莫废。”儿名比罗陀，后日渐贫，居无所有。腊月已至，无钱供办，愁戚不乐。佛遣目连，往问比罗陀：“汝父直月欲至，当设何计?”比罗陀答言：“父亡教令，不敢违之。唯愿世尊怜悯勿弃，八日中时回光临盻。”目连即还，具白如是。比罗陀将妻至外家，贷百金钱，还家办食。佛与众僧往诣其舍，受食咒愿。比罗陀无悔恨意，欢喜还家。其日夜半，诸故藏中，宝物自然充满。比罗陀夫妇明旦见之，且喜且惧，惧官见问所从得此。夫妻共议，当往问佛。即诣佛所，具白如此。佛告比罗陀：“安意任用，勿生疑难。汝之履信，不违父教；持戒、惭、愧，没命不二；闻、施、慧道，七财满足。福德所致，非为灾变。智者能行，不问男女，所生之处，福应自然。”闻佛所说，益加笃信。

贷钱办食

《经律异相》云：罗阅城人民聚集共议，各出百钱饭佛及僧。有鸡头婆罗门，贫无钱财以助彼众。众人语言：“汝无钱财，宜速出去。”鸡头便还，忧愁谓妻言：“我无钱财助众饭佛，诸人驱我速出。”妇答言：“汝可至弗赊蜜多罗长者舍，从其假贷。”便往求告：“十日当偿。若不还者，我身及妇当为奴婢。”长者便贷金钱百枚，持诣众中言：“今我得钱，听我在次。”众语鸡头言：“已办，不须卿钱。”鸡头便还。夫妇二人诣世尊前，恭敬顶礼，具以白佛。佛告鸡头：“汝便请佛及僧。”鸡头受教，遂请佛、僧。时天帝释语毗沙门天王：“汝佐此婆罗门办食。”复语毗湿波伽摩天子：“汝可化作高广讲堂。”俱答言：“受教。”佛告鸡头：“汝可请王，共一日食。”即至王所，白王：“愿大王明日受请，集佛讲堂。”时王严驾，群臣围绕，佛与众僧，天、龙拥护，往诣讲堂，受鸡头食。咒愿食已，说微妙法，王及大臣皆大欢喜。

老乞遇佛

《经律异相》云：尔时，世尊入舍卫城，有一婆罗门年耆根熟，执杖持器，家家求乞。世尊告曰："汝何以尔？"答言："世尊，我有财物，为子娶妻，悉已付子，然后舍是，持器乞食。"佛复告曰："汝能于我法，受诵一偈，还为儿说？"答佛："能受。"世尊即说偈言："生子心欢喜，为子聚财物，复为聘娶妻，而自舍出家。边鄙田舍儿，违负于其父；人形罗刹心，弃舍于老父。老马复无用，则夺其豆草；子少而父老，弃舍行乞食。曲杖为最胜，为我防恶牛，能却暴恶狗，扶我暗处行。避深坑空井，凭仗于杖力。"时婆罗门从佛受偈，还至家门，先白大众，说如上偈。其子愧怖，即抱其父，还将入家，沐浴父身，换父衣服，立为家主。时婆罗门作是念言："我于今日，蒙世尊恩。如经所说，是为我师，我今持上妙衣。"至世尊所，顶礼佛足，而白佛言："愿受此衣，哀悯我故。"世尊即受，更说种种妙法，示、教、利、喜。

说苦佛来

《法句经》云：祇园精舍有四比丘，共相议言：“世间何者最苦？”一言淫欲，一言饥渴，一言嗔恚，一言惊怖，共诤不止。佛知，往到其所，问言，以事白佛。佛言：“汝等所论，不究苦义。天下之苦，莫过有身。饥渴、寒热、嗔恚、色欲、怨祸，皆由有身。夫身者，众苦之本，患祸之源。劳心极虑，忧畏万端。三界蠕动，更相残贼。吾我缚著，生死不息，皆由身故。欲离世苦，当求寂灭。摄心守正，泊然无想，可得涅槃，是为最乐。昔有比丘入山学道，时有四禽，鸽、乌、蛇、鹿，依附左右。昼行求食，暮则还宿。一夜，自相问言：‘世间之苦，何者为重？’鸽言：‘色欲炽盛，无所顾念，危身灭命，莫不由之。’乌言：‘饥渴之时，身羸目冥，神识不宁，投身罗网，丧身失命，莫不由之。’蛇言：‘嗔恚一起，不避亲疏，亦能杀人，复能自杀。’鹿言：‘常畏猎人，及诸狼、虎，仿佛有声，奔走坑岸。以此言之，惊怖为苦。’比丘叹言：‘天下大苦，无过有身。’”

谈乐佛至

《法句经》云：佛在舍卫国祇树给孤独园精舍，时有四新学比丘，至柰树下，经行游戏。柰花荣茂，色好且香，因相谓曰："世间万事，何者可乐?"一人言："仲春之月，百木荣华，游戏原野，此最为乐。"一人言："宗亲吉会，觞酌交错，音乐歌舞，此最为乐。"一人言："多积财宝，所欲即得，车、马、服饰，与众有异，出入光显，行者瞩目，此最为乐。"一人言："妻妾端正，彩服鲜明，香熏芬馥，恣意纵情，此最为乐。"佛知，即至其所，告言："汝等所论，尽是忧畏危亡之道，非是永安最乐之法。万物春荣，秋、冬衰落；宗亲欢乐，皆当别离；财宝车马，五家之分；妻妾美色，爱憎之本。爱乐生忧，贪欲生畏，解无贪欲，无忧无畏。凡夫处世，兴招怨祸，危身灭族，忧畏无量，三途八难，苦痛万端，靡不由之。"是四新学比丘，闻说此义，心意开悟，灭意断欲，惭愧悔过，一心求道，志存无为，不贪荣利，得罗汉道。

祀天遇佛

《法句经》云：边境有王，名曰和墨，奉事外道，举国信邪，杀生祭祀。王母寝病，经久不瘥，召婆罗门，告言："吾太夫人病困经久，不知何故？"答言："星宿倒错，阴阳不调，故使然耳。"王言："作何方宜，使得徐愈？"答言："当备牛、马、猪、羊百头，杀以祀天，然后乃瘥。"王即奉命，即牵牛、马、猪、羊百头，当就祭坛，杀以祀天。佛怀大慈，悯王愚迷，往诣王所。王遥见佛，为佛作礼，白佛言："母病经久，今欲祀天，为母请命，冀求得瘥。"佛言："欲得谷食，当行种田；欲得大富，当行布施；欲得长寿，当行大慈；欲得智慧，当行学问。行此四事，随其所种，得其果实。祠祀淫乱，以邪为正，杀生求生，去生道远。人皆百岁，奉事神祇，牛羊祭祀，不如行慈。"佛放光明，遍照天地。王闻法睹光，即得道迹，惭愧悔过，遂不祀天。母闻情悦，所患消除。王于是后，信敬三宝，爱民如子，常行十善，五谷丰登，心常悦乐。

佛度屠儿

《法句经》云：有五百外道常求佛便，欲诽谤之，自共议言："当使屠儿杀生，请佛及僧。佛必受请，赞叹屠儿。吾当诣前，而共讥之。"佛即受请，告屠儿言："果熟自堕，福熟自度。"屠儿还归，供设饮食。佛及众僧到屠儿舍，梵志大小皆共欢喜："今日乃得佛之便耳。若赞福者，以其前后杀生作罪，持用讥之；若当说其罪者，当以今日之福难之。二者之中，今乃得便。"佛到即坐，行水、下食。于是世尊观察众心，应有度者，即便出舌覆面，放大光明，照一城内，出微妙音，说偈咒愿："如真人教，以道活身。愚者嫉之，见而为恶。行恶得恶，如种苦种。恶自受罪，善自受福，亦各自熟，而不相代。习善得善，亦如种甘。"五百梵志意自开解，即前礼佛，五体投地，来受圣训："唯愿哀育，得为沙门。"佛即听受，皆为沙门。屠儿大小见佛神变，莫不欢喜，皆得道迹。民人皆称"贤友"，无复"屠儿"之名。

度网渔人

《法句经》云：舍卫国城东南有大江，水既深而广。有五百余家，在岸边住，未闻道德，度世之行。习于刚强，捕鱼为务，贪利自恣，快心极意。佛知此家，福应当度，往至水边，坐一树下。村人见佛，光明奇异，莫不惊肃，皆往礼敬，或拜或揖，问讯起居。佛命令坐，为说经法。众人闻之，而心不信。佛化一人，从江南来，足行水上，止没其踝，来至佛所，稽首礼佛。众人见之，莫不惊怪，问化人曰："吾等先人已来居此江边，未曾闻人行水上者。卿是何人？有何道术？履水不没。"化人答曰："吾是江南愚冥之人，闻佛在此，贪乐道德，至南岸边，不能得度。问彼岸人：'水为深浅？'彼人答言：'水可齐踝。'吾信其言，便尔来过，无他异术。"佛赞化人言："善哉！善哉！夫执信诚，可度生死之渊，数里之江，何足为奇？"时江边村人，闻佛说种种法，心开意解，皆发信心，求受三归，及受五戒，为清信士。

度捕猎人

《法句经》云：罗阅祇，去国有山，山下人生长山林，杀猎为业。佛诣其所，坐于树下，佛放光明，照曜山中，木石皆作金色。山中男子俱出行猎，唯有妇女见佛光明，来诣佛所，悉皆礼拜。佛即为诸母人，说杀生之罪，行慈仁之福，恩爱一时，会有别离。诸母人白佛言："山民务猎，以肉为食，欲设微供，愿当纳受。"佛言："诸佛之法，不以肉食，不须复办。"因告之曰："夫人生世，所食无数，何以不作有益之食？而残害群生，以自济活，死堕恶道，损而无益。人食五谷，增延寿命；杀生食肉，多病夭亡。杀彼活己，罪业无量；慈仁不杀，所适无患。"男子猎还，见诸妇女皆坐佛前，嗔恚弯弓，欲图害佛。诸妇谏曰："此是圣人，勿兴恶意。"即各悔过，为佛作礼。佛重为说不杀之福、残害之罪："人能不杀，行大仁慈，当悯众生，博爱济众。福常随身，在所得利，死升梵天。"猎人闻已，欢喜信受，皆受五戒。

佛化丑儿

《百缘经》云：舍卫城中有一长者子，形貌极丑，状如恶鬼。年渐长大，父母厌恶，驱令远去。有人见之，皆生怖惧。在于山林，采果存活。飞鸟走兽，无不怖走。世尊慈念，将诸比丘到林欲度。见佛避走，佛以神力，使不得去。时诸比丘各在树下，跏趺禅定。世尊化作丑陋人，衣服粗弊，满钵盛食，渐向丑人。丑人见已，心怀喜悦："今此人者，真是我伴。"即来共语，同器而食。食已，时彼化人忽然端正。丑人问言："汝今何以忽然端正？"化人答言："我食此食，以善心观彼树下坐禅比丘，使我端正。"丑人闻已，即便效之，遂发善念，心怀喜悦，即向化人深生信解。于是化人还复本形，丑人见佛三十二相、八十种好，光明普曜，如百千日，前礼佛足。佛即为其种种说法，得须陀洹果。即于佛前，求索出家。佛言："善来！比丘。"剃除须发，法服着身，便成沙门，精勤修习，得阿罗汉果。

救度贼人

《经律异相》云：有五百贼，劫掠人物。舍卫国王敕诸将士，追捕擒获，捉五百贼。王敕杀之，贼大唤佛。佛令阿难："汝往语王：'汝是人王，当爱民如子，云何一时杀五百人？'"阿难至王所，具陈佛语，白言："杀一人罪多，况复五百？其罪无量。"王曰："世尊能使不复作贼，即放令活。"阿难还具白佛。佛语阿难："语王，但放，我令此人更不作贼。"阿难先到刑处，语监杀者言："世尊已救，未可便杀。"复至王所："世尊语王，能令此人更不作贼。"王即原命，且未解缚，送世尊所。尔时，世尊欲度彼人，在露地坐。贼遥见佛，系缚自解，头面礼足。佛观其缘，随从说法，布施、持戒行业果报，苦、集、灭、道四真谛法，即于是时得须陀洹道。问言："汝等乐出家否？"答言："世尊，我等若先出家，今日不遭此苦。唯愿大慈，度我出家。"佛言："善来！比丘。"时五百贼举身被服，变为三衣，自然钵器，威仪庠序，皆成沙门。

度除粪人

《经律异相》云：舍卫城中，有一旃陀罗儿，除粪自活。世尊遥见，即呼唤之。其人报曰："吾担粪不净，不敢亲近。"佛言："欲度汝。"手执其人，至恒水侧，沐浴身体。复至祇洹，敕诸比丘度为沙门。其人劝励精进，勤苦日新。未经旬日，便得阿罗汉果，六通清彻，涌没自在。诣大方石，当中央坐，补纳故衣。王闻佛度旃陀罗儿，念："佛释种，豪族姓家，左右弟子皆出四姓，来入宫室，受供信施。云何礼敬？吾今当往，责数如来。"见前比丘，诸天礼觐。比丘见王，即没石中，还从石出。王诣佛所，问言："向者比丘，名字何等？有此神力。"佛言："此是除粪人。"尔时，世尊以此因缘，便说譬喻："犹如污泥中，生香洁莲花。云何大王有目之士，取此花否？"王言："世尊，花极香洁，当取庄饰。""秽污当观母胎，胎中产生功德之花。"时王白佛："彼人快得善利，不可思议。自今以后，请此比丘，供养四事，无所乏少。"

施食缘起

《救面燃饿鬼经》云：阿难疾至佛所，白言："世尊，我于昨夜见一面燃饿鬼，身形羸瘦，枯焦极丑，面上火燃，其咽如针，头发蓬乱，毛爪长利，身如负重，而语我言：'汝于三日，必当命尽，生饿鬼中。'我即问言：'以何方计，得免斯苦？'饿鬼答言：'汝若施于恒河沙数饿鬼，及婆罗门，并诸仙等饮食，汝得增寿。'世尊，我今云何得免此苦？"佛言："汝今勿怖。有陀罗尼，名《一切德光无量威力》。即说咒曰：'那摩萨缚怛他揭多，缚路枳帝唵，三跋啰，三跋啰，吽。'先取饮食，安置净盘，诵咒七遍，于门内立，展臂户外，置盘净地，弹指七下，散掷四方，其恒河沙数饿鬼前，各有摩伽陀斛四斛九斗饮食，如是鬼等遍皆饱满。是诸饿鬼吃此食已，悉舍鬼身，尽得生天。若四等弟子，若能常诵此咒，奉施饮食，是人即得具足无量功德，颜色鲜洁，寿命延长。是诸饿鬼常来拥护，具足吉祥。"

目连救母

《盂兰盆经》云：大目犍连始得六通，欲度父母报乳哺之恩。即以道眼观视世间，见其亡母生饿鬼中，不见饮食，皮骨连立。目连悲哀，即以钵盛饭，往饷其母。母得钵饭，便以左手接钵，右手抟食。食未入口，化成火炭，遂不得食。目连大叫，悲号涕泣，驰还白佛，具陈如此。佛言："汝母罪根深结，非汝一人力所奈何。汝虽孝顺，声动天地，天神地祇亦不能奈何。当须十方众僧威神之力，乃得解脱。吾今当说救济之法，令一切难皆离忧苦。当于七月十五日，为七世父母及现在父母，具饭百味、五果、汲灌、盆器。尽世甘美，以着盆中，供养十方大德众僧。供养此等自恣僧者，若现在父母，寿命百年，无病、无一切苦恼之患；乃至七世父母，出离三途饿鬼之苦，生人天中，福乐无极。是佛弟子修孝顺者，应念念中，常忆父母，年年七月十五日，为作盂兰盆施佛及僧。"

佛救婴儿

《观佛三昧经》云：舍卫国有长者名曰财德，有子年始五岁。父常教子，称“南无佛”。散脂鬼神，饥火所逼，接取婴儿。婴儿称“南无佛”，鬼王噤口，不能得食，但眼出火，婴儿惊怖，称“南无佛”。世尊天耳遥闻，佛以神力，到旷野泽，放白毫光，照怖小儿。鬼王举一大石，欲掷世尊。佛入火光三昧，烧旷野泽，大地洞然，光中化佛，赞叹慈心。鬼犹不伏。时金刚神手奋金杵，挥大利剑，拟鬼王额。鬼王惊怖，抱持小儿，长跪上佛，白言：“世尊，唯愿慈爱，救我生命。”世尊犹如慈父，抚慰鬼王。密迹金刚敕鬼王言：“汝今速伏，归依佛、法及以众僧。汝若不伏，碎如微尘。”鬼王合掌白佛言：“我恒啖人，今者不杀，当食何物？”佛敕鬼王：“汝但不杀，我敕弟子，当施汝食。乃至法灭，以我力故，令汝饱满。”鬼王闻已，欢喜作礼，受三皈依，及受五戒。旷野鬼王白金刚神：“因大德故，得服甘露无上法味。”

金刚请食

《宝积经》云：尔时，密迹金刚力士白佛言："唯佛大圣，就我旷野鬼王鄗舍，垂意小食，化鬼神众。妖魅之物，见如来尊，听闻经法，便当捐弃嗔恚毒害。"时佛默然受请。佛与大众俱至其舍，受饭食已，密迹白佛言："唯愿弘慈，应时演法。"佛言："当奉笃信，善从道法，睹清白理，知不忘果，宁失身命，不犯非义。仁慈不杀，不与不取，不为邪淫，不犯妄语、两舌、恶口、绮语、嫉妒、恚、痴，不犯十恶，身行十善，亦劝人行，常奉等信。见诸沙门，奉戒具法，勤精修行，志存思道。见诸善友及佛弟子，常行恭恪。常追侍从，常奉斯等诸善知识，救济危厄，而劝化人，施致大富，持戒生天，博闻大智，修行合道。布施大财，悭贪饿鬼。持戒、忍辱、精进、一心、智慧入道。犯戒地狱，嗔恚丑陋，懈怠废道，乱意堕罪，愚痴投冥。善恶果报，由身、口、意。"时密迹金刚力士及五百子，闻是法已，得无生法忍。

鬼母寻子

《杂宝藏经》云：尔时，大鬼神王名曰般阇迦，其妻亲产五百鬼子，皆有大力士之力。其最小儿字嫔伽罗，华言爱儿，面貌端正。此鬼子母凶妖暴虐，杀人儿女，以自啖食。人民患之，仰告世尊。世尊怜悯众生，即取其子嫔伽罗覆于钵下。鬼子母飞行天下，七日之中推求不得，愁忧懊恼。传闻他言，云："佛世尊有一切智。"即至佛所，问儿所在。佛即答言："汝有五百子，唯失一子，何故苦恼愁忧而推觅耶？世间人民，或有一子，或三、五子，而汝杀害啖食。"鬼子母白佛言："我今若得嫔伽罗者，终不更杀世人之子。"佛即使鬼子母见嫔伽罗在于钵下，令五百子尽其神力不能得取，还求于佛。佛言："汝今若能受三皈五戒，尽形寿不杀生，当还汝子。"鬼子母即依佛敕，受皈依五戒。三皈已讫，即还其子。佛言："汝好持戒。汝是迦叶佛时，羯肌王女，以不持戒故，受是鬼报。"

小儿施土

《贤愚因缘经》云：世尊与阿难入城乞食，见群小儿于道中戏，共聚地土造作屋舍，及作仓库以土为米。有一小儿遥见佛来，生布施心，即取仓中名为米者，取以施佛。佛即低头受土，与阿难言："持土涂我房地。"阿难持还精舍，即涂房地。佛告阿难："向者小儿欢喜施土，足涂房地。缘斯功德，我般涅槃百岁之后，当作国王，字阿输迦，其次小儿当作大臣，共领阎浮提一切国土，兴隆三宝，广设供养，分布舍利遍阎浮提，当为我设八万四千塔。"阿难白佛言："施一掬之土，乃有如此多塔之报？"佛言："昔有国王名波塞奇，有佛出世名曰弗沙。王与诸臣供养佛、僧时，王心自念言：'今此大国人民之类，当得见佛，礼拜供养。其余小国各处边僻，人民之类无由修福。就当图画佛之形像，分布诸国，一切人民咸令供养。'即召画师，多画佛像，得八万四千，感于多塔之报。"

杨枝净水

《请观音经》云：尔时，毗舍离国有长者名月盖，往诣佛所，白佛言："此国人民遇大恶病，良医耆婆尽其道术，所不能救。唯愿天尊，慈悯一切，救济病苦，令得无患。"尔时，世尊告长者言："去此不远，正立西方，有佛名无量寿。彼有菩萨名观世音及大势至，恒以大悲，救济苦厄。汝今应当向彼作礼，为众生故，当请彼佛及二菩萨。"说是语时，于佛光中得见西方无量寿佛并二菩萨。如来神力，佛、二菩萨放大光明，照毗舍离皆作金色。时毗舍离人即具杨枝、净水，授与观世音菩萨。大悲观世音怜悯救护，普教一切众生："应当一心称南无佛、南无法、南无僧、南无观世音菩萨摩诃萨，大悲大名称、救护苦厄者。"尔时，观世音菩萨白佛言："我今当说《十方诸佛救护众生神咒》。诵持此咒者，免离怖畏、刀杖、毒害及与疾病，令得无患。"说是语时，毗舍离人平复如本。

采花献佛

《采花违王经》云：世尊游罗阅祇城时，王使数十人常采好花。一日，大小男子、妇女俱出城外采花，欲还入城，遥见世尊，相好威光，巍巍无量，犹星中月，若日初出，照于天下。与菩萨弟子前后围绕，俱往佛所，稽首作礼，而作是言："人命难保，佛世难遇，经法难值。今遇大圣，犹病得医。我既贫贱，加属县官羁役之患，恒不自在。国王严敕，令采花贡，常以早进，设失时节，或复见诛。佛圣出世，亿劫难遇，宁弃身命，以花上佛，并散圣众。因受经戒，听察深法，无穷之慧。我从无数劫，为人所害，不可称载，未曾为法，而不惜命。今供世尊，三宝之花，纵使见害，不堕苦痛，必生安处。"却自皈命，一心重礼。佛知其念，发大道意，甚慈悯之，具为敷讲大乘之法：六度无极、四等、四恩、三脱菩提。诸采花人皆发道意，心解佛慧，至不退转，无所从生。佛即授记："后当作佛，号曰妙花。"

燃灯不灭

《贤愚因缘经》云：舍卫国有一贫女，名曰难陀，乞丐自活。见诸国王、臣民皆供养佛，心自思惟："我之宿罪，生处贫贱，虽值福田，无有种子。"酸切感伤，深自咎悔，便行乞丐，以俟微供。竟日不休，唯得一钱，即持买油，往到精舍，奉上世尊，置于灯中，自立誓愿："我今贫穷，用是少灯供养于佛。以此功德，令我来世得智慧灯，灭除一切众生垢暗。"作是誓已，礼佛而去。乃至竟夜，诸灯尽灭，唯此独燃。是时，目连次当直日，察天已晓，收灯摒挡。见此一灯，独燃明好，膏炷未损，如新燃灯。白日燃之无益，欲取灭之，暮规还燃。举手扇灭此灯，灯焰如故，无有亏损。复以衣扇，灯明不损。佛见目连欲灭此灯，语目连曰："今此灯者，非汝所能灭。此是发广大心之人所施之物。"贫女复来礼佛，佛即授记："汝于来世百劫之中，当得作佛，号曰灯光。"贫女得记，求佛出家，佛即许之。

造幡供佛

《百缘经》云：佛在迦毗罗卫国城中，有一长者，财宝无量，不可称计。选择族望，聘以为妇。其妇发大敬心，制造长幡，奉佛世尊，而为供养。其妇怀妊，足满十月，生一男子，端正殊妙，与众超绝。初生之日，虚空之中，有大幡盖，遍覆城中。时诸人众，因为立字，号波多迦。年渐长大，出城游戏，见佛世尊三十二相、八十种好，光明普曜，如百千日，心生欢喜，前礼佛足。佛为说法，得须陀洹果。归辞父母，求索入道。父母爱念，不能为逆，将诣佛所，便成沙门。精勤修习三明、六通，具八解脱，诸天世人所见敬仰。佛告比丘："昔有国王名槃头末帝，收取舍利，造七宝塔，而供养之。时有一人，作一长幡，悬着塔上，发愿而去。缘是功德，九十一劫不堕地狱、畜生、饿鬼。天上人中常有幡盖，荫覆其上，受天快乐。乃至今日，遭值于我，出家得道。欲知彼时上佛幡者，今波多迦是也。"

施衣得记

《贤愚因缘经》云：尔时，世尊入城乞食。有婆罗门，见佛身衣，有少破坏，即至家中，取一白氎，持以上佛，以用补衣。佛便受之，即与授决："汝于百劫，当得作佛。"长者居士咸作是念："云何少施，酬以大报？"世尊告曰："昔有大臣，请佛三月供养，佛即许之。有王名曰槃头，欲先请佛三月供养。佛告王言：'吾先受大臣请。'王告臣曰：'佛处我国，吾欲供养。云卿已请，今可避我，我供养讫，卿乃请之。'臣答王言：'若使大王保我身命，复保如来常住于此，复令国土常安无灾。若使能保此诸事者，我乃息意，听王先请。'王即告曰：'卿请一日，我请一日。'臣便可之。更互设食，各满所愿。尔时，大臣具办三衣，复为诸比丘众作七条衣，人与一领，皆悉满足。阿难，当知尔时大臣办具衣服，施佛及僧，以为供养，即此婆罗门。是乃世世植福，今值于我，奉施此衣，乃得如是授决之果。"

衣救龙难

《海龙王经》云：有四龙王：一名嗡气，二名大嗡气，三名熊罴，四名无量色。顶礼佛足，而白佛言："大海之中，无数种龙，若干种行，皆因业报，或有大种，或有小种。有四种金翅鸟，常食斯龙及龙妻子。诸龙种类愿佛拥护，令海诸龙常得安隐。"于是世尊脱身袈裟，告海龙王："汝当取是如来袈裟，分与诸龙，皆令周遍。有值一缕者，金翅鸟王不能犯触。持禁戒者，所愿必得。"时诸龙王各心念言："是佛袈裟甚少，安得周遍大海诸龙？"佛知龙意，告龙王言："假使三千大千世界所有龙王，各分如来袈裟，终不能尽。"时海龙王取佛袈裟，而自分作无央数百千段，与诸龙王，其衣如故，终不能尽。时诸龙王及龙妻子，欣然大悦，自投佛前，同声说言："如来所语，终无有二。授我等决，至无为岸。吾等今日，归命佛、法及诸圣众，奉受禁戒，恭顺如来。"从今日始，一切诸龙拥护正法。

说咒消灾

《消灾经》云：尔时，释迦牟尼佛在净居天中，告诸宿曜、游空天众、九执、大天，及二十八宿、十二宫神一切圣众：“我今说过去娑罗王如来所说《炽盛光大威德陀罗尼》除灾难法。若有国王及诸大臣所居之处，或被五星陵逼，罗睺、彗孛妖星照临所属本命宫宿及诸星位，或退或入作诸障难者，念此陀罗尼，至心受持读诵，一切灾难悉皆消灭。即说陀罗尼曰：‘南无三满多，母驮喃，阿钵啰底，贺多舍，娑曩喃，怛姪他，唵，佉佉，佉呬，佉呬，吽，吽，入嚩啰，入嚩啰，钵啰入嚩啰，钵啰入嚩啰，底瑟姹，底瑟姹，瑟致哩，瑟致哩，娑癹吒，娑癹吒，扇底迦，室哩曳，娑嚩贺。’此陀罗尼能成就八万种吉祥事，能除灭八万种不吉祥事，令诸众生依法受持，一切灾难悉皆消灭，变灾为福皆得吉祥。”佛告四众：“灾难起时，安置佛像，结界护持。香、花、灯、烛随分供养，令诸有情获福无量。”

证明说咒

《大悲经》云：释迦牟尼佛在补陀洛迦山观世音宫殿宝庄严道场中，坐宝师子座。时观世音菩萨密放神通，光明照曜世界，天宫、龙宫皆悉震动。时观世音菩萨白佛言：“我有《大悲心陀罗尼》，今当欲说，为诸众生得安乐故，除一切病故，得寿命故，得富饶故，灭一切恶业重罪故，远离怖畏故，速能满足诸希求故。唯愿世尊，慈哀听许。”佛言：“今正是时，宜应速说。”复白佛言：“若有四众欲诵持者，起大悲心，先当至心称念我之名字，然后即当诵此神咒，此咒能除灭身中一切重罪。若诸众生诵持《大悲神咒》者，于现在生中，一切所求若不果遂者，不得为《大悲心陀罗尼》也。”观世音菩萨于众会前，合掌正住，于诸众生起大悲心，即说神妙章句陀罗尼。说此咒已，天雨宝花，缤纷而下，十方诸佛悉皆欢喜，天魔外道恐怖毛竖，一切众会皆获果证，无量众生发菩提心。

龙宫说法

《大云轮请雨经》云：佛在难陀、优婆难陀龙王宫内，住大威德摩尼藏大云轮殿宝楼阁中。与无量诸龙王众，即以无量香花、幢幡、缯盖、真珠、璎珞，供养恭敬礼拜于如来所。听受正法，即白佛言："云何能使诸龙王等，灭一切苦，得受安乐，令此阎浮提内，时降甘雨，生长树木、藂林、药草、苗稼，皆生滋味，使诸人等悉受快乐？"佛告大龙王言："汝今为彼诸众生等，作大利益，能问斯事。我有一法，汝等若能行者，令一切龙除灭诸苦，具足安乐，谓行大慈。若有天人行大慈者，火不能烧，水不能溺，毒不能害，刀不能伤，内外怨贼不能侵掠，若睡若寤皆得安隐。行大慈力，有大威德，诸天世人不能扰乱，形貌端严，众所爱敬，诸苦灭除，心得欢喜。是故龙王身、口、意业，常应须行彼大慈行。"佛为龙王说种种法，龙王闻已，心开意解，得法眼净，求受三皈五戒，得大慈行。

天龙云集

《大集经》云：佛成正觉，菩萨海众，悉来大集。佛于无缘象王众中，欲宣说菩萨法藏，令知诸佛甚深境界。于欲、色天二界中间，化七宝坊，如大千世界。诸天、龙、鬼、神等，并及十方佛刹诸菩萨众，一时云集。佛说种种庄严、种种光明，大悲行相因缘，及如来三十二业、十力、四无畏、十八不共法、三十七菩提分、三十二相业因、三十二障大乘法、三十二速成就法，如是等无量法宝。神通、智辩、方便、行愿，四无量心，求解脱道，说陀罗尼种种利益一切众生等法。说诸龙受生、受苦、受乐业报因缘，受三归依，即得净眼，皆得安隐。次说十方一切佛土、无余诸菩萨，百亿三界，一切龙、天、诸部大鬼神等悉集无余，显说甚深佛法。为护世间故，以阎浮提诸国土，付嘱释、梵、护世诸天。一切龙神、修罗、夜叉、鬼、神等众，各各分布、安置、护持、养育一切众生，除障护善，令法久住。

佛赞地藏

《地藏十轮经》云：尔时，世尊告天帝释曰："汝等当知，有菩萨名曰地藏，作声闻像。已于无量无数大劫五浊恶世时，无佛世界成就有情，具足不可思议殊胜功德。于十方诸佛国土，利益安乐一切有情，除一切病恼忧苦逼切，能满一切所求之愿。若有人于一食顷，归依供养，诸所求愿速得满足，胜于百劫归依供养诸佛、菩萨。"经中所说：末法恶世时，人根败如坯器，空见如生盲，五欲如石田不苗，十恶如臭身垢秽。此经能灭众生烦恼，令三宝久住。佛言：我遗法弟子，下至非器、无戒行者，虽应罚治，无令还俗，付嘱护持我法。国王、大臣、宰官长寿安乐，护十种功德利益。十轮者，人王治国，选用臣僚，抚安民人，教兵御敌，修营事业，给养功艺，赏善罚恶，建立三宝，教化众生，断其十恶，令修十善；能令三宝种性法眼，长夜不灭，降伏魔怨；令修行人，成无上道。

胜光问法

《胜光经》云：憍萨罗国胜光王白佛言："惟愿大师，善教于我，为国王法。"佛告大王："如父怜爱诸子，常愿安隐，遮其恶行，劝修善业。国人如子，并怀忠孝。作天子者，情怀恩恕，薄征赋敛，省其徭役。设官分职，不务繁多，黜罚恶人，赏进贤善。不忠良者，当速远离，顺古圣王，勿行刑戮。生人道者，胜缘所感，若断其命，定招于报。常当一心，恭敬三宝，莫生邪见。我涅槃后，法付国王，大臣、辅相当为拥护，勿致衰损。然正法炬，转正法轮，尽未来际，常令不绝。若能如是依教行者，则令国中，龙王欢喜，风调雨顺；诸天庆悦，丰乐安隐；灾横皆除，率土太平。王身快乐，永保胜位，福祚延长，无复忧恼，增益寿命，现在名称遍满十方，外国诸王咸来贡献。其国天子仁让忠孝，以法教化，拯恤黔黎，于诸国中最为第一。我等今者，咸当归伏此大法王，舍身之后，得生天上，受胜妙乐。"

维摩示疾

《维摩诘经》云：尔时，毗耶城中有长者名维摩诘，辩才无碍，入深法门，善于智度，通达方便。其以方便，现身有疾。以其疾故，皆往问疾。维摩诘因以身疾，广为说法："诸仁者。是身无常、无强、无力、无坚，速朽之法，不可信也。为苦所恼，众病所集。是身如聚沫，不可撮摩；是身如泡，不得久立；是身如焰，从渴爱生；是身如芭蕉，中无有坚；是身如幻，从颠倒起；是身如梦，为虚妄见；是身如影，从业缘现；是身如响，属诸因缘；是身如浮云，须臾变灭；是身如电，念念不住。是身无主，为如地；是身无我，为如火；是身无寿，为如风；是身无人，为如水。是身不实，四大为家；是身为空，离我、我所；是身无知，如草木瓦砾；是身无作，风力所转；是身不净，秽恶充满；是身虚伪，虽假以澡浴、衣、食，必归磨灭。是身为灾，百一病恼；是身如丘井，为老所逼；是身无定，为当要死。此可患厌耳。"

文殊问疾

《维摩诘经》云：佛告文殊师利："汝诣维摩诘问疾。"文殊承佛圣旨，诣彼问疾。维摩诘唯置一床，以疾而卧。文殊言："居士，是疾宁可忍不？疗治有损，不至增乎？世尊殷勤致问居士，是疾何所因起？其生久如，当云何灭？"维摩诘言："从痴有爱，则我病生。以一切众生病，是故我病。若一切众生得不病者，则我病灭。菩萨为众生故入生死，有生死则有病。若众生得离病者，则菩萨无复病。是疾何所因起？菩萨疾者，以大悲心起。"文殊又问："应云何慰喻有疾菩萨？"维摩诘言："说身无常，不说厌离于身；说身有苦，不说乐于涅槃；说身无我，而说教导众生；说身空寂，不说毕竟寂灭；说悔先罪，而不说入于过去；以己之疾，悯于彼疾；当识宿世无数劫苦，当念饶益一切众生；忆所修福，念于净命；勿生忧恼，常起精进；当作医王，疗治众病。应如是慰喻有疾菩萨，令其欢喜。"

金鼓忏悔

《金光明经》云：尔时，信相菩萨夜梦金鼓及忏悔偈，向如来说："梦见金鼓所出妙音，悉能灭除三世诸苦。地狱、饿鬼、畜生等苦，贫穷困厄及诸有苦，如是金鼓所出之音，悉能除灭一切诸苦。无依、无归、无有救护，我为是等作归依处。诸佛世尊有大慈悲，当证微诚哀受我忏。若我百劫所作众恶，以是因缘生大忧苦。十方现在大悲世尊，能除众生一切怖畏，愿当受我诚心忏悔，令我恐惧悉得消除。我之所有烦恼业垢，唯愿现在诸佛世尊，以大悲水洗除令净。过去诸恶今悉忏悔，现所作罪诚心发露。所未作者更不敢作，已作之罪不敢覆藏。身业三种、口业四种、意三业行今悉忏悔。身、口所作及以意思，十种恶业一切忏悔。所造恶业应受恶报，今于佛前诚心忏悔。若此国土及余世界，所有善法悉以回向。我所修行身、口、意善，愿于来世证无上道。"

楞伽说经

《楞伽经》云：佛住南海滨楞伽山顶，种种宝花以为庄严。诸菩萨众，从彼种种异佛刹来，无量三昧自在之力，神通游戏，大慧菩萨而为上首，一切诸佛手灌其顶。自心现境界，善解其义，种种众生，种种心色，无量度门，随类普现。于五法、三自性、八识、二无我，究竟通达。时大慧菩萨以偈赞佛：“世间离生灭，犹如虚空花。一切法如幻，远离于心识。远离于断常，世间恒如梦。知人法无我，烦恼及尔焰。常清净无相，而兴大悲心。一切无涅槃，无有涅槃佛，无有佛涅槃，远离觉所觉。若有若无有，是二悉俱离；牟尼寂静观，是则远离生；是名为不取，今世后世静。”说偈赞已，谘问一百八义，及五法、三自性、八识、二无我之义。尔时，世尊一一分别解释已，殷勤诫勗：“我之弟子，诸修行者，应当修慈心，不食一切肉，及葱、韭、蒜等，种种放逸酒，食肉无慈心，永背正解脱。”

圆觉三观

《圆觉经·序》云：如来入寂光土，凡圣一源，现受用身，主伴同会。曼殊师利，创问本起之因；薄伽至尊，首提究竟之果。照斯真体，灭彼梦形，知无我、人，谁受轮转？种种幻化，生于觉心，幻尽觉圆，心通法遍。心本是佛，由念起而漂沉；岸实不移，因舟行而骛骤。顿除妄宰，空不生花；渐竭爱源，金无重矿。理绝修证，智似阶差。觉前前非，名后后位。况妄忘起灭，德等圆明者焉！然出厩良驹，已摇鞭影；埋尘大宝，须设治方。故三观澄明，真假俱入，诸轮绮互，单复圆修。四相潜神，非觉违拒，四病出体，心花发明。复令长、中、下期，克念、摄念而加行，别遍互习；业障、惑障而销亡，成就慧身。静极觉遍百千世界，佛境现前。是以闻五种名，超刹宝施福；说半偈义，胜河沙小乘。实由无法不持，无机不被者也。持此经者，金刚晨夕守护，令不退转，其家永无灾障，疫病消灭，财宝丰足。

楞严大定

《楞严经》云：阿难为大幻术摩登伽女咒摄，将毁戒体。世尊顶放百道光明，光中千叶宝莲，有佛化身坐宣神咒。阿难归来佛所，佛说此经，名大佛顶首楞严王具足万行十方如来一门超出妙庄严路，七处征心，八还辩见，飞光击触，宝手开合，显真性不动。自心妙明，常光现前，性周法界，歘即菩提，不从人得。文殊选择诸圣二十五圆通，以观音从闻入道，为此方真教体。五浊十二类生受生源因，修三渐次方得除灭。从乾慧地修行，增进十信、十住、十行、十回向、四加行、等觉、妙觉五十五位，十因、十类、七趣、三界生业因缘，十种禅那、五阴区宇种种魔事。次说修三摩地，断杀、盗、淫、妄，道场持咒，修证功德。佛言："若人以七宝奉上诸佛，不如一念将此法门开示未学。若人具四重、十波罗夷，应入地狱，是人罪障，应念消灭。如教行道，直成菩提，无复魔业。"

般若真空

《法宝标目》云：右佛于鹫峰山、给孤独园、他化天宫、竹林园四处十六会说，西域本有二十万偈。此土《大品》、《光赞》、《道行》、《小品》、《大明度》、《胜天王》、《文殊》、《金刚》八部咸在其中。唐三藏法师玄奘取全本于西域，玉华寺译成六百卷。般若空宗，此经周尽。初法师将顺众意，如罗什所翻，除繁去重，于夜梦中，有极怖畏事。还依广翻，即见殊胜境界，遂不敢删，依梵本译。庆成之日，般若放光，诸天雨花，空中音乐，异香芬烈。法师曰："此镇国之典，人天大宝，经自记此方当有乐大乘者。国王、大臣、四部徒众书写、受持、读诵、流布，皆得生天，究竟解脱。"般若谓诸佛之母，六度之一数也。五度未与"大"名，唯此般若圆宗，独称尊大。乃是众妙之渊府，群智之玄宗，万法之本源，众圣之圆极。所以前五但为佐助，与般若作其辅翼，唯此独立"大"名。般若者，此云智慧也。

付嘱国王

《仁王般若经》云：佛在王舍城鹫峰山中，为十六大国王、波斯匿王等，说般若波罗蜜多、十四正行等法竟。复嘱王曰："当国土有诸灾难时，应当请百法师，敷百高座，一日二时讲诵此经。无量鬼神若闻此经，护汝国土，人天果报皆得满足，一切灾难悉皆消灭。"佛告波斯匿王："我灭度后，法欲灭时，一切有情造恶业故，令诸国土种种灾起。诸国王等为护自身、太子、王子、后妃、眷属、百官、百姓、一切国土，即当受持此般若波罗蜜多，皆得安乐。我以是法付嘱国王，不付比丘、比丘尼、优婆塞、优波夷。所以者何？无王威力，不能建立正法、护持三宝。"复告波斯匿王："今诫汝等，吾灭度后，正法欲灭。此经三宝，付诸国王，建立守护。大王，后五浊世，一切国王、王子、大臣自恃高贵，破灭吾教，制我弟子，不听出家，造佛塔、像。从今已后，广度比丘、比丘尼，造佛塔、寺、经、像。"

法华妙典

《莲华经》云：佛住耆阇崛山，与比丘、比丘尼、菩萨、释提桓因、大梵天王、四大天王、天龙八部，与韦提希子阿阇世王等百千眷属俱。尔时，世尊入于无量义处三昧，天雨宝花，六种震动，放眉间白毫相光，普照世界。从三昧而起，告舍利弗："诸佛世尊唯以一大事因缘故出现于世，欲令众生开示悟入佛之知见。"故说此一乘妙法，授诸声闻记。如是妙法，诸佛如来时一说之，如优昙花时一现耳。先示化城之权，终与髻珠之秘。虽三车异驾，而一雨普滋，皆令自知，决定作佛。说是经时，多宝佛塔从地涌出，十方诸佛集会证明，六万恒河沙等菩萨及其眷属护持流布。持经随喜，有六根清净等无量功德。若夫入旋陀罗尼诸三昧者，见灵山法会俨然，佛常住不灭，证悟者自知非思议境界矣。天台智者大师证旋陀罗尼三昧，九旬谈妙。受持之盛，无出此经。

饭王得病

《净饭王泥洹经》云：尔时，净饭王忽被重病，身中四大同时俱作，残害其身，肢节欲解，喘息不定，将死不久，告诸王曰："我命虽逝，不以为苦。但恨不见我子悉达、次子难陀，复恨不见斛饭王子阿难陀、孙子罗睺。吾设得见是诸子等，我病虽笃，未离生死，不以为苦。"白饭王语净饭王言："我闻世尊在王舍城耆阇崛山中，去此悬远二千余里。王今转羸，设遣使者，道路悬远，惧恐迟晚，无所加益。惟愿大王，莫大愁悒，悬念诸子。"净饭王答白饭王言："我子等辈虽复辽远，意望不断。我子成佛，以大慈悲，恒以神通，天眼彻视，天耳洞听，救接众生。应可度者，以慈悯心而度脱之。譬如有人为贼所围，或值怨敌，惶怖失计，不望自济，惟求救护，依有势者，欲从救护，而求解脱。譬如有人时得重病，欲得良医以疗其疾。如我今日，望见世尊，亦复如是。"

佛还觐父

《净饭王泥洹经》云：尔时，世尊在灵鹫山，天耳遥闻，迦维罗卫城中，父王病卧，命欲将终，渴仰欲见诸子。佛与难陀、阿难、罗睺等，即以神足，踊身虚空，须臾而至迦维罗卫，放大光明，光照王身，患苦得安。佛与难陀等，乘空来至，佛便入宫。王见佛到，王举两手而言："惟愿如来手摩我身，令我得安。为病所困，痛不可忍。我命将逝，我今见子，痛苦即除。"复言："汝愿已成就，亦满众生愿。我今得重病，愿汝度我厄。"佛言："惟愿父王莫复愁忧。"即以手着父王额上："命虽欲终，自可宽意。"王即以手捉于佛手，著于心上，白言："我今见汝，我愿已满，心意踊悦，从是卧别。如来至真，多所利益，其有得见、闻所说者，此辈之等皆是有相大功德人。今日世尊是我之子，接遇过多，不相见弃。"是时，父王即于卧处合掌，心礼世尊足下。时佛手掌在王心上，无常对至，命尽气绝，忽就后世。

殡送父王

《净饭王泥洹经》云：尔时，净饭王命尽气绝。时诸释子以众香水，洗浴王身，缠细白氎，而以棺敛。尔时，世尊念当来世人民凶暴，不报父母养育之恩，为不孝之者。为是当来众生之等，设礼法故，如来躬身，自欲担于父王之棺。时四天王俱来赴丧，长跪白佛："愿听我等抬父王棺。"佛即许之。四天王各变人形像，以手擎棺，抬于肩上。举国人民莫不啼哭。如来躬身，手执香炉，在棺前行，出诣葬所。佛与人众共积香薪，举棺置上，放火焚之。一切大众益更悲哭。于是世尊告大众曰："世皆无常、苦、空、无我，无有坚固，如幻、如化、如热、如焰、如水中月，命不久居。汝等诸人当勤精进，而自劝勉，永离生死，乃得大安。"举火焚烧大王身已。尔时，诸王各各皆持五百瓶香水，以用灭火。火灭之后，竞共收骨，盛置金函。即于其上，便共起塔，悬缯幡盖及种种铃，供养塔庙。

佛救释种

《增一阿含经》：波斯匿王生一太子，名曰流离。年始八岁，至迦卫罗国外父释种摩诃男舍。新起一堂，敷种种座，请佛及僧，于中供养。流离太子升座而坐，诸释种见之，共皆毁辱。太子叹息，即语好苦梵志："我后绍王位时，我当报仇。"波斯匿王后取命终，便立流离太子为王。时好苦梵志白言："王当忆释种毁辱。"王曰："善。"王即集四种之兵，往迦卫罗国征伐释种。世尊闻已，即以神力，往至道侧，在枯树下坐。时流离王遥见世尊在树下坐，即下车至世尊所，头面礼足，在一面坐，白世尊言："更有好树，不在彼坐。世尊今日何故，在此枯树下坐？"世尊告曰："亲族之荫，胜外人也。"是时世尊便说偈言："亲族之荫凉，释种出于佛，尽是我枝叶，故坐斯树下。"是时流离王即作是念："世尊今日出于释种，吾不应往征。宜可齐此，还归本土。"如是至三，佛以神力，三度止之。

为母说法

《摩诃摩耶经》云：佛在忉利天欢喜园中波利质多罗树下，三月安居。如来结跏趺坐，放百千光明，光中有千莲花、有千化佛，日、月、星辰所有威光隐蔽不现。佛告文殊师利：“汝诣母所，道我在此。”佛母闻已，乳自流出，犹白莲花，而直入于如来口中。如来见母，内怀忻敬，而白母言：“身所经处，与苦乐俱，当修涅槃，永离苦乐。”佛母闻已，专精正念，诸结消伏，而白佛言：“一切众生在于五道，皆由烦恼过患所致，故有结缚不得自在。愿我来世得成正觉，当为一切断此苦本。”佛言：“众生所以不得解脱，皆由贪欲、嗔恚、愚痴，致令恒在生死，乃至欲求生天亦难，何况希望离生死耶？在世失好名称，朋友、亲属皆共疏弃，临命终时极大惧怖，神识恍惚方自悔责。如此皆由三毒患故，若人欲求解脱妙果，宜断苦本。彼愚痴凡夫，为结所缠。”时会大众闻此语已，悲号懊恼。

最初造像

《造像经》云：佛在天宫，安居三月，为母说法。优陀延王渴仰思佛，发愿造像。毗首羯磨天，工巧无匹，化身为匠，于佛诞生日起工，不日而成。佛化三道宝阶，从天而下，诸天翼从，威德炽盛，光明赫奕。如满月在空，众星共绕；如日初出，采霞纷映。梵王执白盖在右，帝释持白拂侍左，诸天乘空而下，虚空音乐，妙香雨花，四大天王献微妙供。佛告优陀延王："汝于我法中，初为轨则，更无有人与汝等者，令诸众生得大信利，已获福德广大善根。"天帝告王："佛在天上赞王造像功德，宜自欣庆。"佛言："若人以杂彩缋饰，金、银、铜、铁、铅、锡镕铸，香木、玉石雕刻，织绣作佛形像，乃至极小如一指大，获种种福报，功德无量。不生边小国土，下劣种姓，不净、邪见、贫穷之家，生人天中，圆满超众，无诸病苦，不为毒药、刀兵、诸横伤害，不堕三途，不受苦报，灭种种罪，获种种福。"

浴佛形象

《灌佛经》云：佛告摩诃刹头诸天人民言："人身难得，佛世难值。吾本从阿僧祇劫时，身为白衣，累劫积德。每生自责，展转五道，不贪财宝，无所爱惜。自致为王太子，以四月八日生。堕地行七步，举右手而言：'天上天下，惟吾独尊。当为天人，作无上师。'太子生时，地为大动，梵天、忉利天、四天王，各持十二种香汤，浴太子身。太子得成佛道，开现道法，济（按："济"，原作"齐"，据文意改）度群迷。"佛言："所以用四月八日者，以春夏之际，殃罪悉毕，万物普生，毒气未行，不寒不热，时气和适，正是佛生之日。诸善男子、善女人，于佛灭后，当至心念佛，无量功德之力，浴佛形像，如佛在时，得福无量，不可称数，诸天龙神常随拥护。"佛言："人身难得，佛经难值。若能自减损妻子之分，五家财物，以用浴佛形像者，如佛在时，所愿悉得。欲求度世，取无为道，长不欲为生死会者，可求精进无上之道。"

姨母涅槃

《佛母般泥洹经》云：尔时，佛姨母大爱道比丘尼与除馑女五百人，俱到佛所，叉手而立，白佛言："吾不忍睹佛及诸应真灭度，欲先泥洹。"佛默可之。佛姨母以手摩足曰："吾免睹如来、应仪正真道、最正觉道、法御、天人师、三界明，自今不复睹之矣。"五百除馑女陈辞如上，佛亦可之也。佛为说身患生、死、忧、悲、苦、不如意、恼之难，又叹无欲清净、空、不愿、无想、灭度之安，若于净器。除馑诸女莫不欢喜，绕佛三匝，稽首而去，还于精舍，敷五百座，皆各就坐。大爱道现神足通，自座没地，从东南来，在虚空中变化，去地七多罗树，经行虚空中，乍坐乍卧。上身出水，下身出火；下身出水，上身出火。又没地中，飞从西方来，化现如前。八方上下显现神通，不可称计，放大光明，以照诸冥，上耀诸天。五百除馑变化亦然，同时泥洹。佛劝诸贤者，作五百葬具，幢幡奉送，如法荼毗。

请佛入灭

《摩诃摩耶经》云：尔时，魔王波旬即来佛所，稽首佛足，而白佛言："我于往昔，劝请世尊入于涅槃。于时，世尊而答我言：'我诸弟子，比丘、比丘尼、优婆塞、优婆夷未具足故。'所以未应入于涅槃。世尊，今者诸四部众皆悉具足，所度已毕，唯愿善逝速入涅槃。"尔时，世尊即答魔言："善哉！波旬。当知如来却后三月，入于涅槃。"时魔波旬见佛许已，欢喜踊跃，不能自胜，顶礼佛足，还归及宫。尔时，如来既许天魔，却后三月，当入涅槃，即便舍于无量之寿，以神通力故住命三月。于时，大地六种震动，日无精光，风雨违常。天龙八部莫不骇怖，来至佛所，遍塞空中。时阿难白佛言："世尊常说四神足人，则能住寿一劫，住世若减一劫，随意自在。云何如来不久住世，同于诸行？"佛言："阿难，当知一切诸行法，皆如是不得常存。"阿难闻已，迷闷懊恼，不能自胜，悲号涕泣，深追悔责。

佛指移石

《涅槃经》云：拘尸那城中有力士三十万人，闻世尊入于涅槃，当于此路至娑罗林内，是力士平治此道。尔时，世尊化作沙门，至力士所，作如是言："诸童子辈作何事耶？"力士闻已，皆生嗔恨，语沙门曰："汝今云何谓我等为童子耶？"沙门言："汝等大众三十万人，尽其身力，不能移此当路之石，云何不名为童子乎？"力士言："汝若谓我为童子者，当知汝即是有力大人也。"时沙门以足二指挑起此石。复言沙门："汝今能移此石出于道否？"沙门以手掷石，置虚空中。力士皆生惊怖，寻欲逃窜。沙门言："汝等不应生怖。"力士复作是言："沙门，是石常耶？是无常耶？"沙门以口吹之，石即散坏，犹如微尘。力士见已，唱言："沙门，是石无常。"即生愧心，而自克责："云何我等恃怙自在色力命财，而生憍慢？"佛知其心，即舍化身，还复本形而为说法。力士见已，一切皆发菩提之心。

嘱分舍利

《莲华面经》云：佛于跋提河告阿难言："我今疲极，可入河浴。"世尊脱袈裟，置河岸上，入河浴已，佛告阿难："汝可观我三十二相庄严之身，却后三月，当入涅槃。"阿难白佛言："惟愿世尊，为我宣说佛涅槃后，诸众生等供养如来舍利等事。"佛告阿难："如来入涅槃时，入金刚三昧，碎此肉身，犹如芥子。如是一分舍利向诸天所，一分舍利向龙王世界，一分舍利向夜叉世界。尔时，诸天、龙王、毗沙门天王皆以香花供养舍利，如见佛身，恭敬礼拜，皆发无上大菩提愿。彼余舍利在阎浮提，当来有王名阿输迦，为供养舍利造八万四千塔。复有六万诸王亦各造塔供养舍利，以诸花鬘、杂香、灯明、音乐恭敬礼拜，种无上菩提善根。或有出家，信心清净，而被法服，精勤修道，皆悉漏尽，而般涅槃。如来有大威德，以彼法身，依生身故，供养生身舍利所得无量功德。"

付嘱诸天

《莲华面经》云：尔时，世尊为阿难说分舍利已，复作是念："我于三阿僧祇劫勤苦修道，所成佛法，欲令久住于世间故，当往诸天所住之处付嘱佛法。"尔时，如来即升三十三天。尔时，帝释天王见世尊已，即敷高座，白佛言："愿受此座。"世尊即坐。与百千众顶礼佛足。佛告帝释："汝今当知，吾亦不久当般涅槃，以此佛法嘱累于汝，汝当护持。"帝释天王悲泣雨面，放泪而言："世尊涅槃一何速哉！世间法眼于兹永灭。如佛所教，是我力分，即当护持恭敬供养。如来昔从兜率陀天降神母胎，我与忉利众常作守护；及佛生时，亦与诸天共来守护；坐菩提树下，破魔军众，成等正觉，我与诸天亦来守护；于鹿野苑中，转妙法轮，我与天众亦常守护。我今无力，能使如来不入涅槃，无力能护。"尔时，世尊说种种法，劝喻安慰、示教利喜帝释诸天，令护佛法，久住世间。

付嘱龙王

《莲华面经》云：尔时，如来为帝释诸天付嘱，令护佛法。从天上没，即于娑伽罗龙王宫出。尔时，龙王见如来至，即为如来敷座。佛坐其座，百千龙众顶礼佛足。佛告龙王曰："汝今当知，如来不久入于涅槃，我以佛法嘱累于汝，汝当守护，无令断绝。龙王当知，此龙世界有诸恶龙，多生嗔恚，不知罪福，为恶卒暴，破坏我法。是故我今以此佛法，嘱累于汝。"尔时，龙王悲泣雨面，抆泪而言："世尊，我诸龙等盲无慧眼，是故今者生畜生中。若佛灭后，龙世界空，我等舍命，不知未来当生何处？诸佛如来是众生师，云何今者欲般涅槃，世间眼灭？"尔时，世尊为龙王种种说法，示教利喜，付嘱娑伽罗龙王、德叉迦龙王、难陀龙王、跋难陀龙王、和修吉龙王、阿那婆达多龙王、摩那斯龙王、优钵罗龙王、文邻龙王、黑色龙王，各与若干百千眷属，令护佛法，久住世间，而不断绝。

请佛住世

《大般涅槃经》云：佛在拘尸那城力士生地，阿利罗跋提河边娑罗双树间，与八十亿比丘前后围绕。二月十五日，临涅槃时，出大音声，普告众生："今日如来、应、正遍知，怜悯众生，覆护众生，等视众生，犹如一子。大觉世尊将欲灭度，若有所疑，今悉可问。"尔时，世尊从其面门放种种光，青、黄、赤、白、玻黎、玛瑙色光，遍照三千大千世界，乃至十方一切佛土。六趣众生遇斯光者，罪垢烦恼皆悉除灭。咸皆悲叹、愁忧、苦恼，举身啼哭，悲号哀恸，搥胸大叫，泪下如雨："呜呼！慈父。痛哉！苦哉！"时诸四众共相谓言："当疾往诣拘尸那城力士生地，礼拜供养，劝请如来莫般涅槃。"复作是言："世间虚空众生福尽，不善诸业增长出世，我等从今无有救护、无所宗仰，贫穷孤露。"作是念已，俱诣佛所，头面顶礼，抆泪而言："惟愿世尊莫入涅槃。"世尊默然，不果所愿。同时号哭。

天龙悲泣

《莲华面经》云：尔时，世尊离菩提树。时帝释天王与三十三天众，须焰摩天、兜率陀天、化乐天各与诸天众，同时举声，悲泣雨泪，以手拉泪，而说偈言：“如来容色甚微妙，超胜众生无比者，如是庄严殊特身，不久之间当灭度。”是时，毗摩质多阿修罗王与阿修罗众，娑伽罗龙王与诸龙众，毗留勒叉天王与鸠槃茶众，毗留博叉天王、提头赖吒天王与诸龙众，毗沙门天王、散脂迦大夜叉大将、摩尼跋陀罗大夜叉将与夜叉众，地神、天祇、林神、金刚密迹、蓝毗尼林神、迦毗罗城神、菩提树神与诸天龙八部等众，出大音声，悲啼号哭，而作是言：“佛是众生之父，不久当没。”佛言：“汝等莫哭，令心迷闷。何有世间而受生者，因缘和合有为之法，而得久住？强令无常之法不灭坏者，无有是处。”尔时，世尊种种说法，令心开解，生大欢喜。诸天、龙王顶礼世尊，各还本处。

魔王说咒

《大般泥洹经》云：尔时，天魔波旬与无量天子、天女众，办诸饮食，来诣佛所，稽首请佛："惟愿世尊哀受我供。受我供已，其有善男子、善女人，若有称摩诃衍名者，若真若伪，我等皆当为是人等作无畏咒，而守护之。"而说是咒："哋翅吒吒啰，哋翅鲁楼丽，摩诃鲁楼丽，阿罗摩罗多罗悉波呵。"魔王白佛言："世尊，是咒能令诸乱心者，得深妙定；能令诸恐怖者，离诸恐怖；能令为法师者，辩才无断，悉能降伏外道。诸有能护正法者，为是咒所护，如佩神剑。我此咒术，所说诚谛，若有人能持此呪者，若止旷野，凶害、毒兽、水火难等，若持若说，众难悉除。我等今日皆悉已离诸难谄曲，惟愿世尊哀受我供，愿并印可所说神咒。"尔时，世尊即告魔王言："我不受汝饮食供养，为安隐一切众生故，今当受汝神咒法施。"时大自在天王见已，放大光明，遍照世界，稽首赞叹。

纯陀后供

《大般泥洹经》云：拘夷那竭国有长者名曰纯陀，与五百长者子俱，心怀忧戚，为佛作礼，泪下如雨，合掌白佛："惟愿世尊哀受我等最后供养，当令我及一切众生悉蒙解脱。"世尊告纯陀言："当受汝请最后供养，汝今纯陀莫生忧恼，应大欢喜。汝今勿请如来长住此世，当观世间皆悉无常，一切众生性亦如是。正使久在世，终归会当灭，虽生长寿天，命亦要当尽。事成皆当败，有者悉磨灭，壮为老所坏，强者病所困。人生皆有死，无常安可久？妻子及象、马，钱财悉复然。世间诸亲戚，眷属皆别离，惟有生老苦，病死之大患。"纯陀悲号流泪，而复启请："愿哀久住。"世尊告曰："纯陀，汝莫啼哭，自乱其心。当正思惟，当知有为无有坚实。"纯陀白佛："如来不哀住世，世间空虚，我等那得而不啼哭？"佛言："纯陀，今我哀汝及诸众生，而般涅槃，诸佛法尔。有为之法，一切皆然。"

度须跋陀

《涅槃经后分》云：时须跋陀罗从佛闻说《大般涅槃》甚深妙法，得法眼净，爱护正法，已舍邪见，于佛法中深信坚固，欲求出家。佛言："善来！"即成沙门。法性智水灌注心源，无复缚着，漏尽意解，得罗汉果。即于佛前长跪合掌，悲喜交流，深自悔责，而白佛言："恨我毒身，久劫已来，常相欺惑，令我长没无明邪见，沦溺三界外道法中，为害滋甚。今大庆幸，蒙如来恩，得入正法。世尊智慧大海，慈悯无量。窃自惟忖，累劫碎身，未能报此须臾之恩。"悲泣流泪，不能自裁，复白佛言："我年老迈，余命未几，未脱众苦，行苦迁逼，惟愿世尊莫般涅槃。"世尊不许。须跋陀罗发声大哭，举身投地，昏迷闷绝，久乃苏醒，涕泪哽噎白佛言："我今不忍见于如来入般涅槃，我今宁可先自速灭，唯愿世尊后当涅槃。"说是语已，悲恋哽咽，于是时顷，先入涅槃。佛敕大众，以杂香木荼毗其尸。

佛现金刚

《秽迹金刚经》云：尔时，如来临入涅槃，诸天人众皆来供养，唯有螺髻梵王不来觐省。时诸大众恶其我慢，使诸咒仙往彼令取，乃见种种不净而为城堑，犯咒而死。复策无量金刚持咒而去，无人取得。大众悲哀。尔时，如来即以大遍知神力，随左心化出不坏金刚，即于众前显大神通，即自腾身至梵王所，指彼秽物变为大地。金刚报言："汝大愚痴，我如来欲入涅槃，汝何不去耶？"螺髻梵王发心至如来所。时金刚复告众言："若有世间众生，被诸天恶魔外道所恼乱者，但诵我咒，令诸有情永离贫穷，常令安乐。于佛灭后，受持此咒，誓度群生，令佛法不灭，久住于世。"即说《大圆满陀罗尼神咒秽迹真言》："唵咈咶啒哞，摩诃钵罗，恨那㖿，吻什吻，微咭微摩那栖，呜深暮，啒哞泮吽，泮泮泮娑诃。若有众生诵持此咒者，永离苦难，所求如愿，随意满足，获大吉祥。"

如来悬记

《法住经》云：世尊临般涅槃，告阿难言："我般涅槃，末法之时，我诸弟子舍佛正教，多贪利养，习诸戏论；于我法中，不善修习身戒心慧，更相忿诤、谋夺、诽谤，耽著妙好种种衣服、房舍、敷具；诸恶徒党共相集会，设有持戒更相毁辱，于须臾顷悉皆毁犯。以是因缘，天龙等众悲伤懊恼，皆悉远离。大臣、长者于三宝所，不生净信，凌辱轻毁。以是因缘，令正法灭。从是以后，诸苾蒭等造恶转深，大臣、长者益不恭敬。三宝余势犹未全灭，故于彼时，复有苾蒭少欲知足，护持禁戒，修行静虑，爱乐多闻，受持如来三藏教法，广为四众分别演说，利益安乐无量有情。复有国王、大臣、长者、居士、善男信女人等，爱惜正法，于三宝所，供养、恭敬、尊重、赞叹、护持、建立，无所顾恋。当知皆是不可思议诸菩萨等，以本愿力，生于此时，护持如来无上正法，与诸有情作大饶益。"

最后垂训

《长阿含经》云：尔时，世尊告诸比丘：“汝等当知，我以此法自身作证，成等正觉。所谓：四念处、四意断、四神足、四禅、五根、五力、七觉意、八圣道。于此法中，和同敬顺，勿生诤讼，同一师受，同一水乳。于我法中，宜勤受学。我已所说十二分教，所谓：契经、祇夜经、受记经、偈经、法句经、相应经、本缘经、本生经、方广经、未曾有经、譬喻经、大教经，汝等当善受持、称量、分别，随事修行。如来不久，是后三月，当般涅槃。”比丘闻已，自投于地。佛言：“汝等且止，勿怀忧恼。天、地、人、物无生不终，欲使有为不变易者，无有是处。我亦先说，恩爱无常，合会有离，身非己有，命不久存。吾年老矣，余命无几，所作已办，今当舍寿。汝等比丘，自摄定意，守护其心。若于我法无放逸者，能灭苦本，尽生、老、死。”又告比丘：“吾今所以诫汝者何？天魔波旬向来请我速入涅槃，世尊不答，默然许之。”

临终遗教

《佛遗教经》云：尔时，世尊将入涅槃。是时中夜，寂然无声，为诸弟子略说法要："汝等比丘，于我灭后，当尊重、珍敬波罗提木叉，如暗遇明，贫人得宝。当知此则是汝大师，若我住世，无异此也。持净戒者，不得贩卖贸易，安置田宅，畜养人民、奴婢、畜生，一切种植及诸财宝皆当远离，如避火坑。不得斩伐草木，垦土掘地，合和汤药，占相吉凶，仰观星宿，推步盈虚，历数算计，皆所不应。节身而食，清净自活。不得参预世事，通致使命，咒术仙药，结好贵人，亲厚媟慢，皆不应作。当自端心，正念求度。不得包藏瑕疵，显异惑众。于四供养知量知足，辄得供事不应畜积。此则略说持戒之相。戒是正顺解脱之本，故名波罗提木叉。依因此戒，得生诸禅定及灭苦智慧。当持净戒，勿令毁缺。能持净戒，则有善法；若无净戒，诸善功德皆不能生。我欲灭度，是我最后之所教诲。"

荼毗法则

《涅槃经后分》云：阿难白佛言："世尊涅槃，依何法则荼毗如来？"佛言："我入涅槃，如转轮圣王，命终之后，经停七日，乃入金棺。即以上妙香油注满棺中，密盖棺门。其棺四面，应以七宝间杂庄严，一切幡幢、香花供养。经七日后，复出金棺，应以众妙香水灌洗、沐浴如来之身。以上妙兜罗绵遍体缠身，次以细软白氎复于绵上，缠如来身，乃入金棺。复以香油盛满棺中，闭棺令密。乃以牛头旃檀、沉水一切香木，成七宝车，一切众宝以为庄严，载以宝棺至荼毗所。无数宝幢、宝幡，无数宝盖、宝衣，一切香花，一切音乐，周遍围绕，悲哀供养。一切天人大众应各以栴檀香木，荼毗如来。荼毗已讫，天人、四众收取舍利，盛七宝瓶。于其地内四衢道中，起七宝塔，塔开四门，安置舍利。一切天人所共瞻仰，能为人天而作福田，能令众生得大功德，脱三界苦，入正解脱。"

造塔法式

《涅槃经后分》云：阿难白佛言："佛涅槃后，当于何所荼毗如来？"佛言："可于拘尸城外。"复白佛言："荼毗已讫，当于何所起塔？"佛告阿难："当于拘尸那伽城内，四衢道中，起七宝塔，高十三层。上有相轮，一切妙宝间杂庄严，一切世间众妙花幡而严饰之。四边栏楯，七宝严饰，一切装鈒靡不周遍。其塔四面，面开一门，层层间次（按："间次"，原作"问咨"，据文意改），窗牖相当。安置宝瓶，如来舍利，天人四众，瞻仰供养。"时阿泥楼豆白佛言："天人四众，如何分布如来舍利供养？"佛言："一切天人，取佛舍利，以平等心，分布三界，一切六道，世间供养。何以故？如来等视众生，犹如一子，平等利祐世间众生，能令汝等福德无量。"尔时，天人大众悲哀流泪，不能自裁。世尊普告大众："汝等天人莫大愁恼。佛虽涅槃，而有舍利常存供养，复有法宝常住于世，能令众生深心归依。供养舍利即是见佛，如我在世无异。"

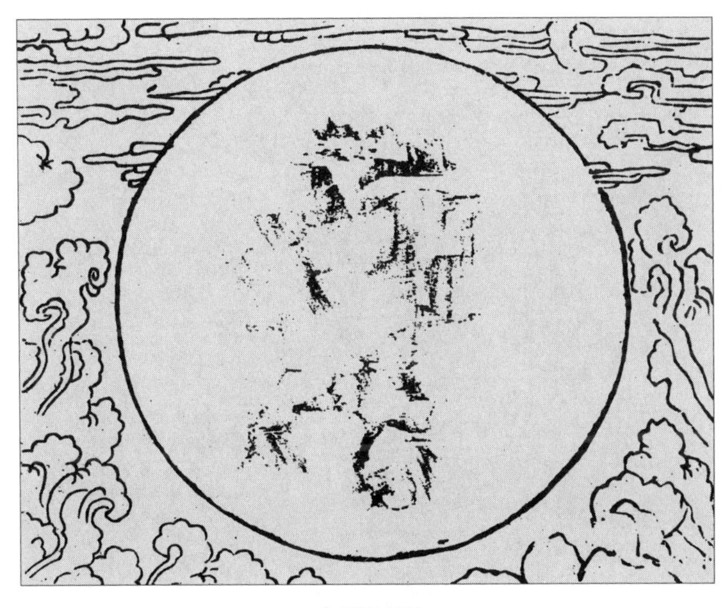

应尽还源

《涅槃经后分》云：尔时，世尊告诸大众："我今时至，举身疼痛。"说是语已，即入初禅；从初禅出，入第二禅；从第二禅出，入第三禅；从第三禅出，入第四禅；从四禅出，入虚空处；从空处出，入无边识处；从识处出，入不用处；从不用出，入非想非非想处；从非非想出，入灭尽定；从灭尽定出，还入非想非非想处；从非非想出，入不用处；从不用出，入无边识处；从识处出，入虚空处；从空处出，入第四禅；从四禅出，入第三禅；从三禅出，入第二禅；从二禅出，入第一禅。尔时，世尊如是逆顺入诸禅已，复告大众："我以佛眼，遍观三界一切六道、大地含生、有情、无情。如是三界根本性离，毕竟寂灭，同虚空相。一切诸法无明本际，性本解脱。于十方求，了不能得，根本无故，所因枝叶皆悉解脱。无明解脱故，乃至老死皆得解脱。以是因缘，我今安住常寂灭光，名大涅槃。"

双林入灭

《涅槃经后分》云：尔时，佛在拘尸那伽城娑罗双树林，与四众、天龙八部前后围绕。二月十五日，临般涅槃，入诸禅定。示诲众已，于七宝床右胁而卧，头枕北方，足指南方，面向西方，后背东方。娑罗树林四双八只，西方一双，在如来前；东方一双，在如来后；北方一双，在如来头；南方一双，在佛之足。至于中夜，入第四禅，寂然无声，于是时顷便般涅槃。入涅槃已，其娑罗林，东西二双合为一树，南北二双合为一树，垂覆宝床，盖于如来。其树即时惨然变白，犹如白鹤，枝叶、花果、皮干皆悉爆裂、堕落，渐渐枯悴。尔时，普佛世界一切大地皆大震动，一切大海皆悉混浊，沸涌涛波，一切江河、溪涧、川流、泉源水尽枯涸。大地虚空寂然大暗，日月精光悉无复照。忽然黑风鼓怒惊振，吹扇尘沙，弥暗世界，卉木、药草悉皆摧折。一切诸天遍满虚空，哀号悲泣，震动世界。

金刚哀恋

《金刚力士哀恋经》云：尔时，世尊初入涅槃。时密迹金刚力士见佛灭度，悲哀懊恼，作如是言："如来舍我入于寂灭，我从今日无归、无依、无覆、无护，衰恼灾患一旦顿集，忧愁毒箭深入我心。此金刚杵当用护谁？即便弃掷。自今已往当奉侍谁？谁当慈悯训诲于我？更于何时得睹尊颜？"说种种言，恋慕如来。时天帝释语力士言："汝今何不忆念世尊少语？佛言：'诸行无常，无得住者，不可体信，是变易法。一切聚集皆归散灭，高者必堕，合会必离，有生必死。一切诸行犹如河岸临峻之树，亦如画水，寻画寻灭，亦如水泡、如草头露，不得久停，如乾闼婆城，暂为眼对。人命迅速，疾如射箭，速行天下，疾如日月。人命速疾，过于是天，无常败坏，应当解知。若于佛事有不足者，不入涅槃；佛事周讫，乃入涅槃。以此佛法付嘱天人，诸有苦尽，更不受生。'汝等不应生大忧恼。"

佛母得梦

《摩诃摩耶经》云：尔时，佛母摩诃摩耶即于天上，见五衰相现：一者、头上花萎，二者、腋下汗出，三者、顶中光灭，四者、两目数瞬，五者、不乐本座。又于其夜，得五种恶梦：一、梦须弥山崩，四海水竭；二、梦有诸罗刹手执利刀，竞挑一切众生之眼，时有黑风吹诸罗刹，皆悉奔驰归于雪山；三、梦欲、色界诸天，忽失宝冠，自绝璎珞，不安本座，身无光明，犹如聚墨；四、梦如意珠王在高幢上，恒雨珍宝，周给一切，有四毒龙口中吐火，吹倒彼幢，吸如意珠，猛疾恶风，吹没深渊；五、梦有五师子从空下来，啮摩耶乳，入于左胁，身心疼痛，如被刀剑。时摩诃摩耶见此梦已，即便惊寤，而作是言：“我于向者眠寝之中，忽然见此不吉祥事，令我身心极为愁苦。今此五种恶梦甚可怖畏，必是我子释迦如来入般涅槃之恶相也。”即便向余诸天子等，广说梦中所见之事。

升天报母

《摩诃摩耶经》云：尊者阿那律升于天上，往摩诃摩耶所，而说偈言："大师最胜天中天，善导一切世间者，今已为彼无常海，摩竭大鱼之所吞。在于拘尸那竭国，娑罗林中双树间，不久当出城东门，种种供养而阇维。天人八部众盈满，号泣震动彻三千。"摩诃摩耶闻此偈已，闷绝躃地，良久乃苏，而作是言："我于昨夜得五恶梦，决定当知佛入涅槃。今者果见阿那律来云已灭度，何其苦哉！世间眼灭，何其疾哉！人天福尽，如何一旦便入涅槃？无常恶贼极为凶暴，忍能害我正觉之子。"即于众中而说偈言："于无量劫来，常共为母子。汝既成正觉，此缘方以断。而复于今者，便入般涅槃。譬如高大树，众鸟依共栖，晨旦各分离，到暮还归集。与汝为母子，共在生死树，既得成道果，长绝此源本。又复取灭度，无有会见时。"摩诃摩耶说此偈已，涕泣懊恼，不能自胜。

佛母散花

《摩耶经》云：尔时，摩诃摩耶与诸天女眷属围绕，从空而下，前至棺所，垂泪悲恼，而作是言："共于过去无量劫来，长为母子未曾舍离，一旦于今无相见期。呜呼！哀哉！众生福尽，方当昏迷，谁为开导？"即以天曼陀花、摩诃曼陀罗花、曼殊沙花、摩诃曼殊沙花，用散棺上，而说偈言："今此双树间，天龙八部众，唯闻啼哭音，不知何所说，无能解其语，充塞在于地。与汝为母子，旷劫积恩爱。今者无常风，吹散各异处。在苦诸众生，希望法甘露，何故便于今，而速入涅槃？潜身重棺中，知我来此否？"说此偈已，顾见如来僧伽梨衣及以钵盂、锡杖，右手执之，左手拍头，举身投地，如太山崩，悲号痛绝，而作是言："我子昔日执着此等，广福世间，利益天人。今此诸物空无有主。呜呼！苦哉！痛不可言。"时诸天龙八部及以四众，佛母摩诃摩耶忧恼如是，倍更悲感，泪下如雨。

佛从棺起

《摩耶经》云：尔时，世尊以神力故，令其棺盖皆自开发，便从棺中合掌而起，如师子王初出窟时奋迅之势，身毛孔中放千光明，一一光明有千化佛，悉皆合掌向摩诃摩耶，以梵软音问讯母言："远屈来下此阎浮提，诸行法尔，愿勿啼泣。"即便为母而说偈言："一切福田中，佛福田为最；一切诸女中，玉女宝为最。今我所生母，超胜无伦比，能生于三世，佛、法、僧之宝。故我从棺起，合掌欢喜赞，用报所生恩，示我孝恋情。诸佛虽灭度，法、僧宝常住。愿母莫忧愁，谛观无常行。"时摩诃摩耶闻说偈已，小自安慰，颜色暂悦，如莲花敷。尔时，世尊与母辞别而说偈言："我生分已尽，梵行久已立，所作皆已办，不受于后有。愿母自安慰，不须苦忧恼。一切行无常，信是生灭法，生灭既灭已，寂灭为最乐。"世尊说此语已，即便阖棺，三千大千世界普皆震动。摩耶绕棺，还归天上。

金棺不动

《涅槃经后分》云：尔时，拘尸城内一切人民，悲泣流泪，总入城中。即作金棺，七宝庄严，即办微妙白氎，栴檀沉水，一切杂香，无量香花旛盖，悲哀流泪，将至佛所，而伸供养。尔时，大众悲号哽咽，涕泣盈目，哀震大千，深重敬心，各以白氎裹手，扶于如来入金棺中。注满香油，即闭棺门。下时拘尸那城内，一切男女贪福善心，总欲摄取如来功德，不令天人一切大众同举佛棺。即共详议，遣四力士，壮大无双，脱其所着衣服，期心请举如来圣棺，欲入城内自伸供养，尽其神力，不能令动。尔时，城内复遣八大力士至佛棺所，脱所着衣，共举金棺，尽其神力，亦不能动。拘尸城内复遣十六极大力士，来至棺所，脱其所着衣，共举佛棺，亦不能动。尔时，楼豆语力士言："纵使尽其城内人民，男女大小，举如来棺欲入城内，亦不能得。何况汝等而能移动如来棺耶?"

金棺自举

《涅槃经后分》云：尔时，世尊大悲普覆，令诸世间得平等心，得福无异。于娑罗林即自举棺，升虚空中，高七多罗树，徐徐乘空，从拘尸城西门而入，东门而出；乘空右绕，入城南门，渐渐空行，从北门出；乘空左绕，还从西门而入，徐徐乘空而行，从东门出；空行左绕，入城北门，渐渐空行从南门出；乘空右绕，还入西门。如是展转，左右绕拘尸城，经于七匝。尔时，如来七宝金棺当入城时，一切大众悲号哽咽，各持无数微妙香木，栴檀沉水，一切宝香，普熏世界。复持无数宝幡幢盖，香花璎珞，至荼毗所，悲哀供养。尔时，四天王及诸天众，各持天上宝香，悲哀供养。尔时，如来大圣宝棺，渐渐空行，至荼毗所，徐徐乘空而下，安七宝床。于是时顷，复经七日。尔时，拘尸城内一切士女，无数大众，复持香花投佛棺前，顶礼供养。一切大众悲号大哭，震动世界，迷闷躃地。

佛现双足

《处胎经》云：尔时，世尊还摄威神，在金棺里，寂然无声，诸天烧香、散花供养。大迦叶从摩伽提国，将五百弟子来至佛所，闻佛今日灭度，悲啼号泣，不能自胜。世尊以天耳闻迦叶来至，即从棺里，双出两足。迦叶见之，手捉摩扪，啼泣不能自胜。迦叶而说颂曰："一切行无常，生者必有死，无生亦无死，此灭为最乐。佛所教化人，所度已周遍。我行道迥绝，深恨不见佛。法界悉皆空，色身亦当尔。无有老、病、死，无为无所生。住寿百恒沙，亦当归灭度。况我天尊师，处世着秽污。"时迦叶及五百弟子，皆绕金棺七匝，在一面立。阿难捉棺西北角，难陀捉棺东北角，诸天在后共举金棺，去双树四十九步，安厝金棺。诸天人民以牛头旃檀香，积金棺上。诸梵天王、释提桓因将诸天众，在虚空中散花供养。尔时，大迦叶诸大弟子，其身颤掉，不能自持，心浊迷闷，发声大哭。

凡火不燃

《涅槃经后分》云：尔时，一切天人大众共举如来大圣宝棺，置于香楼之上，同时号哭。尔时，拘尸城内有四力士，璎珞严身，持七宝炬，大如车轮，焰光普照，以焚香楼，荼毗如来，炬投香楼，自然殄灭。迦叶告言："大圣宝棺，三界之炬所不能烧，何况汝力而能焚耶？"城内复有八大力士，更持七宝火炬，光焰一切，将投棺所，亦皆殄灭。城内复有十六极大力士，各持七宝大炬，来投香楼，亦悉殄灭。城内复有三十六极大力士，各持七宝大炬，来投香楼，亦皆殄灭。尔时，一切海神持海中火，七宝大炬，无数光焰，投香楼内，亦皆殄灭。尔时，迦叶告诸力士、一切大众："汝等当知，纵使一切天人所有炬火，不能荼毗如来宝棺。汝等不烦劳苦，强欲作为。"尔时，城内士女、天人大众，复重悲哀，各以所持香花，号泣供养。一时礼拜，右绕七匝，悲号大哭，声震大千，昏迷躃地。

圣火自焚

《涅槃经后分》云：尔时，如来以大悲力，从心胸中火踊棺外，渐渐荼毗。经于七日，焚妙香楼，尔乃方尽。尔时，四天王各作是念："我以香水，注火令灭，急收舍利，天上供养。"作是念已，即持七宝瓶盛满香水，同时而下，至荼毗所。时四天王泻金瓶香水，一时注火。注已，火势转高，都无灭也。尔时，海神、娑伽罗龙王及江神、河神，见火不灭，各作是念："我取香水，注火令灭，急收舍利，住处供养。"作是念已，各持宝瓶盛满香水，至荼毗所，一时注火。注已，火势如故，都亦不灭。时楼豆语四天王言："汝大贪心。汝居天上，汝若独取舍利上于天宫，地居之人如何得往而供养耶?"复语海神："汝在大海、江、河，如来舍利汝若独取者，地居之人如何得往而供养耶?"尔时，四天王即皆忏悔已，各还天宫。尔时，大海、娑伽罗龙王及江神、河神等，皆亦忏悔："诚如圣言。"悔已，各还本宫。

均分舍利

《处胎经》云：尔时，八大国王，优填王、顶生王、恶生王、阿阇世王，四大兵马主，最豪兵马主、容颜兵马主、炽盛兵马主、金刚兵马主。此八大王共诤舍利，各领兵众列住一面，各言：“佛舍利我应独得。”大臣优波吉谏言：“诸王莫诤，舍利应分，普皆供养。”释提桓因现为人语：“我等诸天亦当有分。”阿耨达龙王、文邻龙王、伊那钵龙王言：“我等亦应有分。”优波吉言：“诸君且住，舍利宜共分之。”即分为三分：一分与诸天，一分与龙王，一分与八王。金瓮受石余，此臣以蜜涂瓮里。以瓮为量，即分舍利。天得舍利，还于天上起塔；龙得舍利，还于龙宫起塔；八王得舍利，各还本国起塔。优波吉金瓮舍利三斗并瓮，亦还起塔。灰及土四十九斛，起四十九塔。当阇维处，亦起宝塔，高四十九仞，香灯供养，悬缯幡盖，终日竟夜音乐不断。佛之威神，夜放光明，与昼无异，常有神王守护。

结集法藏

《处胎经》云：佛灭度后，经七日七夜。时大迦叶告五百阿罗汉："卿等五百人尽诣十方诸佛世界诸阿罗汉，尽集此处，佛今涅槃，阇维已讫。欲得演佛真性法身，汝等速集采听微妙之言。"以神通力，即到十方恒河沙刹土，集诸阿罗汉得八亿四千众来集于此。阿难一心思惟，诸尘垢灭，朗然大悟，圣众称善，诸天歌叹。阿难即升高座，迦叶告阿难言："佛所说法一言一字，汝慎勿使有缺漏。菩萨藏集着一处，声闻藏亦集着一处，戒律藏亦集着一处。"尔时，阿难发声唱言："我闻如是，一时，佛。"及说佛所居处。迦叶及一切圣众堕泪悲泣，不能自胜，咄嗟老死如幻如化，昨日见佛，今日已称言为"我闻"。最初出经，胎化藏为第一、中阴藏第二、摩诃衍方等藏第三、戒律藏第四、十住菩萨藏第五、杂藏第六、金刚藏第七、佛藏第八，是为释迦牟尼佛经法具足矣。

育王起塔

《阿育王传》云：尔时，阿育王往诣鸡头摩寺，至上座耶舍前，合掌而言："我今于阎浮提内，造立八万四千宝塔。"上座答言："善哉！善哉！王若欲得一时作塔，我于大王作塔之时，以手障日，可遍敕国界：'手障日时，尽起立塔。'"王闻语已，还于本宫，便造八万四千宝箧，金、银、琉璃以严饰之。一宝箧中，盛一舍利。复造八万四千宝瓮、八万四千宝盖、八万四千匹彩，以为庄校。一舍利付一夜叉，使遍阎浮提。其有一亿人处，造一宝塔。于是鬼神各持舍利，四出起塔。有一夜叉赍一舍利，至得叉尸罗国，欲作宝塔。其国人言："我国人民，凡有三十六亿，今当与我三十六箧。"时夜叉鬼具以上事，还白于王。王自念言："人众甚多，若尔作者，舍利不足满阎浮提。当设方便，断而不与。"即遣夜叉，复语之曰："与一舍利，起一宝塔。"王复告言："多一亿处，与一舍利；少一亿处，亦莫与之。"

育王得珠

《阿育王传》云：阿育王起造八万四千宝塔已，师子国王献五颗如意宝珠。王受珠已，一施佛生塔，二施佛成道塔，三施佛转法轮塔，四施佛入涅槃塔，余有一珠，欲与诸夫人。若与一者，恐余者恨。遣人入宫，谓言："其有衣服璎珞最第一者，当与此珠。"一切夫人皆著好衣服璎珞，唯有一小夫人名须阇哆，忆念佛语，戒着衣服璎珞，受持八戒，着纯白衣，容仪整肃。王心自然，甚生恭敬。阿育王次第观诸后妃服饰璎珞，次至须阇哆夫人，问言："诸夫人等皆着上服，汝何素服，寂然而住？"须阇哆夫人答言："佛说惭愧为上服，持戒为璎珞，法音为妓乐。我今受持八戒以当璎珞，着于惭愧素服，读诵经典以为音乐。"王闻此语，欣然欢喜。复语夫人曰："我先有言：'其有着第一上服璎珞者，当与宝珠。'汝今最为第一，与汝宝珠。"诸夫人见得宝珠，后皆相学，受持八戒。

迦叶付法

《付法藏经》云：摩诃迦叶垂涅槃时，以最胜法付嘱阿难言："长老当知，昔世尊以法付我。我年老朽，将欲涅槃，世间胜眼，今欲相付。汝当精勤，守护斯法。"阿难曰："诺。"唯然受教。于是阿难演畅妙法，化诸众生。然其宿命有大功德，智慧渊广，多闻博达，佛所咨嗟。总持第一，悉能听受诸佛法藏，如大巨海，百川斯纳，名称高远，众所知识。如是功德不可穷尽，我当随顺说其因缘："乃往古世定光如来时为沙门，畜一沙弥，教令读诵，日夜诫敕，无有休废。若经少阙，即便呵责。时此沙弥专心读诵，从此以后，经义贯通，智慧深妙，总持强识，多闻弘广，不可称计。尔时沙弥，即我身是。"摩诃迦叶告阿难曰："今以法宝，用相委累。长老于后，若入涅槃，王舍大城有一长者，名商那和修，高才勇猛，有大智慧，已于过去深种善根，为佛造寺，可度出家，如来法藏悉付嘱之。"

迦叶入定

《阿育王传》云：尊者迦叶结集法藏已，以法付嘱阿难："我今欲入涅槃，以法付汝，汝善守护。"迦叶往诣阿阇世王所相别，语守门人言："大迦叶欲入涅槃，故来相语。"时迦叶至鸡足山三岳中，坐草而坐，作是念言："我今此身，著佛所与粪扫衣，自持已钵，乃至弥勒兴世，令不朽坏，使弥勒弟子皆见我身。"即时大地六种震动，迦叶将欲入定，念言："若阿难、阿阇世王来时，山当为开，令其得入；若还去时，山复还合。"释提桓因散天香花，供养迦叶。礼拜供养已，山即自合，覆尊者身。此山窟神名毕钵罗，见迦叶入灭，作如是言："今日法岳崩坏，法船已没，法树已摧，法海已竭。今日诸魔得大欢喜，一切天人哀恋悲泣。"时阿阇世王梦天梁折坏，觉已，心生惊怖。守门者来白王言："向者迦叶来白王，欲入涅槃。"王闻是语，与阿难往诣鸡足山，山自开张。供养礼拜，涕泣而还。

商那受法

《付法藏经》云：时阿难临当灭度，告商那和修曰："佛以法眼付大迦叶，迦叶以法付我，我以法藏用付于汝。汝可精勤守护斯法，令诸众生服甘露味。"商那和修答曰："奉教。我当拥护如斯妙法，普为一切作大明灯。"于是广施无上法药，疗烦恼病，济度群生，其德高远，久修愿行，多闻总持，辩才无尽。今当敷演彼功德聚。乃往过去劫，我为商主，见辟支佛身婴重病，气命羸惙，与诸商人即便停住，唯求医药而疗之，尽心承给，无所乏少，病遂除差，气力充足。是辟支佛着商那衣，商主以上妙衣用以奉献，白言："大圣，此商那衣，极为弊恶。唯愿受我所奉衣服。"辟支佛言："施主宜知，我以此衣出家成道，复当着此而入涅槃。"阿难以法付嘱，告曰："世尊昔游摩突罗国，顾命我言：'此国中有长者子，号曰优波毱多，我灭度后，兴大饶益。汝当于后，度令出家，付其法藏。'"

毱多筹算

《付法藏经》云：尊者阿难以法付嘱商那和修，告曰："世尊昔游摩突罗国，顾命我言：'此国中有长者名毱多，其子名优波毱多。我灭度后，兴大饶益，教化无量众生。汝当度令出家，若涅槃时，付其法藏。'"商那和修欲付其法，观察毱多为生子耶？入定思惟，知未出世。诣毱多舍，毱多问曰："何独无侣？"答言："长者，我无俸禄，有信出家，乃见随耳。"毱多复言："吾乐世俗，不能出家。若后生子，当相奉给。"后生一子，名曰优波毱多，年十二岁，巧于市易。商那和修即至其所，而为说法，渐以方便，教令系念，以黑白石子用当筹算。若起恶心，当下黑石子；设生善念，下白石子。优波毱多奉受其教，摄念不散，善恶心起，辄投石子。初黑偏多，白者尠少。渐渐修习，白黑正等。系念不止，心转纯净，更无黑石，纯有白者。善念已盛，逮得初果，商那和修以佛正法，悉付嘱之："汝当守护。"

蜜多持幡

《付法藏经》云：尊者佛陀密多念言："吾师难提，以法付我，我当云何敷宣正法，令诸众生普得饶益？"复念："今此国王甚大邪见，我宜先往而调伏之。"躬持赤幡，在王前行。王问："何人在吾前行？"答言："大王，我是智人，善能谈论，欲于王前求一试验。"时王宣令："国内所有婆罗门、长者、居士，聪明博达，善于言辞，悉令集吾殿上，与一沙门共对议论。"于是一切邪见外道竞来云集。时彼大王于正殿上，罗布茵褥，蜜多即升法座，共诸外道建无方论。浅智之者，一言即屈；其多聪辩，再便辞尽。王见诸人理皆穷匮，躬与蜜多自共议论，始起言端，亦寻屈已。蜜多思念："我与王论，不应显胜。"而语之言："此义浅深，王自解了。"尔时，彼王即知其屈，回改邪心，敬信正法，受三自归，为佛弟子，于自国土弘宣道化。时此国中，邪见尼乾子师徒五百人至蜜多所，俱共出家。

马鸣辞屈

《付法藏经》云：有大士名曰马鸣，智慧渊鉴，超识绝伦，有所难问，靡不摧伏，计实有我，甚自贡高。闻有尊者名富那奢，智慧深邃，多闻博达，言诸法空，无我无人，怀轻慢心，往诣其所，而作是言："一切世间所有言论，我能毁坏，如雹摧草。此言若虚，而不诚实，要当斩舌，以谢其屈。"富那奢言："佛法之中，凡有二谛：若就世谛假名为我，第一义谛皆悉空寂。如是推求，我何可得？"尔时，马鸣心未调伏，自恃机慧，犹谓己胜。富那语曰："汝谛思惟，无出虚语。我今与汝，定为谁胜？"是时，马鸣即自念言："世谛假名定为非实，第一义谛性复空寂，如斯二谛皆不可得。既无所有，云何可坏？我于今者定不及彼。"便欲斩舌，以谢其屈。富那语言："我法仁慈，不须斩舌，宜当剃发，为吾弟子。"尔时，尊者度令出家，而告之曰："我以法藏持用付汝，汝当于后至心受持，令未来世普皆饶益。"

龙树造论

《付法藏经》云：马鸣大士付法比罗长老。比罗临灭，便以法藏付一大士名曰龙树，然后舍命。龙树于后，广为众生流布法眼，以妙功德用自庄严。天聪奇悟，事不再问，建立法幢，降伏异道。时南天竺国王甚邪见，承事外道，毁谤正法。龙树菩萨为化彼故，即诣王所。王问："汝是何人?"答言："我是一切智人。"王敕："集诸婆罗门与诸外道，共与沙门广共论议。"时诸外道闻是事已，悉来云集，含怒怀嫉，来竞言辩。于是龙树升座，其愚短者，一言便屈；小有聪慧，极至再问，词理俱尽。无量邪见外道皆悉降伏，剃除须发，俱共出家。如是展转广度众生，乃至无数。广开分别摩诃衍义，造《优波提舍论》有十万偈，《庄严佛道》、《大慈方便》如是等论各五千偈，令摩诃衍光宣于世。造《无畏论》满十万偈，《中论》出于无畏部中，凡五百偈。其所敷演义味深远，摧伏一切外道胜幢。

师子传法

《付法藏经》云：佛以正法付大迦叶，迦叶展转付嘱。次至尊者名曰师子，于罽宾国大作佛事，以僧伽黎衣传付弟子婆舍斯多，曰："如来正法眼藏，今转付汝，汝应保护，普润来际。"偈曰："正说知见时，知见俱是心。当知即知见，知见即于今。"如此之法为大明灯，能照世间愚痴黑暗。是故诸贤圣人皆相守护，更相付嘱，常转法轮，为诸众生起大饶益，断塞恶道，开人天路。逮至最后，斯法衰灭，贤圣隐没，无能建立，世间暗冥，造作恶业，行十不善，命终多堕三途八难。是故智者宜当观察，无上胜法有大功德，微妙渊远不可思议。譬如估人欲过大海，必乘船舫，然后得度。一切众生亦复如是，欲出三界生死大海，必假法船方得度脱。真善知识为大利益，济诸苦恼，解除疑网。

如来应迹投缘，随机阐教，化启憍陈，道终须跋。汉明感梦，灵应弥彰。诸祖继出，弘扬此道。文积巨万，简累大千。像法浸末，信乐弥衰。文句浩漫，鲜能该览。备抄众典，显证深文。控会神宗，辞略意晓。标题图画，取则成规。目曰《释氏源流》，募缘锓梓，用广流通，使见闻者，可不劳而博矣。

时洪熙元年岁在乙巳秋七月解制日

四明释宝成志

卷下

诸祖遗芳

序曰：佛之道本常，而未始离乎世相。推迁之际，自大觉世尊释迦如来，双林入灭，大法东流震旦之始。自周昭王甲寅，佛诞舒光；穆王壬申，佛灭地动。汉明帝金人入梦，是以诸祖继出，传持此道。若摩腾译经，图澄神异；天台智𫖮大弘《法花》，菩提达磨传佛心印；玄奘取经，慈恩制论；昭庆灵芝，传持戒律；清凉贤首，弘阐《华严》；百丈创立清规，四明中兴教观，皆承佛力。以慈悲为本、度苦为用，令诸众生舍邪从正、改恶迁善、离苦得乐。凡所希求悉能满愿，随其根器方便引导，使其修行净业，究竟菩提之道，终归寂灭之场。所以住持三宝，令不断绝，逮至于今而不息。上则圣主、贤臣宿禀佛嘱，常为尊重，虽示逆顺之迹，究一理之归，然后莫能为之泯没，以此道本常也。

佛先现瑞

《周书异记》云：周昭王二十四年甲寅岁四月八日，江、河、泉、池忽然泛涨，井水溢出，山川震动。有五色光入贯太微，遍于西方，尽作青红色。太史苏由奏曰："有大圣人生于西方，故现此瑞。"昭王曰："于天下何如?"由对曰："即时无他，一千年外，声教及此。"昭王即敕镌石记之，埋于南郊天祠前。此即佛初生之时。相国吕侯，乘骅骝八骏而行求佛，因以禳之。周穆王五十三年壬申岁二月十五日平旦，暴风忽起，损舍折木，地动天阴，西方白虹十二道。太史扈多奏曰："西方圣人灭矣。"此即佛入涅槃之相。又《春秋》鲁庄公七年："夏四月，恒星不现，夜明如日。"乃西方文殊菩萨，于雪山化五百仙人而归，放大光明。良由佛有真、应二身，权、实两智，三明、八解、五眼、六通，神用不可思议，法号心行处灭。其道也，运众圣于泥洹；其力也，接下凡于苦海。魏魏荡荡，可略言焉。

梓潼闻佛

《梓潼化书》云：予之在朝也，闻方外之言曰：“西方之国有大圣人，不言而自化，无为而自理。以慈悲为主，以方便为用，以斋戒为常，以寂灭为乐。视生死如朝暮，等恩仇如梦觉，无忧喜忿愤之情。盖知浮生不久，求于无生者也。”予尝慕之，及辞荣而归，道逢隐者，行且歌曰：“朝阳之暾，触石生云。初为髣髴，已而缤纷。随风而出，荡漾无垠。俄变化以归尽，杳不知其所存。伊仕者之利禄，忘其劳而骏奔。忽暮景之见迫，向大限之逡巡。将投足于幽趣，为异类之芸芸。”予闻之而泣谢，谓之曰：“适聆妙理，深契愚衷。愿惠格言，以度残喘。”乃于通衢，百拜而力恳之。行歌子仰天而叹，指予以心印，授予以正诀曰：“此西方大圣人归寂法也。子能念而习之，可度生死。死而不亡，证无量寿果。终于彼岸，则可成正觉。若中道而废，则犹能择地而处，亦可为神仙。”予受教焉。

列子议圣

《列子书》云：吴太宰嚭问孔丘曰："夫子圣人欤?"孔子对曰："丘博识强记，非圣人也。"又问："三王圣人欤?"对曰："三王善用智勇，圣非丘所知。"又问："五帝圣人欤?"对曰："五帝善用仁信，圣非丘所知。"又问："三皇圣人欤?"对曰："三皇善用时政，圣亦非丘所知。"太宰大骇曰："然则孰为圣人乎?"夫子动容有间曰："丘闻之，西方有圣人者焉。不治而不乱，不言而自信，不化而自行，荡荡乎民无能名焉。"议曰："若将三皇五帝，必是大圣。孔丘岂含隐而不说，便有匿圣之愆。以此校量，推佛为大圣也。"又《老子西升经》云："老子谓尹喜曰：'闻道乾竺有古皇先生者，吾之师也。不生不灭，善入无为；绵绵若存，善入泥洹，还乎无名。吾今升就，亦返一源。'"老子知有释迦，所以舍官西赴。还乎无名者，涅槃之理。返一源者，不二之称，一中之本。真如之本，真如之体也。故老子遥尊释迦为"吾师"也。

梓潼遇佛

《梓潼化书》云：予前世以吕氏冤对，陷害平民五百余户，计二千余命，皆系夭枉。玉帝命赐谴予为邛池龙，身体广大，无穴可容。烈日上临，内外热恼，八万四千小虫，咂啮不已，宛转困苦，不记春秋。一日，五色云气浮空而过，中有瑞相金容，万灵诸圣随卫前后，咸谓予曰："此西方大圣，正觉世尊，释迦文佛。今以教法流行东土，随教化身，将往中国。尔既遭逢，宿业可脱。"予遂起改悔心，生悲悯念，身自踊跃，诣世尊前，具陈往昔报应之理。世尊答言："善哉！汝于向来，孝家忠国，作大饶益，又复悯世，生护持心。因果未周，仇敌相争，以人我想，肆兴残忍，迁怒于物，业债当偿。今复自悔，欲求解脱。汝于此时，复有前生冤亲之想，与夫嗔恚愚痴念否？"予闻至理，心地开明，内外磬然，如虚空住，无人无我，诸念顿息。自顾其身，随念消灭，得灌顶智，得大辨才，得神通力。

明帝感梦

《佛祖统纪》云：后汉明皇帝，永平七年，帝梦金人，身长丈六，黄金色，项佩日月光，变化无常，飞行殿庭。旦问群臣，以占所梦。太史傅毅奏曰："臣闻周昭王之时，西域有神，其名曰佛。陛下所梦，将必是乎？"帝以为然，即遣中郎将蔡愔、秦景，博士王遵等一十八人，往使西域，寻访佛法。蔡愔等于彼中天竺大月氏国，遇见摩腾、竺法兰，得佛图像、梵本经，以白马驮经，还于洛邑。明帝甚加赏接，馆于鸿胪寺。腾、兰以沙门服谒见，帝问摩腾曰："佛出世后，何以化不及此？"腾曰："天竺迦毗罗卫国者，三千大千世界，百亿日月之中，三世诸佛皆于此出。天人龙鬼有愿力者，皆生于彼，受化悟道。余处佛虽不往，然光相及处，或五百年，或一千年后，皆有圣人传佛声教，而往化之。"帝大悦，敕洛阳城西雍门外，立白马寺以居之，是汉地伽蓝之始也。摩腾始译佛经《四十二章》。

比法焚经

《佛道论衡》云：汉永平十四年正月一日，五岳诸山道士褚善信等上表，请与西域佛道角试优劣。敕尚书令宋庠，以正月十五日大集白马寺，帝设行殿。于寺南门立三坛，道士于东坛，置经子符箓；摩腾于道西置坛，安经像舍利；中坛奉馔食，奠祀百神。道士绕坛泣曰："主上信邪，玄风失绪。敢延经箓于坛，以火取验。"即纵火焚经，悉成灰烬。道士相顾愧赧，将欲升天隐形者，无力可能；禁敕鬼神者，呼策不应。及焚佛经，光明五色，直上虚空，盘旋如盖，遍覆大众，映蔽日光。摩腾法师涌身虚空，广现神变。于时天雨宝花，天乐嘹亮，大众咸悦，叹未曾有，皆绕法师，请说法要。法兰出大梵音，叹佛功德，说善恶诸业皆有果报，六道三乘诸相不一，以说出家功德，造立佛寺，同焚福量。太傅张衍谓道士曰："卿等无验，宜从佛教。"道士吕惠通等，并求出家，帝可之。

汉书论佛

《广弘明集》云：引《后汉书·郊祀志》曰："佛者，汉言觉也。将以觉悟群生也。统其教，以修善慈心为主。不杀生类，专务清净。精进者为沙门，汉言息心，剔发去家，绝情洗欲，而于无为也。又以人死精神不灭，随后受形。所行善恶，后生皆有报应。所贵行善，以炼其精神。炼而不已，以至于无生，而得为佛也。佛身长一丈六尺，紫磨黄金色，项中佩日月光，变化无常，无所不入，故能化通万物，而大济群生也。有经书数千卷，以虚无为宗，包罗精粗，无所不统。善为宏阔胜大之言，所求在一体之内，所明在视听之表，归依玄微深远，难得而测。故王公大人观生死报应之际，无不懅然自失也。"又《魏书》云："其佛经大抵言生生之类，皆因行业而起，有过去、当今、未来三世也。其修道阶次，等级非一，皆缘浅以及深，藉微以为著。率在于积仁，顺蠲嗜欲，习虚静而成通照也。"

北京順天府宛平縣
萬佛寺二茶和尚
信官道爺魏紹芳
比丘洪文全刊施

邦亭度蟒

《高僧传》云：汉安息国沙门安清，字世高，本世子当嗣位，让叔父出家。聪敏好学，外国典籍无不综达。既而游方，遍历诸国。以汉桓帝建和四年，至洛阳。值灵帝末，关洛扰乱。因附舟至庐山，度昔同学，达邦亭湖。庙神灵甚，能分风送往来之舟。会舣舟奉牲请福，神降语曰："舟有沙门可上来。"高至，神曰："吾昔与汝俱出家学道，吾好施，性多嗔，今为庙神。周回千里，皆吾所辖，报形极丑，旦夕且死，必入地狱。吾有绢匹并杂宝物，可为代我造塔建寺，使我生善处。"高曰："何不出形？"神曰："形甚丑异，众人必惧。"高曰："但出。"神从帐中出头，乃是大蟒，不知尾之长短。至高膝边，高出梵音，赞呗咒愿，蟒悲泪如雨。高即取绢匹宝物辞别，神即过命。暮有一少年，上船长跪高前，受其咒愿。神报曰："得离恶形，生善处已。"后人于山西泽中，见一死蟒，头尾数里。高至豫章，建大安寺。

牟子理惑

《弘明集》云：汉牟子隐居，锐志佛道，著《理惑篇》。或问曰："何谓为佛？"牟子曰："佛者，觉也。犹言三皇神也，五帝圣也。"问曰："佛道至尊至大，尧舜周孔曷不修之乎？六经之中，不见其辞。子既耽诗书，悦礼乐，奚为复好佛道，彼岂能喻经传美圣业哉？"牟子曰："书不必孔子之言，药不必扁鹊之方。合义者从，愈病者良。君子博取众善，以辅其身。子贡曰：'夫子何常师之有乎？'尧事君畴，舜事务成，旦学吕望，孔子学老聃，亦俱不见于六经也。四师虽圣，比之于佛，犹鸟兽之于麟凤也。而尧舜周孔且犹与之，况佛之智？见穷诸法原奥，焉舍而不学乎？"问曰："佛道至尊，无为淡泊。世人多讥毁云：'其说廓落难用，虚无难信。'何也？"牟子曰："至味不合于众口，大音不比于众耳。韩非以管窥之见而谤尧舜，接舆以毫厘之分而刺仲尼，皆耽小而忽大者也。听者之不聪，视者之不明矣。"

康僧舍利

《出三藏记》云：吴康僧会，先康居国人。父因商贾，移于交阯。二亲并亡，既而出家。笃志好学，明练三藏。赤乌四年，至建业营立茅茨，设像行道。有司奏曰："有胡人入境，自称沙门，事应验察。"权曰："昔汉明帝梦神，号称为佛，岂其遗风耶?"问曰："佛有何验?"会曰："佛晦灵迹，忽逾千载，遗骨舍利，神曜无方。"权曰："若得舍利，当为起塔；如其虚妄，国有常刑。"会请期七日，洁斋静室，以铜瓶加几，烧香礼请。至三七日五更，忽闻瓶中铿然有声。会自往视，果获舍利。明旦呈权，举朝集观。五色光焰，照曜瓶上。权手自执瓶，泻于铜盘。舍利所冲，盘即破碎。权肃然惊起曰："希有之瑞也。"会进曰："如来舍利威神，岂直光相而已。乃劫烧之火不能焚，金刚之杵不能碎。"权取铁砧碓上，使力士击之。砧棰并陷，舍利无损。权大嗟服，即为建塔。始有佛寺，故曰建初寺。由是江左，大法遂兴。

三教优劣

《佛道论衡》云：吴主孙权，问尚书令阚泽曰："汉明以来，佛教入汉既久，何缘始至江东？"泽曰："佛法初来，五岳道士与摩腾角力。道士不如，费叔才等自感而死。门徒归葬南岳，不预出家，无人流布。后遭汉政陵迟，兵戎不息，经今多载，始得兴行。"问曰："孔丘、老子得与佛教比对否？"泽曰："臣闻鲁孔丘者，英才诞秀，圣德不群，世号素王，制述经典，训导周道，教化来叶，师儒之风，泽润古今。亦有逸民，如许成子、原阳子、庄子、老子等，百家子书，皆修身自玩，放畅山谷，纵汰其心，学归淡泊，事乖人伦长幼之节，亦非安俗化物之风。至汉景帝，以黄子老子义体尤深，改子为经，始立道学，敕令朝野悉讽诵焉。若将孔、老二教比于佛法，远则远矣。所以然者，孔、老二教，法天制用，不敢违天；诸佛设教，天法奉行，不敢违佛。以此言之，实非比对明矣。"吴主大悦，以泽为太子太傅。

善恶报应

《出三藏记》云：吴主孙皓昏虐，欲燔塔庙。群臣佥谏："佛之威力，不同余神。康会感瑞，大皇创寺。今若轻毁，恐贻后悔。"皓遣张昱诘会，会剉其辞。皓召会问曰："佛教所明，善恶报应？"会曰："明主以仁德治天下，则赤乌翔、醴泉涌、嘉禾出。善既有应，恶亦如之。为恶于隐，鬼得而诛之；为恶于显，人得而诛之。《易》称'积恶余殃'，《诗》咏'求福不回'。"皓曰："周孔既明，安用佛教？"会曰："周孔虽言，略示显近。至于佛教，则备极幽远。行恶则有地狱长苦，修善则有天宫永乐。"皓无以酬。他日宿卫兵治园得金像，皓曰："今是四月八日，将屎尿浴佛以为笑乐。"未暮，阴处肿痛。卜曰："言犯大神。"祷祀诸庙，而苦痛弥剧。宫人曰："陛下就佛求福否？"皓曰："佛神大耶？"宫人答曰："佛为大圣，天神所尊。"皓心遂悟，即迎像置殿上，香汤洗数十遍，烧香忏悔。少顷，所痛即愈。请会说法，及受五戒，重修塔寺。

鄮山舍利

《佛祖统纪》云：晋刘萨诃，并州人也。生在畋家，屠猎为业，专怀杀害，全不奉法。因病暴卒，二人引向西北，行至一地狱，见金色圣人，左右言是观世音菩萨，谓诃曰："汝杀生罪重，应入地狱受苦。念汝无知，且放汝还。今洛阳齐城、丹阳、会稽并有阿育王塔，并吴中二石佛像皆阿育王所造。汝往礼拜，得免先罪，不堕地狱。"既苏，改革前习，于安仁寺出家，改名慧达。即往丹阳，顶礼长干宝塔，感舍利放光。复至会稽山泽，处处寻觅，至鄮县乌石山，夜闻地下钟声。越三日，忽有宝塔从地涌出，灵塔相状青色，似石而非石，高一尺四寸、广七寸，五层露盘，四周天全，中悬宝罄，安佛舍利。绕塔身上，并是诸佛、菩萨、圣僧、金刚护法诸神等像，状极微细。瞬目注睛，乃有百千像现，面目手足咸具备焉。可谓神功圣迹，非人智所及也。凡求现者，莫不目睹舍利，出现于塔内。

耆域治病

《神僧传》云：晋僧耆域，天竺人也。自发天竺至于扶南，经诸海滨，爰及交广，并有灵异。既达襄阳，欲渡过江。船人见梵僧衣服破弊，竟不肯载。船至北岸，域亦已渡。前行见两虎，虎弭耳掉尾。域以手摩其头，虎下道而去。时衡阳太守滕永文，在洛寄住满水寺，两脚挛屈，不能起行。域往视之，即以杨枝拂水，诵咒三遍，以手搦膝，即时起行。寺中有枯树数株，域即向树咒之，树即荣茂开花。有人病症将死，域以钵着病人腹上，白布通覆之，咒愿数遍，病人即活。洛阳兵乱，辞还天竺。洛中沙门数百人，各请域饮食，域皆许往。明旦五百舍皆有一域，始谓独过，未相雠问，方知分身赴矣。既行，诸僧送至河南城。域徐行，追者不及。域乃以杖画地曰："于斯别矣。"其日有从长安来者，见域在彼寺中。后有贾客胡湿登，谓于是日将暮，逢域于流沙，计已九千余里矣。

图澄神异

《法苑珠林》云：西晋佛图澄，西域人也。左胁旁有一孔，围四五寸，以帛塞之。斋日就水边，抽肠胃出洗已，纳孔中。夜则除帛读书，光照一室。读书虽未通群籍，与诸学士辄辩折无滞。永嘉中，游洛阳。时石勒屯兵河北，以杀戮为威，道俗遇害甚众。澄造军门，预定吉凶。勒见每拜，澄化令奉佛，减虐省刑。凡应被诛残，蒙其利益，十有八九。勒与刘曜相拒，以问澄。澄曰："可生擒耳。"后果获之。时石葱叛，澄诫勒曰："今年葱中有虫，食必害人，可令百姓无食葱也。"勒颁境内，慎无食葱，后石葱果走。勒益加尊重，有事必谘而后行，号大和尚。建平四年四月八日，勒至寺浴佛，微风吹铃有声。澄谓众曰："铃音云国有大丧，不出今年。"至七月，勒死。石虎即位，奉澄过勒。澄告弟子曰："祸将作矣。及期未至，吾且过死。"虎死，遂有冉闵之乱。澄死之日，商者见澄，过流沙而去。

道进忠直

《法苑珠林》云：西晋沙门道进，乃佛图澄弟子，学通内外，为石虎所重。尝与道进谈论，及言隐士事。虎为道进曰："有杨轲者，朕之民也，遣使征之，十有余年，不恭王命。朕躬亲往省视，傲然而卧。朕虽不德，君临万邦，乘舆所向，天沸地涌。虽不能令木石屈膝，何匹夫而长傲耶？昔太公之齐，先诛华士。太公贤哲，岂其谬乎？"道进对曰："昔舜优蒲衣，禹造伯成，魏轼干木，汉美周党，管宁不应曹氏，皇甫不屈晋世。二圣四君，共嘉真节，将欲激励贪竞，以峻清风。愿陛下遵舜禹之德，勿效太公用刑。君举必书，岂可令史遂无隐遁传乎？"虎悦其言，即遣轲还其所止，差十家供给之。进还，以白澄。澄曰："汝言善也。但轲命有悬矣。"后秦州兵乱，轲弟子以牛负轲西奔，遂为所害。虎昼寝，梦见群羊负鱼，从东北来。寤以访进，进曰："不祥也。鲜卑其中原乎？"慕容氏后果都之。

浮江石像

《法苑珠林》云：西晋愍帝建兴元年，吴郡吴县松江沪渎口，渔人遥见海中有二人浮游水上，渔人莫能就视，疑为海神，延巫师以迎之，风涛弥盛，骇惧而返。复有奉道黄老之徒，谓是天师，复共往迎。云雾昏曀，风浪如初。后有吴县奉佛居士朱膺闻之，叹曰："将非大觉之垂降乎？"乃洁斋，共东灵寺帛尼，及信奉佛者数人，共往渎口，稽首迎像。于是云开日朗，风霁波静。浮江二人，随潮入浦，渐近渐现，乃知石像。将欲捧接，人力未展，聊试捧接，其轻如羽。即便舆还通玄寺，香汤灌洗，质坚贞固，光彩鲜明。其像背铭曰：一名维卫，二名迦叶。莫测年代，而书迹分明。像高七尺。以事表闻朝廷，士庶归心者十室而九。有沙门法开，来自西域，称说："东方有二石像，乃阿育王所造。若有供养礼觐者，得无量福德，能除无量重罪积业。"齐武皇帝，重建寺宇，壮美庄严。

支遁诫勗

《高僧传》云：晋支遁，字道林，心境忘怀，业精般若。时谢安、王羲之与之厚善，谢安尝书抵遁："思君日积，比辰尤甚，知欲还剡自治，为之怆然。人生如寄尔，自顷风流得意事，殆磨灭都尽。虽终日戚戚，迟君一来，以晤言消遣之，一日千载也。"当时名士郗超、孙绰、恒彦表、王敬仁、何充之、袁彦伯，并与结方外交友，天下想见其标致也。后投迹越之剡山小岭，立寺行道，众僧禀学。时有惰者，遁著铭以勗之曰："勤之勤之，至道非孜。奚为淹滞，弱丧神奇。茫茫三界，渺渺长羁。烦劳外湊，冥心内驰。殉赴饮渴，缅邈忘疲。人生一世，涓若露垂。我身非我，云云谁施？达人怀德，知安必危。寂寥清举，洁累禅池。谨守明禁，雅说玄规。绥心神道，抗志无为。寮朗三蔽，融治六疵。空洞五阴，虚豁四支。非指喻指，绝而莫离。妙觉既陈，又玄其知。婉转平任，与物推移。过此以往，勿思勿议。"

道安远识

《感通录》云：晋释道安，姓卫氏，家世为儒，貌甚寝陋。事佛图澄为弟子，澄与语终日无歇。门人问曰："和尚道化既广，当与先辈宿德通言，安非众望而与语终日？"澄曰："此人有远识，非尔所知。"及澄亡，安与徒属千余，逃难王屋濩泽诸山，食木饮涧。南渡河，趋汉阴，夜行值雷雨，乘电光，过人家，安唤林百升。主人惊出曰："何得知名？"安曰："卿门柳中挂一篼，可容一斛，非百升耶？两木夹之，非林如何？"既达襄阳，时习凿齿，锋辨天逸，笼罩当时。其先籍安高名，及闻至止，即往修造。既坐，称言："四海习凿齿。"安曰："弥天释道安。"时人以为名答。然安手臂上有肉钏，捋可上下而不出腕，时俗号为"印手菩萨"。罗什在龟兹，亦遥礼焉。既达荆襄，大行道化，分众四出，所在流法。夜有异僧，寄宿讲堂，窗隙出入。守者告安，安往礼曰："自顾罪重如何？"临顾僧曰："君殊无罪，当生兜率。"

法开医术

《高僧传》云：晋释于法开，不知何许人也。深思孤发，独见言表。善《放光般若》，研精《法华》。又祖述耆婆，妙通医法。开尝乞食，投主（按："主"，原作"立"，据文意改）人家。值妇人坐草危急，众治不验，举家惶挠。主人宰羊，欲为祭祀。开曰："此易治耳。"令先取少肉为羹，开咒愿之，令妇食竟，因气针之，须臾羊膜裹儿而出。孝宗有疾，开视脉知不起，不肯复入。康献后令曰："帝小不佳，昨呼开公视脉，但到门不前，种种辞惮，宜收付廷尉。"俄而帝崩，获免，还剡石城。每与道林争即色空义，庐江何默申明开难，高平郗超宣述林解，并传于世。至哀帝时，累被征诏，乃出京城，讲《放光般若经》。凡旧学怀疑，莫不因之解释，讲竟辞还。帝恋德殷勤，赈施钱绢，及步舆并冬夏之服。谢安、王文度，悉皆友善。或问法师："高明刚简，何以医术经怀？"答曰："明六度以除四魔之病，调九候以疗风寒之疾。自利利人，不亦可乎？"

昙猷度蟒

《高僧传》云：晋释昙猷，或云道猷，少苦行，习禅定。初止剡之石城山，乞食坐禅。尝行到一蛊家乞食，猷咒愿竟，忽见蜈蚣从食中跳出，猷快食无他恙。后移赤城山石室坐禅，有猛虎数十，蹲在猷前。猷诵经，一虎独睡。猷以如意扣虎头："何不听经？"俄而群虎皆去。少顷，壮蛇竞出，身大十围，循环往复，举头向猷，经半日复去。后一日，神出现形，语猷曰："法师威德既重，来止此山，弟子辄推室以相奉。"猷曰："贫道寻山，愿得相值，何不共住？"神曰："弟子无为不尔，但部属未洽法化，卒难制御。远人来往，或相侵损。人神道异，是以去耳。"猷曰："汝是何神？居之久近？欲移何处去耶？"神曰："弟子夏帝之子，居于此山二千余年。韩石山是家舅所治，当往彼山。"寻还山阴庙。临别执手赠猷香三奁，于是鸣鞞吹角，凌云而去。禅学造者，十有余人。王羲之登山参学，致敬尽礼。

慧永伏虎

《高僧传》云：晋释慧永，姓郗，河内人。贞素自然，清心克己。言常含笑，语不伤人。耽好经典，善于讲说。蔬食布衣，率以终岁。与慧远共期，结屋庐山之西林。又别立茅室于山上，每欲思禅，辄往居焉。时有至房者，并闻殊香之气。屋中常有一虎，人或畏者，辄驱令上山，人去后还循伏。永尝出邑，薄晚还山。至乌桥，营主醉，骑马当道，遮永不听去。日时向晚，永以杖遥指马，马即惊走，营主倒地。永捧慰还营，因尔致疾。明晨往寺，向永悔过。永曰："非贫道本意，恐戒神所为耳。"白黑闻知，归心者众。镇南将军何无忌镇浔阳，爰集虎溪，请永与慧远。永衲衣草屦，执杖持钵，而神气自若，清散无矜。众咸（按："咸"，原作"戒"，据文意改）重其贞素高行，自执卑恭以希冥福。厉行精苦，愿生西方。遇疾危笃，而专诵戒律，执志愈勤。虽沉痾怀苦，颜色怡悦。未尽少时，合掌求屦。众咸惊问，答云："佛来。"言终而卒。

虎溪三笑

《高僧传》云：晋释慧远，博综六经，尤善庄老，性度弘伟，风鉴朗拔。闻道安法师讲《般若经》，豁然而悟，叹曰："儒道九流，皆糟糠耳。"既入乎道，厉然不群。常欲总摄纲维，以大法为己任。安公叹曰："使道流东国，其在远乎！"远届浔阳，见庐峰清净，足以息心，始住精舍。去水甚远，以杖扣地曰："若此处可居，当使涌泉。"言毕，清流涌出，因号精舍为"龙泉"。时慧永居西林，要远同止。永与刺史桓伊曰："远公方当弘道，贫道所栖褊狭。"桓乃更立房宇为东林，遂率众行道，清信之士，望风云集。刘遗民、雷次宗等，弃世遗荣，依远游止。远于佛前，建斋立誓，共期西方。推交辞之潜沦，悟无常之期切；审三报之相催，知险趣之难拔。此其同志诸贤，所以夕惕宵勤，仰思攸济。自是三十余年，影不出山，迹不入俗。每送客以虎溪为界，一日送陶渊明、陆修静，谈吐不觉过溪，三（按："三"，原作"一"，据文意改）人大笑。

罗什译经

《高僧传》云：苻坚建元丁亥，太史奏云：“有星现外国分野，当有大德智人，入辅中国。”坚遣吕光求之，谓曰：“帝王应天而治，以子爱苍生为本，岂贪其地伐之，正以怀道之人？朕闻西域有鸠摩罗什，深解法相，善闲阴阳，朕甚思之，贤哲者国之大宝。”光既获什，与共俱还，苻坚已亡。及姚苌僭关中，亦挹其高名，虚心要请。及苌卒，子兴袭位，复敦请迎什至长安。兴待以国师之礼，甚见优宠。什谙晓汉音，披览旧经，义多纰僻，不与梵本相应。使沙门僧叡、僧肇等八百余人，新译经论三百九十余卷，并畅显神源，发挥幽致。什未终少日，觉四大不宁，转觉危殆。于是与众僧告别曰：“因法相遇，殊未尽心。方复后世，恻怆何言。愿凡所宣译，传流后世，咸共流通。今于众前，发诚实誓，若所传无谬者，当使焚身之后，舌不焦烂。”遂卒。依外国法，以火焚尸，薪灭形碎，惟舌不灰。

道融掎法

《法苑珠林》云：晋西域有一婆罗门，聪明多学，西土俗书，罕不披诵。闻什在关，大行佛法，遂乘驼负书，来入长安。启姚兴曰："至道无方，各尊其事。今请与秦僧，掎其辩力。随有优者，即传其化。"兴即许焉。时关中僧众，相视缺然，莫敢当者。罗什谓道融曰："此外道聪明殊人，掎言必胜，使无上大道，在吾徒而屈，良可悲矣。若使外道得志，则法轮摧轴，岂可然乎？如吾所睹，在君一人。"融自顾才力不减，而外道经书未尽披读，乃密令人写婆罗门所持经目，一披即诵。后克日论议，姚兴与公卿会关中僧众，四远必集。融与婆罗门拟相酬抗，锋辩飞玄，彼所不及。婆罗门自知辞理已屈，犹以广读为本。融乃列其所读书，并秦地经史名目卷部，二倍多之。罗什因嘲之曰："君不闻大秦广学，那忽轻尔？"远来婆罗门，心愧悔伏，顶礼融足，潜地而去。像运再兴，融之力也。

竖石点头

《神僧传》云：宋沙门竺道生，年在志学，便登讲席，吐纳问辩，辞清珠玉。虽宿望学僧，当时名士，皆虑挫词穷，莫敢酬抗。年至具戒，器鉴日深，文皇帝深加叹重。后设会，帝亲同众御于地筵，下食良久，众咸宜日晚。帝曰："始可中耳。"生曰："白日丽天，天言始中，何得非中？"遂取钵食。于是一众从之，莫不叹其枢机得衷。时《涅槃》后品未至，生曰："阐提皆当成佛，此经来未尽耳。"于是旧学法师，诬生为邪说，摈而遣之。生白众誓曰："若我所说，不合经义，请于现身，即见恶报。若实契佛心，愿舍寿时，据狮子座。"遂往吴郡虎丘寺，竖石为徒，讲《涅槃经》，至"阐提有佛性"处，曰："如我所说，契佛心否？"群石皆点头。之后《涅槃》大经至于南京，果称"阐提悉有佛性"，与生所说，合若符契。生既获斯经，寻即讲说。后于庐山，升于法座，讲《涅槃经》毕，忽见麈尾而坠，端坐正容而卒。

木杯渡水

《高僧传》云：宋释杯渡，不知俗姓名字，常乘木杯渡水，因而得名。初见在冀州，不修细行，神力卓越，世莫能测。尝寄宿一家，家有金像，度窃将去。主家觉而追之，见度徐行，走马逐之不及。至孟津河，浮木杯于水，凭之渡河，无假风棹，轻疾如飞，俄而度岸。度带索蓝缕，殆不蔽身，言语出没，喜怒不均。或著屐上山，或严冰扣而洗浴，或徒行入市，惟荷一芦圌子，更无余物。乍住延贤寺法意道人处，意以别房待之。后往瓜洲，步就航人告渡，不肯载之。复累足杯中，顾盼吟咏，杯自然流，直至北岸。向广陵村舍，李家设斋，先不相识，乃直入斋堂而坐。置芦圌于中庭，众以其形陋，无恭敬心。李见芦圌当道，欲移置墙边，数人举不能动。度食竟，提之而去，笑曰："四天王福于李家。"于时有一童子，窥其圌中，见四小儿，并长数寸，面目端正，衣裳鲜洁。于是追觅，不知所在。

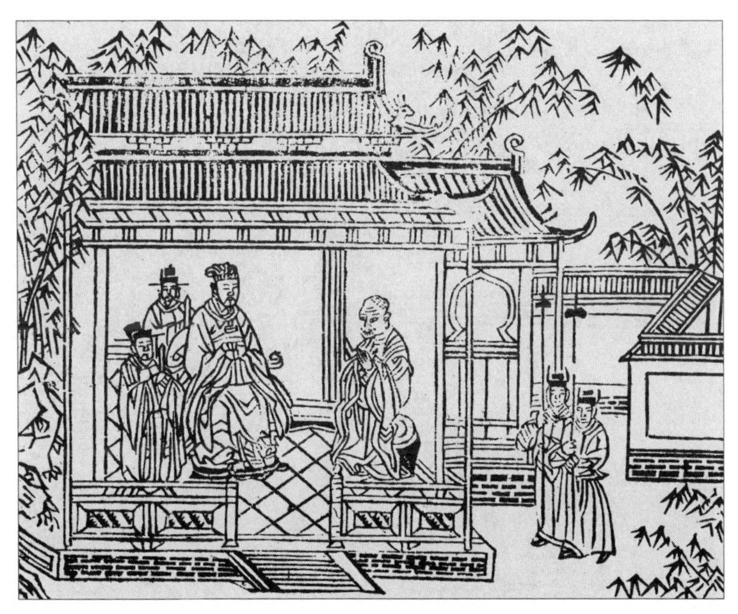

文帝问法

《法苑珠林》云：宋释有求那跋摩，罽宾国刹帝利种，机辩隽达，深有远度，仁爱泛博，崇德务善。以元嘉八年正月，达于建业。有司引见，帝问曰："寡人常欲持斋不杀，以身应物，不获从志。法师既不远万里，来化此国，将何以教之？"跋摩答曰："夫道在心不在事，法由己非由人。且帝王所修，与匹夫各异。匹夫身贱名劣，言令不威，若不克己苦躬，将何为用？帝王以四海为家，万民为子。出一嘉言，则士庶咸悦；布一善政，则人神以和。形不夭命，役不劳力，则使风雨适时，寒暖应节，百谷滋繁，桑麻郁茂。如此持斋，斋亦大矣。持不杀戒，利亦多矣。宁在辍半日之餐，全一禽之命，然后为弘济耶？"帝抚几叹曰："夫俗人迷于远理，沙门滞于近教。迷远理者，谓至道虚说；滞近教者，则拘挛篇章。至如法师所言，真谓开悟明达，可与言论天人之际。"有司供给隆厚，举国宗奉。

文帝论法

《弘明集》云：宋文帝谓侍中何尚之曰："朕少不读经，今复无暇，三世因果，未辨厝怀。宗炳《难白黑论》，明佛法汪汪，无为名理，并足开奖人意。若使率土之滨，皆纯此化，则朕坐致太平矣。"尚之对曰："慧远法师云：'释氏之化，无所不可。适道因自，教原济俗，亦为要务。'窃寻此说，有契理奥。若使百家之乡，十人持五戒，则十人淳谨；千室之邑，百人修十善，则百家和厚。传此风训，以遍宇内。编户千万，则仁人千万，此举戒善之全具者。夫能行一善，则去一恶；一恶既去，则息一刑；则一刑息于家，则万刑息于国。陛下所谓坐致太平，诚如圣旨。"羊玄保进曰："此谈盖天人之际，岂臣所宜预？窃恐秦楚论强兵之术，孙吴尽吞并之计，将无取于此耶。"帝曰："此非战国之具，良如卿言。"尚之曰："夫礼隐逸，则战士怠；贵仁德，则兵气衰。若以孙吴为志，苟在吞并，亦无取尧舜之道。"

梦中易首

《高僧传》云：宋释求那跋陀罗，中天竺人，以大乘学，世号摩诃衍。幼学五明诸论，天文书算，医方咒术，靡不该博。为人慈和恭恪，事师尽礼，欲弘正法，任缘游化。到师子诸国，皆传送资供。既有缘东方，乃随舶泛海，中途风止，淡水复竭，举舶忧惶。跋陀曰："可同心并力称念观世音菩萨，何往不感？"乃密诵咒经，恳祷礼忏。俄而信风暴至，密云降雨，一舶蒙济。至广州，刺史车朗表闻太祖，遣使迎接至京都，敕名僧慧严、慧观慰，胜见其神清朗彻，莫不虔仰。时谯王欲请讲《华严》等经，而跋陀自忖："未善宋言，有怀愧叹。"即旦夕礼忏，请观世音，乞求冥应。遂梦有人，白衣持剑，擎一人头来，至其前曰："何故忧耶？"跋陀具以事对，答曰："无以多忧。"即以剑易首，更安新头，语令回转，曰："得无痛耶？"答曰："不痛。"豁然便觉，心神喜悦。旦起，语义皆通，备晓宋言。于是开讲，大弘佛法。

僧亮取铜

《法苑珠林》云：宋释僧亮，志操刚烈，戒德坚净，愿造丈六无量寿佛像。功用既大，积年不办。至刺史张部所，告以事源，请船数只，壮士百人，至湘州镅溪山庙取铜。张曰："此山庙神灵显，犯者辄死。且蛮人守护，恐此难获。"亮曰："福与君共，死则自当。"张给人船。神已预知，风震云冥。俄而亮到，雾散日明。至于庙前，有二大铜镬，见一大蛇，从镬而出，昂头断道。从者百人，悉皆退散。亮乃振锡告蛇曰："汝前世罪业，故受蟒身。不闻三宝，何由自拔？吾铸丈六无量寿佛像，闻此饶铜，远来相诣，幸可开路，使我得前。"蛇乃看亮，回头而去。亮率众人，捷取铜器，满船而还。守庙之人，莫敢拒护。亮还都，铸像功毕，佛表端严，威光伟曜，造像灵异不可具述。亮忽一日，见一神人，衣冠华丽，诣前稽首曰："吾乃湘州镅溪山庙之神，蒙师造像功德，今得解脱。特来致谢，求受三归五戒。"

剑斫不伤

《高僧传》云：魏拓跋焘克长安，檀威关洛。有崔皓，少习左道，猜嫉释教，既位居伪辅，焘所仗信。乃与天师寇氏，说焘以佛化无益，有损民利，劝令废之。焘惑其言，遂毁灭佛法，分遣军兵，烧毁寺舍，统内僧尼悉令罢道。其有窜逸者，皆遣人追捕，得必枭斩。一境之内，无有僧尼。沙门昙始，尝于山泽修其苦行，山谷深远，军兵不到。始知跋焘残害僧尼，杖锡到王宫门。有司奏云："有一僧人，从门而入。"焘令依军法，屡斩不伤，遽以白焘。焘大怒，自以利剑斫之，体无所伤。时北园养虎于槛，焘令以始喂之，虎皆潜伏，终不敢起。试以天师近槛，虎辄鸣吼。焘始知佛法尊高，黄老所不能及。即延始上殿，顶礼悔其失信。始为说法，明辨因果。焘大生愧惧，遂感励疾，崔、寇二人次发恶病。焘以过由于彼，于是诛剪二家门族都尽。俄而焘卒，孙濬袭位，笃信三宝，重兴释教。

采乳遇难

《法苑珠林》云：秦沙门道冏，姓马氏，扶风人。弘始十八年，师道懿遣至河南霍山采钟乳，与同学道朗等四人共行。持火探穴，入可三里，遇一深流，横木而过。冏最先济，后三人坠木而死。时火又灭，冥然昏暗，冏生念已尽，恸哭而已。遂一心呼观世音菩萨，发大誓愿："若蒙出路，设观音会，报答洪恩。"忽见其小光，状若萤火，倏忽之间，穴中尽明，于是见路，得出岩穴。由此信悟弥深，进修道业，节行坚贞，屡睹灵异。其年九月，于房中建观音斋十日，已得九日。夜四更尽，众僧皆眠，冏起礼拜观音。忽见四壁有无数沙门，悉现半身，见阿弥陀佛，端严相好，了了分明。有一长人，著平上帻，笺布袴褶，手把长刀，貌极雄异，捻香授与道冏。冏时不肯受，壁中沙门语云："冏公可为受香。"俄而霍然，无所复见。当尔之时，在会之僧皆无所见。道冏竭诚顶礼，倍增信悟。

宝志事迹

《法苑珠林》云：梁宝志，宋太始初，忽如僻异，居止无定，饮食无时，发长数寸，常行街巷，执一锡杖，头挂剪刀及镜，或时挂绢。齐建元中，稍见异迹，数日不食，亦无饥色。与人言语，始若难晓，后皆效验。时或赋诗，言如谶记。京都士庶，皆共事之。齐武帝谓其惑众，收住建康。既旦，人见其入市，还检狱中，志犹在焉。或盛冬袒行，或分身三处。及梁武即位，诏曰："志公迹拘尘垢，神游冥寂，水火不能燋濡，蛇虎不能侵惧。语其佛理，则声闻以上；谈其隐沦，则高胜遁仙。岂得以俗士常情，空相拘制，何其鄙狭一至于此？自今行来，随意出入，勿得复禁。"志自多出入禁内。帝问志云："弟子烦惑未除，何以治之？"答曰："以十二因缘，治其惑病也。"又问："十二之旨云何？"答曰："在于十二时中，行住坐卧，语默动静观照，妄念毋起，自然得大安乐，得大解脱。"乃作十二时歌以警之。

舍道奉佛

《佛道论衡》云：梁武皇帝下诏《舍道文》曰："伏见经云：'发菩萨心者，即是佛心。'其余散善，不得为喻。能使众生，出三界之苦门，入无为之胜路。故如来漏尽，智凝成觉，至道通机，德圆最圣。发慧炬以照迷，镜法流以澄垢。启瑞迹于中天，烁灵仪于外像。度群迷于欲海，引含识于涅槃。登常乐之高山，出爱河之深际。言乖四句，语绝百非。应迹娑婆，王宫诞相。步三界而为尊，普大千而流照。但以机心浅薄，好生厌怠，遂乃湛说圆（按："圆"，原作"间"，据文意改）常，亦复潜辉鹤树。阇王灭罪，婆薮除殃。若不逢值大圣法王，谁能救接？在迹虽隐，其道无亏。弟子比经迷荒，耽事老子，历叶相承，染此邪法。习因散善，弃迷知返，今舍旧医，归凭正觉。愿使未来生世，童真出家，广弘经教，化度含识，同共成佛。宁在正法中，长沦恶道；不乐依老子教，暂得生天。涉大乘心，离二乘念，正愿诸佛证明，菩萨摄受。"

梁皇忏法

《梁皇忏法传》云：梁武皇帝皇后郗氏崩后，帝常追悼之。昼则忽忽不乐，夜则耿耿不寐。居寝殿，闻外有骚窣之声，视之乃见一蟒，盘躃殿上，睒睛呀口，以向于帝。帝大惊骇，无所逃遁，不得已蹶然而起，谓蛇曰：“朕宫殿严警，非尔蛇类所生之处。必其妖孽，欲祟朕耶！”蛇为人语，启帝曰：“蟒则昔之郗氏也。感帝平昔眷妾之厚，故托丑形，陈露于帝，祈一功德，以见济拔也。”帝闻之，呜呼感激。既而求蟒，遂不复见。帝明日大集沙门于殿庭，宣其由，问善之最，以赎其苦。志公对曰：“非礼佛忏涤悃款方可。”帝乃然其言，搜索佛经，录其名号，亲抒睿思，洒圣翰，撰悔文，共成十卷，皆采摭佛语，削去闲词，为其礼忏。一日，闻宫室内异香馥郁，良久转美，初不知所由来。帝因仰视，乃见一天人，容仪端丽，谓帝曰：“此则蟒后身也。蒙帝功德，已得生忉利天。”言讫不见矣。

水陆缘起

《佛祖统纪》云：梁天监二年，帝梦神僧告曰："六道四生，受苦无量。何不作水陆大斋，以拔济之?"帝以问诸沙门，无知之者。唯志公劝帝，广寻经论，必有因缘。帝即遣迎《大藏经》，置重云殿。帝积日披览，创制仪文，三年而后成，乃建道场。于夜分时，亲捧仪文，跪于佛前，悉停灯烛，而发誓言："若此仪文，理协圣凡，愿拜起灯烛自明。或体式未详，灯暗如故。"言讫一礼，灯烛皆明；再礼，宫殿震动；三礼，天雨宝花。天监四年二月十五日，就金山寺，命诸沙门依式修设水陆大斋三昼夜，普济群灵。帝亲临法席，诏沙门僧佑律师宣文，大彰感应。周隋之际，此仪不行。至唐咸亨中，英禅师梦一人告曰："闻世有水陆大斋，可以利益幽品。其文大觉寺僧义济得之，愿师往求，如法修设。"师诣大觉，果得其文。遂于金山修斋已毕，复梦数十人前致谢曰："今蒙法力，皆得解脱。"

栴檀佛像

《法苑珠林》云：梁武皇帝天监元年正月八日，梦栴檀像入国。诏决胜将军郝骞、谢文华等八十人至天竺，具状祈请。舍卫国王曰："此中天正像，不可适边。"乃令三十二匠，更刻紫檀人图一相，卯时运手，至晚成就，相好具足。而像顶放光，面有微汗，并有异香。故《优填王经》云："真像既隐，次二像现，普为众生作大利益。"骞等负第二像，行数万里，备历艰难。又渡大海，冒涉风波，随浪至山，粮食又尽，所将人众，身多亡殁。逢诸猛兽，一心念佛，乃闻像后有甲胄声，又闻钟声。岩侧有僧，端坐树下。骞负像置其前，僧起礼像，骞等礼僧。僧授水令饮，并得饱满。僧曰："此像名三藐三佛陀金毗罗王，自从至彼，大作佛事。"语顷失之。尔夜，佥梦见神，晓共图像。至天监十年四月五日，骞等达于建康。帝与百僚迎还太极殿，建斋度人，大赦断杀。帝由此蔬食断欲，精修净行。

法藏缘起

《佛祖统纪》云：梁东阳傅大士，悯世人多故，不暇诵经，及不识字，乃建双林道场，创转轮藏以置经卷。发誓愿曰："登吾藏门者，生生不失人身。有能信心，推之一匝，则与诵经其功正等无异。"大士常戴道冠，穿儒履，披袈裟。大士遣使赍书，赠梁武帝曰："双林树下，当来解脱，善慧大士傅弘，敬白国王救世菩萨。今条上中下善，希能受持。其上善者，略以虚怀为本，不著为宗，亡相为因，涅槃为果。其中善者，略以持身为本，治国为宗，天上人间，果报安乐。其下善者，以护养众生，胜残去杀，普令百姓，俱禀六斋。"帝览，遣诏迎至京，居下定林寺。坐荫高松，卧依盘石，四澈六旬，天施甘露，恒流于地。帝于华林园重云殿，开般若题，独设一榻，拟与天旨对扬。及玉辇升殿，大士晏然而坐。宪司讥问，但云："法地无动。若动，则一切不安。"且知梁运将尽，救悯民灾，冀禳来祸。

天雨宝华

《续高僧传》云：梁释法云，姓周氏，义兴人。母吴氏，初产坐草，见云气满屋，因以名之。年在息慈，雅尚经术，于《妙法华》研精累思，品酌理义，始末照览，乃往幽岩。独讲斯典，竖石为人，松枝为拂，自唱自导，兼通难解。所以垂名梁代，诚绩有闻，而文疏稠叠，前后繁映。尝于光宅寺讲《法华经》，忽感天花，状如飞雪，满空而下。帝以亢阳问志公，志曰："云能致雨。"帝因请云讲《法华经》。至其泽普洽，雨即大霔。志公赞曰："善哉！微妙微妙矣。"仪同袁昂，家有常供养僧，日夜忏悔发愿，欲如云《法华》慧解等之。忽梦一僧曰："云法师灯明佛时，已讲此经，那可卒及也。"每于讲说，序正条源，群分名类，学徒海凑，四众盈堂。机辨若疾风，应变如行雨，讲经之妙，独步当时。每于讲次，有送钱物者，多获征应。齐中书周颙、瑯琊王融、彭城刘绘、东莞徐孝嗣等，一代名贵，并投莫逆之交。

梁皇受戒

《续高僧传》云：梁释慧约，留心方等，研精九部，荫益群品，救度众生。皇帝信无为道，发菩提心，以戒业精微，功德渊广，万善之本，众行所先。三果四向，缘此以成；十力三明，因兹而立。于禁中制造圆坛，将受戒法。且帝王师臣，大圣师友，遂古以来，斯道无坠。以约德高人世，道被幽冥，允膺阇梨之尊，属当智者之号。逡巡退让，情在固执，殷勤劝请，辞不获命。岁次己亥四月八日，帝发弘誓心，受菩萨戒，乃幸等觉殿，降彫玉舆，屈万乘之尊，申再三之敬，暂并衮服，恭受田衣，宣度净仪，曲尽诚肃。于时日月贞华，天地融朗，大赦天下，率土同庆。自是入朝，必设特座，上坐其侧，皇储已下，爰至王姬，士庶弟子，著录者四万八千人。尝受戒时，有一鹊、二孔雀驱斥不去，历阶而升，状若餐受。至说戒毕，然后飞腾，飞走似栖，自相驯伏。非夫仁泽潜化，孰能如此者乎？

礼忏除愆

《续高僧传》云：梁释法宠，姓冯氏，南阳人。遭世难，寓居海盐。少有绝俗之志，二亲爱而弗许，执志坚请，舍家服道。年三十八岁，正胜寺法愿道人善达樊、许之相术，谓宠曰："君年满四十当死，无可避处。唯有祈诚诸佛，忏悔先愆，得脱或可冀耳。"宠执镜自照验之，见面有黑气。于是货卖衣钵资物，诣市买香烛供馔，于光兴精舍，闭房礼忏，杜绝人事，昼忘食息，夜不解衣。迄年四十岁，暮之夕，忽觉两耳肿痛，弥生怖惧。其夜礼忏至四更，闻户外有人言曰："君死业已尽。"遽即开户，都无所见。明晨借问，佥言黑气都除，两耳后生骨。斯实忏荡之基，功不虚也。后忽感风疾，不能执捉，舒经格上，竭诚读诵，昼夜不休。赴诸法事，坐舆讲说，未疾礼佛，常以百拜为限。后以风疾，不能起居，独于床上，依时百过，俯仰虔敬，所忏所悔，广发誓愿，与本不异。后疾甚中，端坐而逝。

诵经延寿

《法苑珠林》云：梁钟山开善寺沙门智藏，俗姓顾氏，吴郡吴县人也。有一相师，善能占相，问其吉凶，百不失一。相师谓藏曰："法师聪明盖世，智慧锋锐，但恨年命不长，可至三十一矣。"时年二十有九。法师既闻斯语，于是讲解顿息，竭诚修道，发大誓愿，不出寺门。遂探经藏，得《金刚般若波罗蜜经》，受持读诵，毕命奉之。遂营净室，铺陈佛像，香汤洗浴，焚香诵经，礼佛忏悔，昼夜不辍。至厄暮之年，忽闻空中声曰："法师汝命三十一者，是报尽期。法师竭诚诵经有感，由《般若经》功德之力，得倍寿矣。"法师闻已，欢喜踊跃，出山至前相师处试问。相师惊起曰："何因尚在世也？前见短寿之相，今则无矣。"问："今得至几？"答曰："色相贵法，年六十有余。"藏曰："五十天命，已为不夭，况复过也。"相师语藏曰："比来修何功德，得寿命长？"藏具述前意告之。相师叹之，佛法有灵矣。

法聪伏虎

《法苑珠林》云：梁释法聪，卓然神正，性洁如玉，蔬藿是甘，无求滋馔。于襄阳伞盖山，结茅为室，栖心禅观。晋安王承风来问，将至禅室。马骑相从，无故却退。王惭而返，夜感恶梦。后更再往，马退如故。王乃洁斋，躬尽虔敬，方得进见。室内坐床两边，各有一虎，王不敢进。聪以手按虎头着地，闭其两目，召王令前，方得展礼。因告境内多被虎灾，请聪救援。聪即入定，须臾，有十七大虎来至。聪便与授三归戒，敕勿得犯暴百姓。又令弟子以布缚诸虎颈，满七日已，当来于此。王至期日，设斋众集，诸虎亦至。便与饮食，解布，遂尔无害。其日与王临白马泉，内有白龟，就聪手中取食，谓王曰："此是雄龙。"又临灵泉，有五色鲤鱼，亦就手食，聪云："此雌龙。"王与群臣，重赏而回。其夜有十余人来，欲劫所施之物，遇虎哮吼，遮遏其道。又见天神，执金刚杵，守护禅房，贼惭而去。

达磨渡江

《传法记》云：梁菩提达磨，南天竺国婆罗门种，神慧疏朗，闻皆晓悟，志存禅观，冥心虚寂，悲此中华，以法相导。初达广州，刺史奏闻，即诏赴京。遂至建业，迎于宫中。因诏尊者，陪坐正殿。帝乃问曰："朕尝造寺写经，广度僧尼，有何功德?"达磨答曰："实无功德。"帝曰："何无功德?"对曰："此但人天小果，有漏之因，如影随形，虽有非实。"帝曰："如何是真实功德?"对曰："净智妙圆，体身空寂，如是功德，不以世求。"帝问曰："如何是圣谛第一义?"对曰："廓然无圣。"帝曰："对朕者谁?"对曰："不识。"帝不省玄旨。达磨知其机缘不契，潜以去梁。遂折芦渡江，北趋魏境。至洛邑，止嵩山少林寺，终日唯面壁，默坐九年，遂逝，葬熊耳山。魏宋云使西域回，遇师于葱岭，见手携只履，谓云曰："汝主已厌世，遂别西去。"既复命，明帝已登霞矣。迨孝庄即位，云奏其事。帝令起圹，惟空棺，一只革履存焉。

立雪齐腰

《传法记》云：魏沙门神光，外览文籍，内通藏典，理事兼融，苦乐无滞，解非方便，慧出神心。及闻菩提达磨风范尊严，遂往师之。虽事之尽礼，达磨未始与语。光因自感曰："昔人求道，乃忘其身，我今岂有万分之一？"其夕会雪大作，光立于砌。及晓，而雪过其膝。达磨顾光曰："汝立雪中，欲求何事？"光泣而言："惟愿和尚以慈悲智，开甘露门，广度我辈。"达磨谓曰："诸佛无上妙道，虽旷劫精勤，能行难行，能忍难忍，尚不得至。岂此微劳小效，辄求大法？"光闻诲责，乃潜以刃，自断左臂，置之其前。达磨复曰："诸佛最初求道，为法忘形。汝今断臂吾前，求亦可在？"光复问曰："我心未宁，乞师与安。"达磨曰："将心来，与汝安。"光曰："觅心了不可得。"达磨曰："与汝安心竟。"光由是契悟。达磨遂易其名曰"慧可"，授《楞伽经》四卷，可以道世，开示悟入，并授僧伽黎衣、宝钵，以为法信，以定其宗。

接驾释冤

《法苑珠林》云：齐释僧稠，勤学世典，备通经史。道机潜扣，欻厌世烦，一览佛经，涣然神解。尝于鹊山静处，修习禅定，以死要心，因证深定。九日不起，后从定觉，情想澄然，究略世间，全无乐者。居山积稔，业济一生，闻有敕召，绝无承命。苦相敦喻，方遂允请。即日出山，山谷震响，鸟兽悲鸣。稠顾曰："慕道怀仁，触类斯在。岂非爱情易守，放荡难持耶？"乃不约事，留杖策漳滏。帝躬举大驾，出郊迎之。天下归善，皆由稠矣。时有谗稠于宣帝以倨傲无敬，帝大怒，自来加害，稠冥知之。稠生来不至厨中，忽无何而到云："明日有大客至，多作供馔。"至夜五更，先备牛舆，独往谷口，去寺二十里，孤立道侧。须臾帝至，怪问其故。稠曰："恐身不净，秽污伽蓝，在此候耳。"帝谓尚书令杨遵彦曰："如此真人，何可毁谤？"帝曰："佛之灵异，可得睹否？"乃投袈裟于地，帝使十人举之，不能得动。

罢道为僧

《广弘明集》云：金陵（按：“陵”，原作“陆”，据《广弘明集》改）道士陆修静等，会梁祖下诏舍道，不胜其愤，叛入北齐。倾散金玉，赠诸贵臣，托以襟怀，冀兴道法。帝被惑之。帝命上统法师与静角试。上统令最下坐僧，昙显对之。显酣酒大醉，有司告于上统。上统曰：“道士祭酒，常道所行。止是饮酒道人，可共言耳。”上统威权，不敢有谏，乃两人扶显，令上高座。显立而笑曰：“我饮酒大醉耳。中有所闻云：‘沙门现一，我当现二。’此言虚实？”道士曰：“有实。”显即翘一足立：“我以现一，卿可现二。”各无对之。显曰：“向咒诸衣钵飞飏者，我故开门，试卿术耳。”命取稠禅师衣钵咒之。诸道士一时奋发共咒，一无动摇。帝敕取衣，乃至十人，牵举不动，卒无一验。道士相顾无赖，帝下诏曰：“法门不二，真宗在一。求之正路，寂泊为本。祭酒道者，世中假妄。俗人未悟，祇崇曲蘖，是味清虚。”其道士归伏者，并付大统法师，听度为僧。

烧毁仙书

《续高僧传》云：魏释昙鸾，内外经书，具陶文理。读《大集经》，恨其词义深密，因而注解。文言过半，忽感气疾，周行医疗。行至汾州，上望青霄，忽见天门洞开，六欲阶位，上下重复，历然齐睹，由斯疾愈。鸾曰：“命惟危脆，不定其常。《本草》诸经，具明正治。长生神仙，往往间出。心愿所指，修习斯法。果克既已，方崇佛教，不亦善乎？”江南陶隐居者，方术所归，海内宗重，遂往从之。及届其所，接对欣然，便以仙方十卷，用酬远意。即辞还魏境，依方修治。行至洛下，逢三藏法师菩提留支，鸾启曰：“佛法中可有长生不死法，胜此上仙经乎？”留支唾地曰：“是何言欤？非相比也。此方何处有长生不死法？纵得长年，少时不死，终更轮回三有耳。”即以《观无量寿佛经》授之曰：“此大仙方，依之修行，当得解脱生死也。”鸾即顶受，所赍仙方并火化之。自行化也，机变无方，魏主重之，号为“神鸾”。

诵经免死

《法苑珠林》云：元魏天平四年，定州募士孙敬德，防于北陲，造观世音菩萨像，常加礼敬甚虔。后为劫贼诬指，禁于牢狱，不胜拷楚，遂妄承罪，并断死刑。明日将加斩决，其夜扣头忏悔，泪下如雨，启曰："今身被枉，当是过去枉他，愿偿债毕，誓不重作。"又发善愿，言已少时，依稀如梦。见一沙门，教诵《观世音救生经》。经有诸佛、八大菩萨名，令诵千遍，得脱苦难。敬德欻觉，起坐诵之，了无一字参错。比至平明，已满九百。有司执缚向市，且行且诵，临欲加刑，诵满千遍。执刀下斫，刀折三断，不损皮肉。易刀又斫，凡经三换，刀折如初。监斩官人莫不惊异，遂以奏闻。丞相高欢具奏其事，遂得免死。敕写此经，广布于世，传至于今，所谓《高王观世音经》是也。敬德放还，设斋报愿，出存圣像，视之乃见其像项上有三刀痕，乡里惊叹。从此《高王观世音经》传流于世，人皆诵之。

诵经免难

《续高僧传》云：魏武陵王东下，令弟规守益州。魏遣将军尉迟迥来伐蜀，规既降款。城内大有名僧，皆被拘禁。至夜，忽有光明，迥遣人寻光，乃见诸僧并睡，唯僧法建端坐诵经，光从口出。迥闻自到建所，顶礼坐听，至旦始休。迥问法师："昨夜所诵何经？"答曰："《华严经》。"迥曰："法师诵得几许？"答曰："贫道发心，欲诵一藏。情多懈怠，今始得千卷。"迥惊疑不信，将欲试之曰："屈总诵一遍，应不劳损耶？"建答曰："读诵经典，沙门常事，岂惮劳苦？"乃设高座，令诸僧众并执本，遂听法。建登座诵经，或似急流之注峻壑；其吐纳音句、呼翕气息，或类清风之入高松。聪明者才闻余音，情疏意逸者空望尘躅。七日七夜，数已满足，迥起谢曰："弟子兵将不得久停，请从此辞。"诸僧因并释放。迥既出，叹息曰："自如来灭后，阿难号为总持，岂能过此？蜀中乃有此人，所以常保安乐。奇哉！"

惠恭虔诵

《续高僧传》云：魏释惠恭，与惠远结契同学。远诣长安采听，恭往荆阳访道。后从江左来还，二人相遇，欣欢共叙离别三十余年。同宿数夜，语说言谈，远如泉涌，恭竟无词。远问恭曰："可不诵一部经乎？"恭答曰："唯诵得《观世音经》一卷。"远曰："《观世音经》，小儿童子皆能诵之，岂复三十余年，唯诵一卷经？"恭答曰："经卷虽一，佛口所说。遵敬者得无量之福，轻慢者得无量之罪。当为法师读诵一遍耳。"远曰："《观世音经》是《法华经·普门品》，远以讲之数百遍过。"恭曰："《书》云：'人能弘道，非道弘人。'但至心听佛语，岂得以人弃法？"恭升高座诵经，始唱经题，异香氤氲，遍满房宇。又闻空中天乐，天雨四花，乐则嘹亮振空，花则芬霏满地。经讫下座，花乐方歇。惠远接足顶礼，泪下交流，忏悔曰："惠远短识，轻侮法兄。幸勿见责，愿赐教诲。"恭曰："但一心不乱，志诚持诵，不怠而已。"

僧实救难

《法苑珠林》云：周释僧实，俗姓程氏，咸阳灵武人。幼怀雅亮，清卓不群。魏孝文太和末年，从京至洛，因遇勒那三藏，授以禅法。三学虽通，偏以九次雕心，故得定水清澄，禅林荣蔚。于是陶化京华，久而逾盛。忽于一日正午之时，自上钟楼，猛急撞钟。众僧出房，怪问所以，实告僧曰：“人各速备香烛，急赴集殿。”僧既集殿，又告僧曰：“人各用心，竭力尽诚诵《观世音经》，以救江南梁国某寺讲堂欲崩，恐损道俗，宜共救厄。”当尔之时，扬都讲堂正讲说法，道俗满千，充塞其中。忽闻西北，异香燎绕，空中经声。天乐云彩，从堂北门而入，直出南门。合堂惊出，共逐听声。人既出尽，堂欻摧倒，大众得全，免斯厄难。奏闻梁主，敕使问周，果如实救。梁主三度奉请，周主不放。梁主遥礼，备尽致敬，遣送珍宝、三衣、拂子、钵盂、锡杖、数珠、香合等物，聊伸供养，用表敬心矣。

面陈邪正

《高僧传》云：周武季世，将丧释门，崇上老氏，受其符录。凡有大醮，帝必具巾褐，同其拜伏。而道经诞妄，言无本据，国虽奉事，未详讐校。释僧勔遂不远乡关，躬闻帝阙，面陈致理，以邪正相参，侥情趋竞，未辨真伪，更递誉毁。勔以世之滥述云："老子尹喜，西度化胡出家。老子为说经戒，尹喜作佛，教化胡人。未善寻者，莫不信从，以为口实。异哉此传，君子尚不可罔，况贬大圣者乎？此说非真，人世差错，假托名字。亦乃言不及义，翻辱老子意者。胜人达士不出此言，将是无识异道，夸竞佛法，假托鬼谷，作此异论，用迷昏俗。窃闻传而不习，夫子不许。妄作者凶，老君所诫。此之巨患，增长三途，宜应纠正，救其此失。教有内外，用生疑假；人有贤圣，多述本迹。故班固《汉书》品人九等，孔丘之徒，例皆是圣；李老之俦，例皆是贤。此则贤圣天分，优劣自显。故魏文之博悟也。"

吐肉飞鸣

《续高僧传》云：周释香阇梨者，住益州青城山飞赴寺。时俗每至三月三日，必往山游赏，多将酒肉至寺，共相酣乐。香每年劝喻，曾未能断。后年三月，又如前集。例坐已了，香与众人曰："檀越等恒自饮啖，未曾与香。今日与众，须餐一顿。"诸人争奉肴酒，随得随尽，不拘多少，若填巨壑。见者怪之，咸皆疑异。至散，谓众人曰："我今日醉饱，可扶我就坑，不尔污地。"扶至坑所，张口大吐，鸡肉口出，即能飞鸣；羊肉口出，即能驰走；鹅鸭鱼虾皆从口出，游泳潜跃；酒食乱出，皆闻异香。众咸惊嗟，誓断宰杀。从今酒肉永绝上山，此香之德风也。益州别驾（按："驾"，原作"惊"，据《续高僧传》改）罗研朝梁，志公问曰："益州香贵贱？"答曰："甚贱。"志曰："既为人所贱，何为久留？"研亦不测此语。为有识者说之，或曰："将不指青城香阇梨乎？"遂往山具述。香曰："檀越远来，固非虚语。"香即于其夜，别众念佛，端然坐化而已。

僧璨求法

《传法正宗记》云：陈释僧璨尊者，不知其何许人也。初以居士见二祖慧可尊者，以疾状趋其前，不称姓名，谓尊者曰："弟子久婴业疾，欲师为之忏罪，愿从所请。"尊者曰："将罪来，为汝忏。"居士良久曰："觅罪不可得。"尊者曰："我与汝忏罪竟。然汝宜依止佛法僧。"居士曰："适今睹师已知僧矣。不识何谓佛法？"尊者曰："是心是佛，是心是法。法佛无二，汝知之乎？"居士遂曰："今日乃知罪性，不在内、不在外、不在中间。如其心然，诚佛法无二。"尊者器之，即为其释褐落发曰："此法宝也。宜名之僧璨。"戒后二载，乃命之曰："昔佛传大法眼，转至达磨。达磨授我，我今以付于汝，并其衣钵。汝转传之，无使辄绝。听我偈曰：'本来缘有地，因地种花生，本来无有种，花亦不能生。'"既而复为僧璨曰："我有夙累在邺，将往偿之。然汝后自亦有难，甚宜避之。"从其言遂去，隐于舒之皖公山谷。

慧思妙悟

《高僧传》云：陈释慧思，梵行清慎，精持斋戒，常坐不卧，日唯一餐。诵《法华经》，满足千部，克念翘专，无弃昏晚。坐禅、诵经以为恒课，由兹苦行，得见三生。忽梦弥陀说法开悟，又梦弥勒同会龙华，心自惟曰："我于释迦末法，受持《法华》。今值慈尊，感伤悲泣。"豁然觉悟，转复精进。灵瑞重沓，瓶水常满，供养严备，若有天童侍卫之者。春夏秋冬，不惮劳苦；昼夜摄心，理事筹度。又三七日发少静观，见一生来善恶业相，因此惊嗟，倍复勇猛。忽起四肢缓弱，不胜行步，身不随心，即自观察："我今病者，皆从业生。业由心起，本无外境。反见心源，业非可得。身如云影，相有体空。"如是观已，颠倒想灭，心性清净，所苦消除。又发空定，心境廓然，自伤昏沉，生为空过。深怀惭愧，放身倚壁，背未至间，霍尔开悟。《法华》三昧，大乘法门，一念明达，十六特胜，背舍除入，便自通彻，不由他悟。

妙悟法华

《六学僧史》云：陈释智顗，宿德英贤，自古罕俦。静虑习禅，道俗钦敬。师初见慧思禅师，思叹曰："昔于灵山同听《法华》，宿缘所追，今复来矣。"为说四安乐行。顗由是行《法华》三昧，始三日定起，诵经至《药王品》，所谓"是真精进"句，豁然大悟，洞见灵山佛会俨然。遽诣思所，具陈思曰："非尔弗感，非我莫识。此《法华》三昧前方便也。"顗忽一日，俄觉身临沧海，上耸岩崖。有僧摇手呼之，舒臂接之，崎麓语曰："汝当居此，汝当终此。"与徒白此，皆曰"天台山"也。遂往至天台山，与僧定光相见。光曰："噫！吾山上摇手相招乎。"顷之，闻钟声满山谷。光曰："钟声集众，得住之相。"于是创庵居焉。乐安令袁子雄，请讲《净名经》，见三道宝阶自空至地，数十梵僧乘阶而下，入堂礼拜，手执香炉，绕顗三匝，久之乃灭。尝谓徒曰："但波罗提木叉是汝宗仰，四种三昧是汝明导。常勤精进，慎勿放逸。"

七诏还都

《高僧传》云：陈宣帝顾问群臣："释门谁为名胜？"陈暝奏曰："智𫖮禅师，德迈风霜，禅境渊海。昔在京邑，群贤所宗；今高步天台，法云东蔼。愿陛下诏之还都，使道俗咸荷。"日降玺书，重沓征入。𫖮以重法之务，不贱其身，乃辞之。后为永阳王苦谏，因又降敕，前后七使，并帝手疏。𫖮以道通惟人王为法寄，遂至都焉。迎入太极殿，陈主既降法筵，百僚尽敬。陈主于广德殿，下敕谢云："今以佛法仰委，亦愿示诸不逮。"于时检括僧尼，无贯者万计。朝议云："策经落第者，并合休道。"𫖮表谏曰："调达诵六万偈经，不免地狱；盘特诵一句偈，获罗汉果。笃论道也，岂关多诵？"陈主大悦，即停搜简。是则万人出家，由𫖮一谏矣。因移居光宅，陈主幸寺，修行大施。帝于众中殷勤致敬，请受菩萨戒云："仰愿化导无方，随机济物；卫护国土，汲引人天；照烛光辉，托迹师友。"遂其本愿。

惠布度生

《法苑珠林》云：陈摄山栖霞寺沙门惠布，俗姓郝，广陵人。少怀远操，性度虚梗，志行罕俦，为君王所重。或见诸人乐生西方者（按："者"，原作"老"，据文意改），告云："方土乃净，非吾愿也。如今所愿，化度众生。如何在莲华中十劫受乐，未若三途苦处救济众生也。"年至七十，与众别云："布但老困，不能行道，住世无益。常愿生边地无三宝处，为作佛事也。幸愿好住，愿自努力。"于是绝饭不食，命将欲断，敕令医诊之，缩臂不许。沈皇后欲传香信，又亦不许。临遗诀曰："长生不喜，夕死无忧。以生无所生，以灭无所灭故也。"未终前，大地连动三日，便卒。移尸就林，山地又动。太史奏云："得道之人星灭矣。"初将逝矣，告众云："昨夜有二菩萨来迎，一是生身，一是法身，吾已许之。寻有诸天又来迎接，不以愿生，故不许。"时流光照于侃禅师，侃时怪光盛，出户观看，见二菩萨向布房中，不知是圣人也。

灵藏度僧

《高僧传》云：隋释灵藏，雍州人也。妙尚冲虚，兼崇纲务，太祖所重，道义斯洽，得丧相符。藏与高祖，布衣知友，情款绸狎。及龙飞兹始，弥结深衷，礼让崇敦，光价朝宰，移都南阜，任选形胜而置国寺。藏以朝寄惟重，佛法攸凭，乃择京都中会，路均近远，于遵善坊建大兴善寺。自斯已后，中使重沓，礼遇转隆，厚味嘉肴，密辇封送。王人继至，接轸相趋，宫闱严卫，来往艰阻。帝卒须见，频阙朝谒，乃敕诸门不须安籍，任藏往返。及处内禁，与帝等伦，坐必同榻，行必同舆。经纶国务，雅会天览，有时住宿，即迩寝殿。帝幸洛州，敕藏同行，既达所在，归投极多。帝谓藏曰："弟子是俗人天子，律师是道人天子。有乐离俗者，任师度之。"遂依而度，前后数万。藏以事闻，帝大悦曰："律师度人为善，弟子禁人为恶。言虽有异，意则不殊。"至于隋运译经，胜缘贵集，身先众范，言会时望。

诸州起塔

《法苑珠林》云：隋皇帝昔在潜龙，有僧诣宅，出舍利一裹，曰："檀越好心，留与供养。"僧去，求之不知所在。其后皇帝与僧昙迁，各置舍利于掌而数之，或少或多，并不能定。昙迁曰："法身过于数量，非世间之测。"于是作七宝箱置之。神尼智仙曰："佛法将灭，一切神明今已西去。儿当为普天慈父，重兴佛法，一切神明还来。"其后周氏果灭佛法。隋室受命，大兴佛法。皇帝每以神尼为言，云："我兴由佛故。"于天下舍利塔内，各作神尼像。皇帝于京师法界尼寺造塔，其下安置舍利，以报旧愿。冥夜有神光，自基而上，行绕露盘，赫若冶炉之焰。皇帝追报父母之恩，修营善福，延诸大德沙门，与论至道。将于海内诸州，选高爽清净三十处，起舍利塔。皇帝于七宝箱，取舍利三十颗，置于御案，烧香礼拜："愿弟子常以正法，护持三宝，救度一切众生。"各僧奉迎舍利，诸州起塔。

晋王受戒

《高僧传》云：隋晋王请智顗禅师授戒文云："弟子基承积善，生在皇家，庭训早趋，贻教夙渐，福履攸臻，妙机须悟。耻崎岖于小径，希优游于大乘；笑止息于化城，誓舟航于彼岸。开士万行，戒善为先；菩萨十受，专持最上。喻为宫室，必因基址；徒架虚空，终不能成。孔老释门，咸资镕铸，不有轨仪，孰将安仰？诚复能仁奉为和尚，文殊冥作阇梨，而必藉人师显传圣授。自近之远，感而遂通，波仑罄髓于无竭，善财亡身于法界。经有明文，非徒臆说，深信佛语，幸愿遵持。禅师佛法龙象，戒珠圆净，定水渊澄，因静发慧，安无碍辩。先物后己，谦挹成风，名称远闻，众所知识。弟子所以虔诚遥注，命楫远迎，每虑缘差，值诸留难。师亦既至，心路豁然，及披云雾，即消烦恼，设千僧会，敬屈受菩萨戒。"禅师告曰："大王为度，远济为宗，名实相符，义非轻约，今可法名为'总持'也。"

劝度僧尼

《续高僧传》云：隋开皇七年秋，下诏曰："皇帝敬问昙迁法师，承修叙妙因，勤精道教，护持正法，利益无边。诚释氏之栋梁，即人伦之龙象也。深愿当即来仪，以沃劳望，振锡拂衣，勿辞劳也。"至京，谒帝于大兴殿，特蒙礼接。帝曰："大有私度僧尼者，欲求公意如何？"迁曰："昔周武御图，殄灭三宝众僧。或划迹幽岩，逃窜异境。陛下统临大运，更阐法门，无不歌咏有归，来投圣德。比虽屡蒙招引度脱，而来有先后，致差际会。且自天地覆载，莫匪王民。至尊汲引万方，宁止一郭蒙庆？"帝沉虑少时，方乃允焉。因下敕曰："诸有僧尼私度者，并听出家。"故率土蒙度数十万人。迁又奏："诸废山寺，无贯僧尼，请并安堵。"帝又许焉，因敕："率土之内，但有山寺，一僧以上，皆听给额。私度僧尼，并令附籍。诸有破故佛像，仰所在官司，精加检括，运送随近寺内，庄饰供养。"皆迁之力也。

弃财为僧

《高僧传》云：隋释道仙，初以游贾为业。后值僧说法，遂沉财宝于江，投灌口竹林寺出家。初落发日，对众誓曰："吾不得道，誓不出山。"结庵岩曲，入定一坐，五日为期。有客到门，潜通即觉，起共接语。若无人时，端坐静室，寂若虚空。有时预告，明当客至，其数若干，形貌服色。恰期明至，数服皆同。时遭酷旱，百姓请祈。仙即往龙穴，以杖扣之，数曰："众生何为嗜眠如此？"语已，当即黑云四合，大雨滂注。民赖斯泽，贵贱咸赛，钦若天神。隋蜀王秀，作镇岷洛。有闻王者，寻遣追召，不承王命。王勃然动色，亲领兵仗，往彼擒之，必若固违，可即加刃。仙闻兵至，都无畏惧，被袈裟已，端坐禅诵。王达山下，忽雷奔注雹，水涌满川。军藏无计，事既窘迫，遥礼仙德，忏悔归依。天明雨霁，山路清夷，得至仙所，王躬尽敬。仙为说法，重发信心，乃殷勤礼请，邀还成都，厚礼崇仰，举国恭敬。

毒酒不死

《续高僧传》云：隋释童进，绵州人也。不拘礼度，唯乐饮酒，来去酣醉，遗尿臭秽，众共非之。有远识者曰：“此贤愚难识。”会周武东征，云须毒药，敕泸州营造，置监吏力科，獠采药蝮头、铁猩、鬻根、大蜂、野葛、鸩羽等数十种，酿以铁瓮。药成，着皮衣琉璃障眼，方得近之。不尔，气冲成疮致死。药着人畜，皮破便死。童进闻之，往至监所，官人弄曰：“能饮一杯，岂非酒士？”进曰：“得饮一升，方可解醒。”官曰：“任饮多少，何论一升？”进便取铁杓，于药瓮中取一杓饮之，言谑自若，都不为患。诸人闻皆来看，进又举一杓饮之，皆远走避。或曰：“此乃故杀人，何得无罪？”进曰：“无所苦。药进自饮，有谁相劝？”乃噫曰：“今日方得一醉。”卧大石上。俄尔遗尿，石著皆碎。良久睡觉，精爽如常。尔后饮酒更多，食亦逾倍。年九十余，终于等行寺。弟子检校衣服、床褥，唯闻异香，绝无酒气，人皆异之。

清溪成地

《高僧传》云：隋释灌顶，投摄静寺慧拯法师出家。洎拯师厌世，沐道天台，承习定纲，罔有亏绪。从智𫖮禅师出居光宅，研绎观门，频蒙印可。后随师上江，胜地名山尽皆游憩。三宫庐阜，九向衡峰，无不蹑迹依迎，访问遗逸。俄随智𫖮东旋，止于台岳，餐禀《法华》，发誓弘演。智者现疾，瞻侍晓夕，艰劬尽心，爰及灭度。若观若讲，常依《法华》，及说圆顿止观、四念等法门，其遍不少。且智者辩才，云行雨施，或同天网，乍拟璎珞，能持能领，唯顶一人。顶游乐安南岭，地曰安州，碧树清溪，泉流伏溺，人径不通。顶留连爱玩，顾而誓曰："若使斯地夷坦，常来此讲经。"曾未浃旬，白沙遍涌，平如镜面。顶以感相显，不违前愿，仍讲《法华》、《金光明》二经，用酬灵意。顶纵怀丘壑，绝迹世累，定慧两修，语默双化，三业屡增，二严无尽。临终口称念阿弥陀佛，室有异香，低身就卧，奄然而逝。

智璪见龙

《高僧传》云：隋释智璪，俗姓张，临海人也。投安静寺慧凭法师为弟子。闻智者轨行超群，为世良导，直诣台岫，伏应受道。乃遣行《法华》忏悔。第二七日夜，忏讫安坐，见九头龙从地涌出，上升虚空。明旦咨白，智者曰："此是表九道众生，闻《法华经》，将来之世，破无明地，入法性空。"后于宝林寺，行《法华》三昧。初日初夜，如有人摇户。璪问："汝是何人？"答云："我来看灯。"频经数过，问答如前。其寺慧成禅师夜具闻之，谓弟子曰："彼堂从来有鬼。今闻此声，必是鬼来取人也。"天将晓，成师而唤："吾谓昨夜鬼已害汝。"璪曰："命由业也。"又往会稽，路由剡县孝行村乞食。主人误煮毒蕈设璪，食竟，进趣前途。主人于后，啖此余残，并皆吐泻，若死等苦。邻人见之，即持药追璪，十里方及，见璪快行无恙。璪问曰："何故见寻？"具陈上事，璪笑而答曰："贫道无他恙，汝可弃药而回，不须见逐耳。"

智兴扣钟

《六学僧史》云：隋僧智兴，谦约自持，仍厉操行，习诵经咒，昏晓不辍。依首律师讲说，同侣征难，词锋惊挺。居大庄严寺，充本寺维那，职掌扣钟。大业五年冬，同寺僧三果，有兄从驾，南幸江都，道亡无讣。其妻梦曰："吾至彭城病死，生于地狱，赖于庄严寺僧智兴，鸣钟响振地狱。同受苦者，一时解脱，而生乐处。欲报其恩，可将绢十匹奉之，以陈吾意。"妻寤为人言之不信，后夜复梦，及巫觋降语皆然，乃如数奉绢。兴以非己功德，转施大众。问兴鸣钟致感之由，答曰："余见《付法藏传》罽腻吒王剑轮停事，及《增一阿含》钟声功德，遵此力行，不敢怠尔。"其击之，始则祝曰："愿诸圣贤，同入道场。"纾发三下，所以展恭敬也。逮乎长打，则祝曰："愿诸恶趣，闻我钟声，俱离苦趣，必尽三途。"所以畅慈悲也。严寒之夕，极冻之晨，皮裂肉皴，犹露手执槌，掌内凝血，无所辞惮。

玄琬劝诫

《高僧传》云：唐释玄琬，致书皇太子曰："今略经中要务四条，留意寻检，永绥宝祚。初、劝行慈，引《涅槃·梵行》之文，令起含养之心，存兼济之救。二、减杀，引儒礼，无故不杀牛羊，皆重其生，去其滥逸。王者修其教，不易其俗；齐其政，不易其宜。见其生，不忍其死；闻其声，不食其肉。此即上帝悼损害之失，树止杀之渐。佛经有恕己之喻，诫之以杀打诸事。三、顺气者，如经不杀曰仁，仁主肝，肝者木也。春阳之时，万物尽生，宜育群品，用答冥造。如其有杀，是不顺气；春月行慈，以和正气。施惠以保天龄，请年别春季，断肉停杀，慜彼含育，顺此阳和。四、奉斋，如经年三月六斋，能洁六根，便资五福。伏愿遵行，受持斋戒。何者？今享此重位，咸资往因。复能进德崇善，用成其美。琬又于经中，撰佛教后代国王《赏罚三宝法》及《安养苍生论》并《三德论》各一卷，伏愿圣躬，亲将披览。"

三诏不赴

《传灯录》云：唐四祖道信，蕲州司马氏，初为沙弥，诣舒州皖公山，见三祖问曰：“愿和尚慈悲，乞与解脱法门。”祖曰：“是谁缚汝？”信曰：“无人缚。”祖曰：“何为更求解脱？”师于言下大悟，遂依学十年，静修禅业，三祖授以衣法。后往吉州寺，被贼围城七十余日。城中乏水，人皆困弊。师因咒愿，井水还复。刺史叩头：“贼何时散？”信曰：“但念般若。”乃令合城同时合声，须臾外贼见城四角，大人力士威猛绝伦，群贼即散，即见平定。欲往衡岳，路次蕲州，道俗请往黄梅县众造寺。依然山行，遂见双峰，有好泉石，即住终志。当夜大有猛兽来绕，并为授归戒，受已令去。自入山来，三十余载，诸州道俗无远不至，刺史崔义玄闻而就礼。正观中，太宗三诏令赴京师，并以疾辞。帝命使者：“若果不起，即取其首。”使谕旨，师引颈受刃。使回以闻，帝弥加敬重，就赐珍缯，以遂其志。

法琳对诏

《释氏通鉴》云：唐太史令傅奕，上废佛法事，十有一条云："释经诞妄，言妖事隐，损国破家，未闻益世。请胡佛邪教，退还天竺；凡是沙门，放归桑梓。则还淳返朴，李老之化行焉。"疏奏。帝虽信佛，而无果断，乃下诏曰："弃父母之须发，去君臣之章服，有何利益？幸请释之。"有僧法琳，即陈对曰："琳闻至道绝言，岂九流能辩？法身无像，非十翼所诠。但四趣茫茫，漂沦欲海；三界蠢蠢，颠坠邪山。诸子迷以自焚，凡夫溺而不出，大圣为之兴世，至人所以降灵。遂开解脱之门，示以安隐之路。中天王种，辞恩爱以出家；东夏贵游，厌荣华而入道。于是毁形以成其志，故弃须发美容；变俗以会其道，故去君臣华服。虽形阙奉亲，而内怀其孝；礼乖事主，而心戢其恩。泽被冤亲，以成大顺；祐沾幽显，岂拘小违？上智之人，依佛语故为益；下凡之类，背圣教故为损。此其大略也。"

慧乘对诏

《高僧传》云：唐释慧乘，武德八年，驾幸国学，将行释奠。堂置三座，拟叙三宗，众复乐推乘为上首。时五都才学，三教通人，星布义筵，云罗绮席。天子下诏曰："老教、孔教，此土先宗；释教后兴，宜崇客礼。"令老先、次孔，末后释宗。当又下诏，问乘曰："道士潘诞，奏悉达太子不能得佛，六年求道，方得成佛。是则道能生佛，佛由道成，道是佛之父师，佛乃道之子弟。故佛经云：'求于无上正真之道。'又云：'体解大道，发无上意。'外国语云'阿耨菩提'，晋音翻之'无上大道'。若以此验，道大佛小，于事可知。"慧乘报云："震旦之与天竺，犹环海之比邻州。聃乃周末始兴，佛是周初前出，计去相远二十余王。论其所经，三百余载，岂有昭王世佛，而退求敬王时道乎？勾虚验实，足可知也。"既而天子回光，敬美其道；群公拜首，请从弘业。黄巾李仲卿等，结舌无报；慧日更明，法云还布。

著内德论

《释氏通鉴》云：唐太史令傅奕，上疏毁佛。典仪李师政，著《内德论》："若夫十力调御，运法舟于苦海；三乘汲引，坦夷途于火宅。劝善进德之广，六经所不逮；戒恶防患之深，九流莫之比。但穷神知化，其言宏大而可惊；去惑绝尘，厥轨清邈而难蹈。华夷士庶，朝野文儒，各附所安，鲜味斯道。自非研精以考真妄，沉思而察苦空，无以立匪石之信根，去若亡之疑盖。盛衰由布政，治乱在庶官，归咎佛僧，实非通论。且佛唯弘善，不长恶于臣民；戒本防非，何损治于家国？若人守善，家家奉戒，刑罚何得而广，祸乱无由而作。骐骥虽骏，不乘无以致远；药石徒丰，未饵焉能愈疾。苻坚丧师，非道安之无智；石氏兴虐，岂浮图之不仁？但为违之而暴乱，未有遵之而凶虐。由此观之，亦足明矣。但信随闻起，疑因解灭。凡百轻毁而弗钦，皆为讨论之未究。若探赜索隐，必皆深信。"

法融驯兽

《高僧传》云：唐释法融，翰林坟典探索将尽，喟然叹曰："儒道俗文，信同糠秕；般若止观，实可舟航。"遂依炅法师，服勤请道。后于牛头山幽栖寺，别立禅室，日夕思绎，无缺寸阴。山有石室，深可十步，融于中坐。忽有神蛇长丈余，目如星火，举头扬威。于室口，经宿见融不动，遂去，因居百日。山素多虎，樵苏绝还。自融住后，往遂无阻。又有群鹿，依室听伏。有二大鹿，直入同僧听法，乃至集于手上而食，都无惊恐。所住食厨缺水，指东岭曰："若此可居，会当清泉自溢。"经宿，东岭忽涌清泉，其味甘美。严冬讲《法华经》，于时素雪满阶，法流不绝。于凝冰内，获花二茎，状如芙蓉，瑮同金色，经于七日，忽然失之。司功萧元善再三邀请，出于建初寺。融谓诸僧曰："从今一去，再践无期。离合之道，此常规耳。"辞而不免，遂出山门。禽兽哀号，山涧泉池，一时枯竭。次年，终于建初寺。

道像摧毁

《法苑珠林》云：唐释宝琼，俗姓马氏，绵竹县人。益州福寿寺出家，清卓俭素，日诵《金刚般若波罗蜜经》，以为常业。恒劝道俗，奉佛诵经念佛，四远闻者，皆来钦敬。本邑连比什邡诸县，并是道民，执邪日久，投寄无容。琼虽桑梓习俗，而不事道。李氏诸族，值作道会，邀琼赴之。来既后至，不礼而坐。道众皆谓曰："不礼天尊，轻我宗法耶？"琼曰："邪正道殊，所事各异。天尚不礼，何况老君？"众议纷纭，颇相凌侮。琼见诤讼不止，即报曰："吾礼非所礼，恐贻辱汝宗。"遂礼一拜，道像并座，一时动摇。又礼一拜，连座翻倒，坠落在地。像座摧毁，道民羞耻，唱言风鼓，竟来周正，又礼还倒。琼曰："天朗和畅，而言怨风。汝等愚戆，不测吾风。"合众惊惧，一众礼琼，远近闻知，皆舍道归佛。合境道俗，及以傍县道民同嗟，皆来礼琼，请受戒法。县令高达，素有诚信，敬承威德，一心请琼，弘宣正法。

智实上谏

《佛道论衡》云：唐太宗敕道先佛后，僧智实随驾陈表："某年迫桑榆，始逢太平之世；貌同蒲柳，方值圣明之君。窃闻父有诤子，君有诤臣。某虽预出家，仍在臣子之例。有犯无隐，敢不陈之。伏见诏书，国家本系出自柱下，尊祖之风形于前典，颁告天下，无得而称。令道士等在僧之上，奉以周旋，岂敢拒诏？寻老君垂范，治国治家，所佩服章亦无改异，不立馆乎，不领门人，处柱下以全真，隐龙德而养性。智者见之谓之智，愚者见之谓之愚，非鲁司寇莫之能识。今之道士不遵其法，所着衣服并是黄巾之余，本非老君之裳。行三张之秽术，弃五千之妙门，反同张禹，漫行章句。从汉魏以来，常行鬼道，化于浮俗，妄托老君之教，实是左道之苗。若位在僧尼之上，诚恐真伪同流，有损国化。如不陈奏，何以表臣子之情？谨录诸史佛先道后之事，伏愿天慈，曲垂听览。"

黄巾诬谤

《释氏通鉴》云：唐黄巾秦世英，挟方术以邀荣，遂程器于储贰。素嫉释种，阴上法琳《辩正》之论，谓谤皇宗。帝勃然追访琳身，据法推勘。琳乃自诣公廷，轻生徇理，乃絷以缧绁，下诏问曰："周之宗盟，异姓为后。尊祖重亲，实由先古。何为追逐其短，首鼠两端，广引形似之言，备陈不逊之喻？犯毁我祖祢，谤黩我先人。如此要名，罪有不恕。"琳曰："皇天无亲，唯德是辅。古人党理而不党亲，虽亲有罪必罚，虽疏有功必赏。老子道德，加于百姓，谦光形于四海。尝云：吾师名佛。佛者，觉一切人也。乾竺古皇，西升逝矣。讨寻老教，始末可追。今刘李所述，谤灭老子之师，故著兹论，实非谤毁皇宗。然大唐光宅四海，陛下子育恒品。且琳所著正论，爰与书史符同。一句参差，任从斧钺。陛下若顺忠顺正，琳则不损一毛；陛下若刑滥无辜，琳则有伏尸之痛。"以状奏闻，遂不加罪。

法顺祈雨

《北塔铭》云：唐释法顺，姓杜氏，雍州万年县人，禀性柔和。年十八，弃俗出家，事因圣寺僧珍禅师，受持定业。顺集《华严法界观》，弟子智俨传其教。尝行化庆州，劝民设会，供限五百人。及临斋食，更倍人来，供主惧焉。顺曰："无所畏也。"但通周给，而莫知供所从来，千人皆足。地多虫蚁，无因种菜。顺恐有损害，就地视之，令虫移徙，不久往视，恰无虫焉。贞观年中大旱，诸处祈祷无感。遂遣中使，命顺和尚祈雨。顺令中使往抱腹山草庵中，有老僧着木屐行道，可云："终南山杜顺和尚伸意，天久不雨，愿降甘泽。"使至，果如其言，即述前语。老僧乃云："大凡降雨，须天符牒。今虽无天符，顺和尚有旨，则如天符牒无异。汝可速回。"使回至都，雨即随至。太宗遣使往谢顺，问："老僧何人?"顺乃云："龙王也。"遂遣使抱腹山传宣。使至，止见草木深林，初无草庵。遂赐顺为"帝心禅师"焉。

通慧神异

《法苑珠林》云：唐释通慧，雍州泾阳人也。三十出家，栖止无定，乃入太白山，不赍粮食。饥则食草，渴则饮水，息则依树，坐则禅思。经于五年，栖遑靡息，因以木打块，块破形销。既睹斯变，廓然大悟。既悟心路，晚住律藏，游听大乘，情量虚荡。一裙一帔，布衲重缝，所着麻鞋，经二十载。缯帛杂饰，未经冠体，冬夏一服，不避寒暑。常于讲席，评论玄奥，不事宫商，人无肖之，初言矛盾啖食，此事难行，世人悉伏。左仆射房玄龄闻而异之，迎至第中，敬重如父。而达体道，不拘形骸，出言不简，放畅心怀。玄龄以风表处之，不以形言致隔，见贵如是，朝野皆遵。不食五谷，唯食蔬菜，纵得蒿藋，揽而食之，事同佳味。若得枣果，合核而食。人或问之，答言：“信施难弃。”贞观已来，转显神异，屡至人家，欢笑则吉，愁惨必凶。或索财物功力，随命多少，依言即送。京室贵贱，咸宗事之。

慈藏感禽

《法苑珠林》云：唐僧统慈藏，新罗国人。年过小学，神睿澄简，厌世高荣，情欣方外，独静行禅，不避虎兕，持戒不群，慈救为先。深隐山居，来往绝粮，便感异鸟，各衔诸果，就手送与。鸟于藏手，同共食之，时至必尔，初无乖候，行感玄征，罕有继者。而常怀戚戚，慈哀含识，作何方便，令免生死？遂于眠寐，见二丈夫曰："卿在幽隐，欲为何利？"藏曰："唯为利生。"乃授藏五戒讫，曰："可将此五戒，利益众生。"又告藏曰："吾从忉利天来，故授汝戒。"因腾空灭。于是出山，国中士女受戒无穷。贞观年中，来至唐国。既至京城，慈利群生，从受戒者日有千人。或盲见道，病者得愈。于云际寺安居三夏，见大鬼神将于金舆，迎取慈藏。年八十余，辞还本国，具行佛教。一同大国王，请于皇龙寺讲菩萨戒本，七日七夜，天降甘露，云雾电霭，覆所讲堂。四部惊嗟，美声弥远。因遘微疾，倏然而逝。

国清三圣

《佛祖统纪》云：唐释丰干师，居天台国清寺，剪发齐眉，布裘拥质，尝乘虎出入。寒山子者，居天台之寒岩。拾得者，因丰干禅师于赤城路侧得之，可十岁。委问无家，付库院养之。三年令知食堂，常收菜滓于竹筒，寒山若来，即负而去。或长廊叫唤快活，寺僧逐骂，辄抚掌大笑。闾丘胤初为台州刺史，临途头痛，遇丰干言从天台国清来，为噀水治疾，须臾即愈。胤问："天台有何贤士?"师曰："见之不识，识之不见。若欲见之，不得取相。寒山文殊，遁迹国清；拾得普贤，状如贫子。"胤至郡，即诣国清，问丰干院僧道翘，引至空房，多见虎迹，云："禅师在日，唯舂米供众，夜则唱歌自乐。"又问寒山拾得，引至灶前，见二人向火大笑。胤前礼拜，二人喝胤曰："丰干饶舌，弥陀不识，礼我何为?"二师即把手而笑，走向寒岩，更不返寺。胤令道翘于人家屋壁上录诗三百余首，留传于世。

劝修净业

《佛祖统纪》云：唐法师善导，不知何处人。贞观中，见西河绰禅师，九品道场，讲诵《观经》，大喜曰："此真入佛之津要。修余行业，迂僻难成；唯此观门，速超生死。"于是勤笃精苦，昼夜礼诵。续至京师，击发四众。每入室，互跪念佛，非力竭不休。虽时寒冰，亦须流汗。出则为人演说净土法门，三十余年，不暂睡卧。般舟行道，方等礼佛，护持戒品，纤毫不犯。凡有儭施，用写《弥陀经》十万卷。长安道俗传授念佛法门者，不可胜数。从其化者，至有诵《弥陀经》十万至五十万卷者，念佛日课万声至六万声者，或得入念佛三昧往生净土者，莫能纪述。或问："念佛生净土耶?"师曰："如汝所念，遂汝所愿。"乃自念佛一声，有一光明从其口出。其劝化偈曰："渐渐鸡皮鹤发，看看行步龙钟。假饶金玉满堂，岂免衰残老病。任是千般快乐，无常终是到来。唯有径路修行，但念阿弥陀佛。"

玄奘取经

《高僧传》云：大唐沙门玄奘法师，慨大法之不通，悯释教之抑泰。以贞观三年，吊影单身，西寻圣迹。初从京邑，渐达沙州，独陟崄塞，伊吾高昌，备经危难。值高昌王，为给货资，传送突厥，渐至罽宾。多诸虎豹，不能前行，奘不知为计，乃闭门而坐。至夕开门，见一老僧，奘即礼拜。僧口授《般若心经》，令奘诵之。遂得山川平易，道路开通，虎豹藏形，魔鬼潜迹。遂至佛国，具观佛化，取诸经像，东归于阗。凡经一百五十余国，备历艰辛。至贞观十九年冬，方达京师，敕令玉华寺住，翻译经论，总一千三百三十卷。自怀欣悦，总召门人，有缘并集，告曰："有为之法，必归磨灭。泡影形质，何得久停？于经论有疑者，今可速问。"闻者惊异，师曰："此事自知。"遂往辞佛及诸众僧，并遗表讫，右胁累足，右手支颐，左手髀上，坚然不动，气绝神逝。经两月，色貌如常，乃葬于白鹿山之原。

窥基三车

《高僧传》云：唐释窥基，姓尉迟，父金吾将军开国公。数方诵习，神晤精爽。奘师见其眉秀目朗，举措疏略，造求出家。父曰：“伊类粗悍，那胜教诏？”奘曰：“此之器度，非将军不生，非奘不识。”父诺，基抗声曰：“听我三事，方允出家，不断情欲、荤血，过日中食。”奘先以欲勾牵，后令入佛慧，佯而肯焉。入大慈恩寺，躬事奘师，学通大小教，切问近思，著述造疏，计可百本。又造《弥勒上生经疏》，援笔锋得舍利二七粒。后至太原，三车自随，前一乘经论箱帙，中乘自御，后乘家妓女仆食馔。于路间遇一老人，问：“乘何人？”对曰：“家属。”老曰：“知法甚精，携家属偕，恐不称教。”基闻之，顿悔前非，翛然独往。老父，则文殊菩萨也。及归本寺，谒宣律师。宣每感天厨供馔，其日过午，而天馔不至。及基辞去，天神乃降。宣怪其迟暮，对曰：“适见大乘菩萨在此，翊卫严甚，故不能而入。”宣闻之，弥礼敬焉。

宝掌千岁

《稽古略》云：千岁宝掌和尚，西竺中印度人也。生而担拳左手，七岁祝发方开，因名“宝掌”。东汉献帝建安二十四年，来至此土。魏晋间，东游入蜀，礼普贤，游五台，礼文殊，日诵《般若》等经不辍。有咏之曰：“劳劳玉齿寒，似迸寒泉急。有时中夜坐，阶前鬼神泣。”复游庐山，寻抵建康。会达磨入梁，掌就扣其旨而有悟。武帝尚其道腊，延之内庭，有偈曰：“梁城遇导师，参禅了心地。飘零二浙游，更尽佳山水。”顺流东下，由千顷，至天竺，往鄮峰，登太白，穿雁宕，回赤城，憩云门，过渔浦，返杭城，于飞来峰栖止，今中天竺寺也。有“行尽脂那四百州，此中偏称道人游”之句。后居浦江宝岩寺，手塑一像，九日像成。问其徒慧云曰：“像谁?”云曰：“与和尚无异。”即沐浴趺坐，谓云曰：“吾住世已一千七十二年，今谢世。听吾偈曰：‘本来无生死，今亦示生死。我得去住心，他生复来此。’”言讫而逝。

法冲化粮

《神僧传》云：唐释法冲，贞观初年，下敕有私度者，处以重罪，冲誓亡身，即便剃落。时峄阳山中，多有逃僧避难，资给告穷。往诣冀州，白州宰曰："如有死罪，冲身当之。但施米粮，终获福祐。"守宰等嘉其烈亮，冒网周济，乃分两处，各置米仓，可十斛许。一所徒众四十余人，纯学大乘，并修禅业，经年食粟，如本不减。一所五十余人，才经两日，食粟便尽，由不修禅，兼习外学。冲曰："不足怪也。能行道者，白毫之惠耳。"时逃难转多，无处投止。山有虎穴，冲诣告曰："今穷客相投，可见容否？"虎即遂去。及难解，冲乃随处弘法。冲广宣经术，专以《楞伽》为要，中书杜正伦每咨禀之。时玄奘法师不许讲旧经，冲曰："奘依旧经出家，若不许弘旧经者，奘请还俗，更依新译经，方许奘此语。"奘闻遂止。仆射于志宁曰："此法师实弘经护法，强御之士，乃法界头陀僧也，不可名实拘之。"

天人侍卫

《高僧传》云：唐释道宣，姓钱氏，长城人也。依智頵律师受业。頵曰：“夫适遐自迩，因微知章，修舍有时，功愿须满。”后于终南山晦迹，专精克念，修习定慧。所居之谷乏水，神人指之，穿地尺余，其泉迸涌，号为“白泉寺”。贞观中，曾隐沁部云室山，人睹见天童给侍左右。于西明寺，夜行道，足跌前阶，有物扶持，履空无害，熟顾视之，乃少年也。宣遽问：“何人中夜在此？”少年曰：“某非常人，即毗沙门天王之子那吒也。护法之故，拥护和尚，时之久矣。”遇敕令僧拜等，上启朝宰护法，乃撰《法门文记》、《广弘明集》、《续高僧传》、《三宝录》、《羯磨戒疏》、《行事钞》等二百余卷。三衣皆苎，一食唯菽；行则策杖，坐则倚床；蚤虱从游，居然除受；土木自得，固已亡身。尝筑一坛，僧尼受戒。俄有长眉僧谈道知者，其实宾头卢也。复三果梵僧，礼坛赞曰：“自佛法后，像法住世，兴毗尼法，唯师一人矣。”

上表不拜

《高僧传》云：唐大庄严寺释威秀，博达多能，讲宣是务，志存荷负，勇而有仪。其于笔语掞张，特推明敏。无何天皇即位，龙朔二年四月十五日，敕勒僧道咸施俗拜。时则僧徒惶惑，罔知所裁。秀嗟教道之中微，叹君王之慢法，乃上表称沙门不合拜，征引诸史，爰历累朝抑挫。朝才发令，夕又改图，皆非远略也。方引经律论以为量果，词皆婉雅，理必渊明。如云："故出家不存家人之礼，出俗无霑处俗之仪。其道显然，百代不易之令典也。"表上，敕百官议其事。至六月，敕不拜君而拜父母，寻亦废止。秀之为法，实为忘身乎！时京邑僧等二百余人，申表上请。时相谓秀曰："敕令详议，拜否未定，可待后集。"秀等乃退。于是大集西明寺，相与商议，共投启状，闻诸达官贵戚，若救头燃。时宣律师上雍州牧沛王启、别上荣国太夫人启等，秀之批鳞，所谓以身护法也。

仪文行布

《稽古略》云：唐长安法海寺英禅师，于咸亨二年三月内，夜见有异人来谒曰："弟子知有水陆斋，可以利益幽冥。自梁武帝殁后，至今不行。今大觉寺有吴僧义济，收藏此仪文，愿师往求。以来月十五日，于山北寺如法修设水陆大斋，苟释狴牢，敢不知报。"英禅师依言，亲诣大觉寺，扣问吴僧义济，果得仪文。即以所期之日，诣山北寺，如法修设大斋。次日曛暮，复见向者之异人，与十数辈来谢曰："弟子是秦庄襄王也。"指其徒曰："此范睢、穰侯、白起、王翦、张仪、陈轸，皆秦臣也。咸坐本罪，幽囚阴府，大夜冥冥，无能救护。昔梁武帝于金山寺设此斋时，前代纣王之臣皆免所苦。弟子尔时亦暂息苦，然以狱情未决，不得出离。今蒙吾师设斋，弟子与其徒辈，并列国诸侯众等，皆乘善力，将生人间。虑世异国殊，故此来谢。"言讫遂灭。自是仪文，布行天下，作大利益。

泗州僧伽

《佛祖统纪》云：泗州僧伽大士，初自碎叶国游于西凉。龙朔初，显化洛阳。或问："师何姓？"士曰："姓何。"曰："何国人？"士曰："何国人。"则天万岁通天元年，诏番僧有乐住者，所在配住。时大士不欲异凡，乃隶名楚州龙兴寺，澹如也。或宴坐于深房，或振锡于长路。人有疾者告之，士以澡瓶水噀之而愈，或以柳枝拂者而瘳。中宗景龙初，诏大士自淮入宫。帝称弟子，三台问法，百辟归心，馆于荐福寺。在京数月无雨，请大士内殿祈雨。师将瓶水泛洒，俄顷阴云骤起，甘雨随霔。帝大喜，为度慧俨、慧岸、木叉三人为侍者，赐额"普光王寺"。至宋宣和元年三月，京都大水，龙鱼鼋鼍出于院舍，宫庙危甚。上闻之，不乐。俄而泗州大圣现于大内，凝立空中，旁侍慧岸、木叉。上焚香拜告，大圣振锡登城。顷之，见一白衣，裹巾跪于前，若受诫谕者。万众咸睹，疑龙神之化人也。既而水退。

万里日回

《神僧传》云：唐万回师，阌乡人也，俗姓张氏。母祈观音，因妊生回。及长，回兄戍役于安西，音信隔绝。父母日夕涕泣，忧思不止。回顾父母，忧念之甚："岂非忧兄耶？"曰："然。"回曰："详思我兄，所要者衣装糗粮之属，请悉备焉，回将往视之。"忽一日朝，赍所备而往，夕返其家，告父母曰："兄善矣。"发书视之，乃兄迹也，一家异之。弘农抵安西盖万余里，以其万里而回，故号"万回"。先是玄奘向西佛国取经，见佛龛题曰："菩萨万回，谪往阌乡地教化。"奘回至阌乡，问："此有万回否？"令呼之，万回至，奘礼之。则天追入内，语事多验。玄宗潜龙时，与张暐等同谒。回见帝，曳帝入，反扃其户，抚帝背曰："五十年太平天子，可自爱。"张暐门外闻其言，故倾心焉。景龙中，时时出入，士庶贵贱竞来礼拜。万回披锦袍，或笑骂，或击鼓，忽求阌乡河水。徒侣觅无，回曰："堂前地掘可得也。"回饮而逝。

七岁传衣

《传法正宗记》云：唐释弘忍，蕲阳黄梅人也，姓周氏。其母孕时，数数有祥光异香发其家。及生，性大聪明，有所闻见，无难异者，一皆晓之。风骨绝异，有圣人之相。有相者见忍于闾巷间，谓人曰："此儿具大人相，所不及如来相者，七种相耳。"时年七岁，路逢东山道信尊者，问曰："尔何姓？"对曰："姓即有，非常性。"信曰："是何姓？"答曰："是佛姓。"信曰："汝没姓耶？"答曰："其姓空故。"尊者即顾从者曰："此儿非凡之器，后当大兴佛事。"遂使持见其父母，道儿应对之异，欲命之出家。父母从之，儿偕僧既还，尊者即为剃度，名之曰弘忍。其后乃命曰："昔如来传正法眼，转至于我，我今付汝，并祖信衣钵。汝皆将之，递相传授，无使断绝。听吾偈曰：'花种有生性，因地花生生。大缘与信合，当生生不生。'"受其法已，继居于破头山祖席而教化益盛。是时天下慕其风，学者不远千里而趋。

远礼文殊

《高僧传》云：唐释佛陀波利，罽宾国人，忘身徇道，遍观灵迹。闻文殊师利菩萨在清凉山，远涉流沙。仪凤元年，杖锡五台，虔诚礼拜，冀睹圣容。忽见一老翁，从山而出，谓波利曰："师何所求？"答曰："闻文殊大士隐迹此山，从印度来，欲求瞻礼。"翁曰："师从彼国，将《佛顶尊胜陀罗尼经》来否？此土众生多造诸罪，出家之辈亦多所犯。《佛顶神咒》除罪秘方，若不赍经，徒来何益？纵见文殊，亦何能识？师可还西国，取彼经来，流传此土，即是遍奉众圣，广利群生，拯接幽冥，报诸佛恩。师取经来至，弟子当示文殊居处。"波利闻已，向山更礼，举头之顷，不见老人。波利遂还本国，取得经回。既达帝城，便求进见。有司具奏，下诏鸿胪寺典客令杜行顗与日照三藏于内共译。经留在内，波利奏曰："委弃身命，志在利人。请帝流行，是所望也。"遂还其梵本，与僧顺贞重译此经流行。

义净译经

《高僧传》云：唐释义净，姓张氏，范阳人也。髫龀之时，辞亲落发。遍询名匠，广探群籍，内外闲习，今古博通。年十五岁，便立其志，欲游西土。仰法显之雅操，慕玄奘之高风，勤无弃时，手不释卷。年三十七，方遂发足，奋励孤行，备历艰险。所至之境，皆晓言音；凡遇尊长，俱加礼重。鹫峰、鸡足咸遂周游，鹿苑、祇林并谐瞻瞩，诸有圣迹毕得追寻。经二十五年，历三十余国。证圣元年还至河洛，得梵本经四百余部，真容一铺，舍利百颗。天后亲迎于上东门外，缯盖幢幡，歌乐前导，敕于佛授记寺安置。与实叉难陀翻《华严经》，得其指授。后自专译《金光明最胜王》等经，天后制《圣教序》令摽经首。暨和帝深崇释典，特抽睿思，制《三藏圣教序》。自天后迄睿宗，共译经律论凡三百余卷。净虽翻三藏，而偏攻律部，译缀之暇，曲授学徒。凡所行事，皆尚急护，漉囊涤秽，特异常伦。

制无尽灯

《高僧传》云：唐释法藏，字贤首，姓康，康居国人也。风度奇正，利智绝伦。初游长安，弥露锋颖。于智俨法师处，传授《华严法界观》。藏为则天讲《新华严经》，至天帝网义、十重玄门、海印三昧门、六相和合义门、普眼境界门。此诸义章，皆是《华严》总别义纲。帝于此茫然未决，藏乃指镇殿金狮子为喻。因撰义门，径捷易解，号《金师子章》，列十门总别之相，帝遂开悟其旨。又为学不了者，设巧便，取镜十面，八方安排，上下各一，相去一丈余，面面相对，中安一佛像，燃一炬以照之，互影交光，学者因晓刹海涉入无尽之义。藏之善巧化诱，皆此类也。诏藏于佛授记寺讲《华严经》，至《华严世界品》，讲堂及寺中地皆震动。僧恒景具表闻奏，敕云："昨请敷演微言，阐扬秘赜。初译之日，梦甘露以呈祥；开讲之辰，感地动以标异。斯乃如来降迹，用符九会之文。"推藏为华严第三祖。

还国传法

《高僧传》云：唐释义湘，新罗国人，附商舶达登州。到一家，见湘容色挺拔，留连门下。既久，有少女，丽服靓妆，名曰“善妙”，巧媚诱之，湘心石不可转也。女调不见答，顿发道心，发愿言：“生生世世归命和尚，习学大乘。”湘径趋长安智俨法师所，综习《华严经》，所谓知微知章，有伦有要，德瓶云满，藏海嬉游，乃议回程，传法开诱。湘入国敷阐斯经，国王钦重，以田庄奴仆施之。湘言于王曰：“我法平等，高下共均，贵贱同揆。经云：‘八不净财。’何庄田之有？何奴仆之为？贫道以法界为家，以盂耕待稔，法身慧命，藉此而生。”湘贵如说行，讲宣之外，精勤修炼，庄严刹海，靡惮暄凉。止畜三衣，瓶钵之余，曾无他物。凡弟子请益，不敢造次，伺其怡寂，而后启发，乃随疑解滞，必无滓核。自是已来，云游不定，称可我心，卓锡而居。学侣峰屯，问答章疏，皆明华严性海，号“海东华严初祖”也。

北宗神秀

《高僧传》云：唐释神秀，俗姓李氏，东京尉氏人也。少览经史，博综多闻。既而奋志出尘，剃染受法。后遇蕲州双峰东山寺五祖忍禅师，以坐禅为务，乃叹伏曰："此真吾师也。"决心苦节，以樵汲自役，而求其道。秀既事忍，忍默识之，深加器重，谓人曰："吾度人多矣。至于悬解圆照，无先汝者。"忍于上元年卒，乃住江陵当阳山居焉。四海缁徒，向风而靡，道誉馨香。则天太后闻之，召赴都，肩舆上殿，亲加跪拜内道场，丰其供施，时时闻道。敕于昔住山造度门寺，以旌其德。时王公已下京邑士庶，竞至礼谒，望尘拜伏，日有万计。洎中宗皇帝即位，尤加宠重。中书令张说尝问法，执弟子礼，退谓人曰："禅师身长八尺，庞眉秀目，威德巍巍，王霸之器也。"初秀同学能禅师，与秀之德行相埒，互相发扬，盖无私于道也。尝奏天后，请能赴都。能恳固辞，使者征之，终不能起。

南派慧能

《传法正宗记》云：唐释慧能，新州人也。父早丧，家贫，负薪以养母。一日途中，闻客诵经，问曰："此何经？"客曰："黄梅县忍禅师，劝人持诵《金刚经》，即得见性。"能闻喜之，归备岁储，奉母告往求法，未几造焉。忍师问曰："汝自何来？"对曰："岭南来。"忍曰："欲求何事？"对曰："唯求作佛。"忍曰："岭南人无佛性，若为得佛？"对曰："人有南北，佛性岂有南北？"忍师契之，曰："着碓坊去。"能尽力而舂供众。忍师谓其众曰："汝等宜各作一偈，以明示见。"神秀上座遂作一偈，书于寺廊之壁，曰："身是菩提树，心如明镜台，时时勤拂拭，莫使惹尘埃。"能闻之，作偈和之，曰："菩提本无树，明镜亦非台，本来无一物，何处惹尘埃？"忍师半夜，潜命慧能入室，告曰："我今所受前祖僧伽梨衣、宝钵，皆付于汝。汝善保之，无使法绝。听吾偈曰：'有情来下种，因地果还生。无情既无种，无性亦无生。'"既受衣钵，作礼潜行。

诏迎六祖

《稽古略》云：唐中宗皇帝遣内侍薛简，驰诏迎请六祖能禅师，愿师慈念，速赴上京。祖表谢辞以疾，简曰："京城禅德皆云：'欲得会道，当习禅定。若不因禅定而得解脱，未知有也。'未审师所说法如何？"祖曰："道由心悟，岂在坐耶？"简曰："弟子回朝，主上必问。愿师指示心要，令得明道。"祖曰："道无明暗。"简曰："明喻智慧，暗喻烦恼。倘不以智慧照破烦恼，生死凭何出离？"祖曰："若以智慧照烦恼者，此是二乘小机。"简曰："何谓大乘见解？"祖曰："明与无明，其性无二。无二之性，即是实性。在凡不减，在圣不增，住烦恼而不乱，居禅定而不寂。性相如如，名之为道。"简曰："师说不生不灭，何异外道？"祖曰："外道将灭止生，以生显灭，灭犹不灭，生说无生。我说本自不生，今亦无灭，所以不同外道。汝欲知心要，但一切善恶都莫思量，自然得入清净，心体湛然，常住妙用恒沙。"简礼辞回。

敕禁伪经

《高僧传》云：唐释法明，辩给如流，戒范坚正。神龙元年，诏僧道定夺《化胡成佛经》真伪。百官诸僧俱集内殿，与黄冠翻覆未安，鯱甋难定。明出场擅美，问道流曰："老子化胡成佛，老子为作汉语化，为作胡语化？若汉语化胡，胡即不解；若胡语化，此经到此土，便须翻译。未审此经，是何年月、何朝代、何人诵胡语，何人笔受？"时道流绝无对。帝悦，下敕曰："仰所在官司，废此伪经。刻石于白马寺，以示将来。"敕曰："朕叨居宝位，惟新阐政，再安宗社，展恭禋之大礼，降雷雨之鸿恩。爰及缁黄，兼申惩劝。如闻天下诸道观，皆画化胡成佛变相，僧寺亦画玄元之形，两教尊容，二俱不可。制到后，限十日内，并须除毁。若故留，仰当处官吏科违敕罪。其《化胡经》，累朝明敕禁断。近知在外，仍颇流行。自今后其诸部《化胡经》，及诸记录有化胡事，并宜除削。若有蓄者，准敕科罪不赦。"

岳神受戒

《稽古略》云：唐释元珪，谒安国师，顿悟玄旨，遂庐卜于嵩岳。有异人峨冠裤褶而至，从者极多，称谒大师。师睹非常人，谓曰："善来！仁者。何为而至？"彼曰："师宁识我耶？"师曰："吾观佛与众生等。吾一目之，岂分别耶？"彼曰："我此岳神也。能生死于人，师安得一目我哉？"师曰："吾本不生，汝焉能死？吾视身与空等，视吾与汝等。汝能坏空与汝乎？苟能坏空及汝，吾则不生不灭也。汝尚不能如是，又焉能生死吾耶？"神稽首曰："我亦聪明正直于余神，讵知师有广大之智辩乎。愿授以正戒，令我度世。"师曰："汝既求戒，即既戒也。所以者何？戒外无戒，又何戒哉？"神曰："此理也。我闻茫昧，止求师戒。我身为门弟子，师即付汝五戒。"师曰："汝能不淫、不盗、不杀、不妄、不饮酒乎？"神曰："能。"师曰："如上是为佛戒。"又曰："但能以无心通达一切法尔。"神曰："我诚浅昧，未闻空义。师所受戒，我当奉行。"

昙璀遁迹

《高僧传》云：唐释昙璀，姓顾氏，吴郡人也。和敏纯素，温恭克明，勉节出尘，栖心物表。始事牛头山融禅师，融醇懿瑰雄，东夏之达磨欤，梵幢宝柱，大海津梁。目以上根，乃诲之曰："色声为无生之鸩毒，受想是至人之坑阱，致远多泥，子不务乎？"璀默而审之，直辔独上，餐甘露味，饮蒲萄浆，犹金翅不食异类，帝释无共鬼居。乃晦迹钟山，断其陋习，养金刚定，趣大能位，纳衣空林，多历年所。时淮南导首广陵觉禅师，江左名德建业如法师，咸杖锡方来，降心义体，握珠怀宝，虚往实归。则天皇后临朝，龙行佛事，高其道业，周勤诏书。时栖霞约法师，梵门之秀杰，躬以敦劝朝天，抗诏皇明，恐未然也。璀曰："岐伯辞帝舜之师，干木谢文侯之命，玄畅以善论而抗宋主，慧远不赴而傲齐后，彼何人哉？"由是遁北阜，逾东冈，考盘云冥。后止于竹林之隩，葺宇篙缶而告老焉。

顿悟法华

《传灯录》云：唐释法达，七岁出家，诵《法华经》。通具之后，往曹溪礼祖，头不着地。祖呵曰："头不至地，何如不礼？汝心中必有一物，蕴习何事耶？"达曰："念《法华经》已及三千部。"祖曰："汝若念至万部，不得经意，不以为胜。"达曰："惟愿和尚大慈，略示经中义理。"祖曰："汝念此经，以何为宗？"达曰："学人愚钝，从来但依文诵念，岂知宗趣？"祖曰："汝试为吾念一遍，吾当为汝解说。"达即高声念经，至《方便品》，祖曰："止。此经元来以因缘出世为宗，纵说多种譬喻，亦无越于此。何者因缘？唯一大事。一大事，即佛知见也。汝慎勿错解经意，见他道开示悟入，自是佛之知见，我辈无分，若作此解，乃是谤经毁佛也。彼既是佛，已具知见，何用更开？汝今当信佛知见（按："见"，原作"趋"，据文意改）者，只汝自心，更无别体。盖为一切众生自蔽光明，贪爱尘境，外缘内扰，甘受驱驰。"达从此领悟玄旨，从昼至夜，诵持此经不辍。

和帝受戒

《高僧传》云：唐释道岸，颍川唐氏。身遗缠盖，心等虚空，不择贤愚，无论贵贱，温颜接待，善诱克勤，明鉴莫疲，洪钟必应，皆窥天挹海，虚往实归。其利博哉！无德称也。时号为“大和尚”，瞻仰者皆悉由衷，听受者得未曾有。尔时，孝和皇帝精贯白业，游艺玄枢，遣使征召入朝，与大德十人同居内殿。帝因朝暇躬阅清言，虽天倦屡回，而圣威难犯。凡厥目对，靡不魂惊，向日趋风，灭听收视。岸人望虽重，僧腊未高，犹沦下筵，累隔先辈。惜帝有轮王之位，不起承迎，以吾为舍那之后，晏然方坐。皇帝睹其高尚，伏以尊严，因请如来法味，屈为菩萨戒师，亲率六宫，围绕供养。仍图画于林光宫，御制画赞，辞曰：“戒珠皎洁，慧流清净。身局五篇，心融入定。学综真典，观通实性。维持法务，纲统僧政。律藏冀兮传芳，象教因乎光盛。比夫灵台影像，麟阁丹青，功德义殊，师臣礼异。”

华严度蟒

《神僧传》云：唐华严和尚，尝在洛都天宫寺讲法，规矩严整，每日食堂，衣钵须备。有僧因疾不出，有一沙弥瓶钵未足，至此僧前，借钵上堂。僧曰："吾钵受持已数十年，恐汝损坏。"不肯与之。沙弥恳告："上堂食顷而归，岂便毁损？"至于再三，僧借之曰："吾钵如命，若有损坏，同杀我也。"沙弥得钵，捧食下堂，不期砖破，蹴倒钵破。僧又摧之，遂至僧所承过。僧大叫曰："汝杀我也！"怒甚，一夕而死。尔后和尚于嵩山岳寺讲《华严经》，沙弥侍立。须臾见一蟒蛇，努目张口，直入寺来。和尚以锡杖扣其首曰："既明所业，今当回向三宝。"为之念佛，与受三皈五戒，蛇宛转而去。和尚谓曰："病僧惜一钵故，怒此沙弥，遂作蟒蛇。吾受归戒，今当舍此身矣。往寻之。"弟子受命，行十四五里，至深谷间，扣石而死，归白和尚。和尚曰："此蛇今受生裴郎中家作女，生甚艰难，年十八而死。"果如其言。

曹溪一宿

《传灯录》云：唐释玄觉，姓戴氏，永嘉人也。丱岁出家，遍探三藏，精天台止观，圆妙法门，于四威仪中，尝冥禅观。后因左溪朗禅师激励，与东阳策禅师同诣曹溪。初到觉振锡携瓶，绕祖三匝，卓然而立。祖曰："夫沙门者，具三千威仪、八万细行。大德从何方而来，生大我慢？"觉曰："生死事大，无常迅速。"祖曰："何不体取无生，了无速乎？"曰："体即无生，了本无速。"祖曰："如是。如是。"于时大众无不愕然。觉方具威仪参礼，须臾告辞。祖曰："返太速乎？"觉曰："本自非动，岂有速耶？"祖曰："谁知非动？"曰："仁者自生分别。"祖曰："汝得无生之意。"曰："无生岂有意耶？"祖曰："无意谁当分别？"曰："分别亦非意。"祖叹曰："善哉！善哉！"少留一宿，时谓"一宿觉"矣。觉翌日下山，回温江，学者辐辏，号"真觉大师"，著《证道歌》一首。及禅宗悟修圆旨，自浅至深成十篇，目为《永嘉集》。庆州刺史魏靖，缉而序之，盛行于世。

处寂高洁

《宋高僧传》云：唐释处寂，俗姓周氏，蜀人也。师事宝修禅师，服勤寡欲，与物无竞，雅通玄奥。居资州山北，行杜多行。天后诏入内，赐摩纳僧伽梨，辞乞归山，涉四十年，足不入市。坐一胡床，晏然不寐，常有虎蹲伏座下，如家畜类。资民所重，学其道者臻萃，由是颇形奇异。开元初，新除太守王晔，本黄冠也。景云中，曾立少功，刺于是郡。终于释子，包藏祸心，上任分处，令境内沙门追集。唯寂久不下山，或劝寂往参，免为厉阶。寂谓弟子曰："汝虽出家，犹未识业。吾之未死，王晔其如吾何?"迨乎王公上官三日，缁徒毕至，或曰："唯处寂篾视藩侯，弗来致贺。"晔微怒也。屈诸僧升阶坐已，将启怒端。问寂违拒之由，愠色悖兴，僧皆股慄。晔俄然作地，左右扶掖归宅，至厅事后屏树，如被掴颊之声，禺中晔已气绝。自此人谓为妄欲加诸道人，一至于此。资州之民，至今崇仰。

帝问佛恩

《释氏稽古略》引《旧唐史》云：唐开元二年，玄宗皇帝问左街僧录神光法师曰："佛于众生，有何恩德，致舍君亲妻子而师事之？说若有理，朕当建立；说若无理，朕当削除。"神光答曰："佛于众生，恩过天地，明逾日月，德重父母，义越君臣。"帝曰："天地具造化之功，父母、君臣具生成之德，何以言佛并过此乎？"神光对曰："天能盖不能载，地能载不能盖；日则照昼不照夜，月则照夜不照昼；父只能生不能养，母则能养不能生；君有道则臣忠，君无道则臣佞。以此而推，德则不全。佛于众生，恩则不尔。言盖则四生普覆，论载则六道俱承；论明照耀十方，论朗则光辉三有；论慈则提拔苦海，论悲则度脱幽冥；论圣则众圣中王，论通则六通自在。所以存亡普救，贵贱皆携。唯愿陛下，留心敬仰。"帝大悦曰："佛恩如此，非师莫宣。朕愿回心，生生敬仰，钦崇三宝，广度僧尼。"

立坛祈雨

《高僧传》云：唐释金刚智，南印度摩赖耶国人也。闻支那佛法崇盛，泛舶而来，达于广府。敕迎就荐福寺住，建大曼拏罗灌顶道场，度于四众。大智大慧不空，皆行弟子之礼。后随驾洛阳，开元七年正月至五月不雨，岳渎灵祠祷之不应，乃诏智结坛祈请。于是用不空钩，依菩萨法，在所住处，起坛深四肘，躬绘七俱胝菩萨像，立期以开光明日，定随雨致。帝使一行禅师，谨密候之。至第七日，炎气爞爞，天无浮翳，午后方开眉眼。即时西北风生，飞瓦拔树，崩云泄雨，远近惊骇。而结坛之地穿穴，其屋洪注，道场质明。京城士庶皆见智获一龙，穿屋飞去。求观其处，日千万人，斯乃立坛之神验也。自是以来，广敷密藏，建曼拏罗，依法制成，皆感灵瑞。一行禅师钦尚斯教，数就谘询。智一一指授，曾无遗隐。一行自立坛灌顶，遵受斯法，既知利物，请译流通。

勤修净土

《高僧传》云：唐释慧日，遇义净三藏，造一乘之极，躬诣竺乾，心恒羡慕。始者泛舶渡海，海中诸国，经过略遍。独影孤征，乃达天竺，礼谒圣迹。既经多苦，深厌阎浮，访善知识咨禀法训，思欲利人捷径法要："何国何方，有乐无苦？何法何行，能速见佛？"天竺三藏："学者所说，皆赞净土，复合金口。其于速疾，是一生路。尽此报身，必得往生极乐世界，亲得奉事阿弥陀佛。"闻已顶受。渐至健驮罗国，王城东北大山有观世音菩萨像，若志诚祈请者，菩萨多得现身。慧日遂七日叩头，又断食毕命为期。至七日夜，忽见观音空中现紫金色相，坐宝莲花，垂右手摩日顶曰："汝欲传法，自利利他。西方净土，极乐世界，弥陀佛国，劝令念佛诵经，回愿往生。到彼国已，见佛及我，得大利益。汝自当知，净土法门胜过诸行。"说已忽灭。日回长安，进佛真容，普劝道俗勤修净土之业。

通玄造论

《神僧传》云：唐长者李通玄，举动之间，不可度量。眉长过目，髭须如画。戴桦皮冠，衣大布缝掖之制，腰不束带，足不蹑履。冬无皴皲，夏无垢汗。而该博古今，洞精儒释，发于辞气，若铿巨钟，而倾心华藏，未始辍怀。开元中，赍《华严经》，至盂县高山奴家，造论演畅《华严》。不出户庭，几于三载，高兴邻里，怪而不测。每日食枣十颗，柏叶饼一枚，余无所须。其后移于南谷马家古佛堂侧，立小屋闲处宴息焉，高氏供枣饼亦至。赍其论并经往韩氏庄中，路遇一虎。玄抚其背，以负经论搭载，去土龛中，虎弭耳前行。又造论之时，室无油烛，每夜秉笔，于口两角出白光长尺余，炳然通照，以为恒矣。自到土龛，俄有二女子韶颜都雅，每日馈食一奁于龛前。玄食已，彻器而去，凡经五载。至于纸墨，供送无亏。论成，泯然不现。所造论四十卷，总括八十卷，经之大义矣。

一行造历

《高僧传》云：唐释一行，丱岁不群，聪黠明利，读书一览，已能谙诵。礼普寂禅师出家，所诵经法无不精通，阴阳之书尽皆详晓。至国清寺，见一院，闻院中布算，其声蔌蔌然。僧谓侍者曰："今日有弟子求吾算法，已合到门，必无人导达。"行承其言而入，稽首请法，尽授其决。玄宗闻之，诏入内占其灾福，若指于掌，言多补益。邢和璞谓尹愔曰："一行真圣人也。汉洛下闳造历云：'后八百岁，当差一日，则有圣人定之。'今年期毕矣。行造《大衍历》，正其差谬，则洛下闳之言信矣。"行邻老姥儿子杀人，谒行乞奏免死。行曰："国家刑宪，岂有私意而免？"姥骂曰："我邻居抱乳，忘此恩耶？"行运算与姥曰："令人于某地午时，伺获七猪，投囊速归。"果得七猪，行以六一泥封之。是夜北斗不现，召行禳之。行曰："天将大儆于陛下。臣僧曲见，莫若大赦天下。"帝依之，老姥儿子得免死罪。

无畏祈雨

《神僧传》云：唐释无畏，本天竺人，让国出家，道德名称，为天竺之冠。所至讲法，必有异相。初自天竺至，所司引谒于玄宗。玄宗见而敬信焉，因问畏："欲于何寺安息耶?"畏曰："在天竺时，闻大唐西明寺宣律师，持律第一，愿往依止焉。"玄宗可之。宣律师禁戒坚苦，焚修精洁。畏饮酒食肉，言行粗易，往往乘醉喧竞，秽污茵席。宣律师颇不能甘之。忽中夜，宣律师扪虱子投于地，畏半醉呼曰："律师扑死佛子耶!"律师方知其为异人也，整衣作礼，而师事焉。开元十年十月旱，帝遣使诏无畏请雨。畏持满钵水，以小刀搅之，诵咒数番，即有物如蚪（按："蚪"，疑为"虬"）龙，从钵中矫首水面。畏咒遣之，白气自钵腾涌，语诏使曰："速归。雨即至矣。"诏使驰出，顷刻风雷震电。诏使趋入奏御，衣巾已透湿，霖雨弥日而息。又尝淫雨逾时，诏畏止之。畏捏泥媪五躯，向之作梵语叱骂者，即刻而霁。

说法破灶

《传灯录》云：唐破灶堕和尚，不称名氏，言行叵测。参事嵩岳安禅师，通彻禅法，逍遥弗羁。恒求理而不见其前，别途取而莫趋其后，遂隐居嵩岳山坞。有庙甚灵，殿中唯安一灶，远近祭司不辍，烹杀物命甚多。师一日领侍僧入庙，以柱杖敲灶三下云："咄！此灶只是泥瓦合成，圣从何来？灵从何起？恁么烹宰物命。"又打三下，灶乃领破堕落。须臾有一人青衣峨冠，忽然设拜师前。师曰："是甚么人？"答云："我本此庙灶神，久受业报。今日蒙师说无生法，得脱此处，得生殊胜天中，特来致谢。"师曰："是汝本有之性，非吾强言。"神再拜而没，随而瓦解，自然破落，非人力也。侍僧问曰："某等诸人，未蒙和尚指示。灶神得什么径旨，便得生天？"师曰："我只向伊道，本是泥瓦合成。"侍僧立无言。后有丰禅师，举白安国师。国师叹曰："此子会尽物我一如。可谓如朗月处空，无不见者。"

行思传法

《传灯录》云：唐释行思，姓刘氏，庐陵人也。幼岁出家，每郡居论道，师唯默然。后闻曹溪法席，乃往参礼。问曰：“当何所务，不落阶级？”祖曰：“汝曾作甚么来？”师曰：“圣谛亦不为。”祖曰：“落何阶级？”曰：“圣谛尚不为，何阶级之有？”祖深器之。会下学徒虽众，师居首焉，亦犹二祖不言，少林谓之得髓矣。一日祖谓师曰：“从上衣法双行，师资递授。衣以表信，法乃印心。吾今得人，何患不信？吾授衣以来，遭此多难，况乎后代争竞必多。衣乃留镇山门，汝当分化一方，无令断绝。”师既得法，祗迭告还，往吉州青原山静居寺。六祖将示灭，有沙弥希迁，问曰：“和尚百年后，希迁未审当依附何人？”祖曰：“寻思去。”及祖顺世，迁每于静处端坐，寂若忘生。第一座问曰：“汝师已逝，空坐奚为？”迁曰：“我禀遗诫，故寻思尔。”第一座曰：“汝有师兄行思和尚，今住吉州。汝因缘在彼，师言甚直，汝自迷耳。”

莲灯满谷

《神僧传》云：唐释鉴源，素行甄明，后讲《华严经》，号为胜集。日供千人粥食，其仓廪中粟米，才数百斛，取之不乏，沿夏涉秋，未尝告匮。有慧观禅师，每夜见三百余僧，持莲灯如流星，凌空而去。郡守崔公宁疑其妖妄，躬自入山宿，预禁山四方，面各三十里火灯。至夜有百余灯现，兼有红光可千尺余。时松间有二菩萨，黄白金色，出金色手。庭前柏树上，复现一灯，其明如日，横布玻璨山，可三里所。宝珠一颗，圆一丈，熠爚可爱。西山县大虹桥，桥上梵僧、老叟、童子间出。复有二炬，烂然空中，如相迎送交往之状。下有四菩萨，两两偶立，放通身光，可高六七十尺。复见大松林后有寺额，篆书三学金字。又灯下垂绣带二条。东林之间，复现金光。月当于午，金银二色之灯，列于左右。崔公蹶然作礼，叹未曾有。韦南康皋每三月就寺，设三百菩萨大斋，菩萨现相焉。

怀让救僧

《高僧传》云：唐释怀让，俗姓杜氏，安康人也。始年十岁，雅好佛书，炳然殊姿，特有灵表。弱冠诣荆南玉泉寺恒景律师，便剃发受具，自叹曰："夫出家者为无为法，天上人间无有胜者。经云所谓出四衢道，露地而坐也。"时坦禅师乃劝让往嵩岳觌安公，安启发之。遂往曹溪觐能公，能公怡然，无馨无臭。洪波泛臻，大壑之广乎？韶頀合奏，大乐之和乎？祖问曰："什么处来？"曰："嵩山来。"祖曰："什么物恁么来？"曰："说似一物即不中。"祖曰："还可修证否？"曰："修证即不无，污染即不得。"祖曰："只此不污染，诸佛之所护念。汝既如是，吾亦如是。西天般若多罗，识汝足下出一马驹，踏杀天下人，并在汝心，不须速说。"师豁然契会，大事缘毕，乃跻衡岳，止于观音台。时有僧玄至，拘刑狱，举念愿让师救护。让早知而勉之，其僧脱难云："是救苦观音。"得斯号也。其化大行，亦由此焉。

子邻救母

《高僧传》云：唐释子邻，姓范氏。父峻朝，不喜三宝。或见沙门，必加咄唾。邻生已数岁，见僧则慕之。开元初，东都广爱寺庆修律师，经范氏之舍，邻见之，拜求出家。问曰：“父母云何？”对曰：“不令亲知，知则箠挞矣。”师但先去，邻乃远行，随师到寺。至十一年，忽思二亲，辞归宁觐。其父丧明，母终已三载。因诣岳庙，求知母之幽趣。即敷具诵《法华经》，誓见天齐王。其夜，岳神召邻问何故，邻曰：“母王氏亡来已经除服，敢问大王母今何在？”王顾簿吏，对曰：“王氏见禁狱受苦。”邻曰：“我母何罪？”王曰：“生和尚时食鸡卵，又取白傅头疮，坐是之罪。”邻悲泣委顿，求王请免。王曰：“縶縻有分，放释无门。可往鄮山，礼阿育王塔，可原也。”邻诘朝遵途，到阿育王寺舍利塔前，叩头哀诉，投筹礼至四万拜。俄闻有呼邻声，望空见云气中母谢曰：“承汝之力，得生忉利天矣。故来报汝。”倏然不见。

神会南参

《高僧传》云：唐释神会，姓高，襄阳人也。年方幼学，厥性惇明。从师传授五经，克通幽赜。次寻《庄》、《老》，灵府廓然。览《后汉书》知浮图之说，由是于释教留神，乃无仕进之意。辞亲，投本府国昌寺颢元法师下出家。其讽诵群经，易同反掌，全大律仪，匪贪讲贯。闻岭南曹溪慧能禅师，盛扬法道，学者骏奔。乃效善财，南方参问，裂裳裹足，以千里为跬步之间。及见，能问曰："从何所来？"会答曰："无所从来。"能曰："汝不归去？"答曰："一无所归。"能曰："汝太茫茫。"答曰："身缘在路。"能曰："由自未到？"答曰："今已得到，且无滞留。"居曹溪数载，后遍寻名迹，续于洛阳，大行禅法，声彩发挥。先是两京之间，皆宗神秀，若不淰之鱼鲔附沼龙也。从见会明心六祖之风，荡其渐修之道矣。南北二宗，时始判焉。洎肃宗诏入内供养，敕将作大匠，并功力为造禅宇于荷泽寺，敷演能祖之宗风。

左溪遁迹

《佛祖统纪》云：唐左溪尊者玄朗，东阳傅大士六世孙也。隶业清泰寺，受经日过七纸。落发得戒，闻天宫慧威尊者，盛弘天台止观，即往求学。未几，一家宗趣，解悟无遗。常以十八种物，行头陀行。依凭岩穴，建立招提，面列翠峰，左萦碧涧，号曰“左溪”。每言泉石可以洗昏蒙，云松可以遗身世。常晏居一室，自以为法界之宽，心不离定，口不尝药。耄耆之岁，同（按：“同”，原作“固”，据《佛祖统纪》改）于壮龄。揉纸以衣，掬溪而饮。洗钵则群猿争捧，诵经则众禽交翔，幽栖林谷，深以为乐。忽一日有盲狗至山，长嗥伏地。师为行忏，不逾日双目俱明。每翘跪祈请，愿生兜率内院。敛念之顷，忽感舍利从空而下。婺州刺史王正容，屡屈入城，冀亲法喜。师不欲往，辞之以疾。师所居兰若，坐非正阳，将移殿与像，用力实艰。杖策指挥，工人听命，为日未久，旧制俨然。山水频涸，众以为患，举杖刺之，岩泉涌出。

金台迎接

《宋高僧传》云：唐释怀玉，姓高氏，丹丘人也。执持律法，名节峭然。一食长坐，蚤虱恣生。唯一布衣，行忏悔之法。每一日课，念阿弥陀佛五万声，诵《阿弥陀经》五卷。天宝元年六月九日，俄见西方圣像，数若恒沙。有一人擎白银台，从空而下。玉云："我合得金台。"银台即去，玉倍虔志。后空声报云："头上已有光晕矣。请加趺，结弥陀佛印。"时佛光充室，玉手约人，退曰："莫触此光明。"至十三日，再有白毫光现，圣众满空。玉云："若闻异香，我报将尽。"弟子慧命问："师今往何刹？"玉以偈答云："清净皎洁无尘垢，莲华化生为父母。我修道来经十劫，永离娑婆归净土。"玉说偈已，香气盈空，海众遍满。见阿弥陀佛、观音、势至，身紫金色，共御金刚台来迎。玉含笑而终，肉身现在。后有台州刺史段怀，诗赞云："我师一念登初地，佛国笙歌两度来。唯有门前古槐树，枝低只为挂银（按："银"，疑为"金"）台。"

天兵护国

《高僧传》云：唐释不空，本北天竺婆罗门族。幼失所父，随叔父观光东国。年十五，师事金刚智三藏。初导以梵本《悉昙章》及《声明论》，浃旬以通彻矣。师大异之，与受大曼荼罗法，验以掷花，知后大兴教法。天宝元年，西蕃、大石、康三国帅兵围西凉府，诏空入内帝御道场。空秉香炉，诵《仁王》密语二七遍。帝见神兵，可五百员，在于殿庭。帝惊问，空曰："毗沙门天王子，领兵往救安西，请急设食发遣之。"至四月二十日，安西奏云："二月十一日，城东北三十许里，云雾间见神兵长伟，鼓角喧鸣，山地崩震，蕃部惊溃。彼营垒中，有鼠金色，咋弓弩弦皆断。见城北门楼上，有天王怒视，蕃帅大奔。"帝览奏谢空，因敕诸道城楼置天王像，此其始也。空凡应诏祈雨，无他轨则，但设一绣座，手簸旋数寸木神，念咒掷之。当其自立于座上已，伺其吻角牙出，两目瞬动，则雨至矣。

公主祈嗣

《宋高僧传》云：唐释和和者，莫知其氏族乡里。其为僧也，狂而不乱，愚而有知，罔测其由。言其祸福，发言多中，时号为"圣僧"，诸公贵人皆敬事之。居京师大安国寺，见本寺营造殿阁未完，就和冀得资费以助。荥阳郑万钧，尚越国公主。虽琴瑟相谐，而数年无子。和因至公主家，万钧焚香，迎和供养。主拜跪归向，万钧祈告曰："某自叨选，尚愿得一子为嗣，唯师能致之乎？"和曰："此易耳。但遗我三千匹绢，当使公主生二男。"万钧闻之甚喜，即出绢如数施之。和取付修寺殿阁功德主，殿阁以落成，主亦旋有娠。和谓万钧曰："主所娠天人也。然吾本欲使主孪产，所忧公主不能并娠二子。吾俾其同年连产二子，而前后诞之。"果如其言，岁初年末各生之矣。长曰潜耀，次曰晦明，皆美丈夫，后博涉成事焉。京邑之间，传扬沸渭，量其地位，而和之造诣，又岂可轻议哉！

中使问道

《传灯录》云：唐释本净，自南溪入室之后，住司空山无相寺。天宝初，遣中使杨光庭入山采常春藤，因造丈室，礼问曰："弟子慕道斯久，愿和尚慈悲，略垂开示。"师曰："天下禅宗硕学，咸会京师，天使归朝，足可咨决。贫道隈山傍水，无所用心。"光庭泣拜，师曰："夫使为求佛耶？问道耶？"曰："弟子智识昏昧，未审佛之与道，其义云何？"师曰："若欲求佛，即心是佛。若欲会道，无心是道。"曰："云何即心是佛？"师曰："佛因心悟，心以佛彰。若悟无心，佛亦不有。"曰："云何无心是道？"师曰："道本无心，无心名道。若了无心，无心即道。"光庭作礼信受，既回阙庭，具以山中所遇奏闻，即敕诏师赴内，阐扬佛理。时有远禅师，问曰："只如禅师所见，以何为道？"答曰："无心是道。"远曰："道因心有，何得言无心是道？"师曰："道本无名，因心名道。心名若有，道不虚然。穷心既无，道凭何立？二俱虚妄，总是假名。"

放光入定

《高僧传》云：唐释广陵大师，形质寝陋，性多桀黠，真率之状，与屠沽辈相类，止沙门形异耳。好嗜酒啖肉，常衣繐裘，厚重可知。盛暑亦不暂脱，蚤虱聚其上。或狂悖，或醉卧道傍。尝于稠人广众中，自负其力，往往入阛阓间，剽夺人钱帛。市人皆畏其勇，而莫敢拒。后有一老僧，召大师诫敕之曰："汝胡不谨守戒法，奈何食酒肉、屠犬豕，强抄市人钱物？又与无赖子弟斗竞，不律仪甚，岂是僧人本事耶？一旦众所不容，执见官吏，按法治之，何处逃隐？且深累佛法。"大师怒色对之曰："蝇蚋徒喋羶腥，尔安知鸿鹄之志乎？然则我道非尔所知也。且我清中混外者，岂同尔龌龊无大度乎？"老僧且不能屈。后一日，自外来归，入室闭户。有于门隙觇之，见大师坐席放神光，自眉间晃朗，照物洞然。观者惊报，少顷僧俗奔至，瞻礼称叹。及开户视之，大师瞑目，禅定已逝矣。

希迁梦龟

《高僧传》云：唐释希迁，母方怀孕，不喜荤血。及生岐嶷，虽在孩提，不烦保母。既冠然诺自许，未尝以气色忤人。其乡洞獠民，畏鬼神，多淫祀，率以牛酒，祚作圣望。迁辄往毁藂祠，夺牛而归。岁盈数十，乡老不能禁其理。闻大鉴禅师，学心相踵，乃直往曹溪。六祖大师度为弟子，属祖师圆寂，禀遗命，谒庐陵青原山思禅师，乃摄衣从之，思甚然之。忽梦与大鉴同乘一龟，泳于深池，觉而占曰："龟是灵智也，池是性海也。吾与师乘灵智、游性海久矣。"遂造衡山南寺。寺之东，有石状如台，乃结庵其上，时号"石头和尚"焉。上堂曰："吾之法门，先佛传受，不论禅定精进，唯达佛之知见。即心即佛，心佛众生。菩提烦恼，名异体一。汝等当知，自己心灵，体离断常，性非垢净，湛然圆满，凡圣齐同，应用无方，离心意识，三界六道，唯自心现，水月镜像，岂有生灭？汝能知之，无所不备。"

待鹊移巢

《传灯录》云：唐释慧忠，姓王，上元人也。闻牛头山威禅师，往谒之。威才见，曰："山主来也。"师感悟微旨，遂给侍左右。后辞山，诸方巡礼。忽见凌霄藤萎悴，人欲伐之，忠谓之曰："勿伐。待吾还时，此藤更生。"及师回，果如其言，即以山门付嘱焉。师平生一纳不易，器用唯一铁铛。尝有供僧谷两廪，盗者窥伺，见二虎为守之。县令张逊至山顶谒，问师："有何徒弟？"师曰："有三五众。"逊曰："如何得见？"师敲禅床，有三虎哮吼而至，逊惊怖而退。后众请入城，居庄严寺。师欲于殿后，别创法堂。先有古木，群鹊巢其上。工人将伐之，师谓鹊曰："此地建法堂，汝等何不速去？"言讫，群鹊乃迁他树。初筑基，有二神人定其四角，复潜资夜役，遂不日而就。由是四方学徒，云集座下，其得法者有三十四人，各住一方，转化多众。师尝有《安心偈》示众曰："人法双净，善恶两忘。直心真实，菩提道场。"

山神献地

《高僧传》云：唐释神悟，逮其晚节，建置法华道场，九旬入长行礼念，观佛三昧于斯现前。因语门人曰："夫阴薄日以何伤，风运空而不动，苟达于妄，谁非性也。"方结宇于劳劳山东，中据石圯，达分仙径，诸猛兽驯于禅榻，祥云低于法堂。中夜有山神现形，谓悟曰："弟子即隋故新成侯曹世安，生为列侯，死典南岭。今师至止，愿以此地永奉经行。"言讫，隐而不见。时吏部员外李华、殿中侍御史崔益同谒悟师，尝问孔、老、圣教优劣，请陈题品。悟对曰："路伽耶典籍，皆心外法。味之者，劳而无证。其犹朽泽思华，乾池暎月，比其释教，夫何远乎？"如是往复，应答如流，华、益拱手，无以抗敌。其扞护释门疆场，畴敢侵轶乎？华乃一代之文宗，与萧颖士齐名，笔语过之。若此之儒，孰能觝角也？凡诸不逞之徒，疑经难法者，悟必近取诸身，远喻于物，如理答酬，无不垂头搭翼者。

龙母涌泉

《高僧传》云：唐释地藏，姓金氏，新罗国王次子也。尝自诲曰："六籍寰中，三清术内，唯第一义，与方寸合。"于时落发涉海，振锡观方。至池阳，睹九华山，心甚乐之。乃径造其峰，得谷中之地，面阳而宽平。趣尔度日，藏为蛇螫，端坐无念。俄有美妇人，作礼馈药云："小儿无知，愿出泉以补过。"言讫不见。视坐左右间，甘泉涌出。其峰多冒云雾，罕曾露顶。藏素愿持四部经，遂得明朗。有诸葛节率村父，自麓登高，深极无人。唯藏孤然，闭目石室。其室有折足鼎，鼎中白土和沙米，煮而食之。群老惊叹曰："和尚如斯苦行，我曹山下列居之咎耳。"相与同构禅宇，不累载而成大伽蓝。时张公严典是邦，仰藏之高风，因奏寺额置焉。本国闻之，率以渡海相寻。其徒且多，无以资岁，藏乃发石得土。其色清白，不碜如面，而共众食。其众请法以资神，不以食而养命，四众莫不宗仰。

飞锡卜地

《佛祖统纪》云：唐法华尊者智威，姓蒋氏，缙云人，家世业儒。路逢梵僧谓曰："少年何意，欲违昔日重誓耶？"因示其五愿曰："一愿临终正念，二愿不堕三途，三愿人中托生，四愿童真出家，五愿不为流俗之僧。盖前身为徐陵，聪智者讲经，深有诣入，对智者亲立此愿。"师闻愿已，不复还家，即往国清寺，投章安为师，咨受心要，定慧俱发，印证法华三昧。欲卜胜地，说法度人，执锡而誓曰："锡止之处，即吾住所。"其锡自国清，飞至苍岭，可五百里。师以隘狭，不容广众，陵空再掷，飞至炼丹山。师既戾止，剪棘刈茅，班荆为座，聚石为徒，昼讲夜禅，手写藏典，名其地曰"法华"。既而学徒子来，习禅听讲者一千人，乃分为九处安居。每登座，有紫云覆顶，状如宝盖，麋鹿旁止，有同家畜。众苦乏水，凿一石井，才五尺深，日给千众，冬夏无竭。法华至仙居，往反斋粥，禅讲未至少违。

南阳国师

《宋高僧传》云：唐释慧忠，姓冉，诸暨人也。上元二年，敕内给事孙朝进驲骑迎请，其手诏曰："皇帝信问，朕闻调御上乘，以安中土；利他大士，共济群生。师以法镜高悬，一音演说，藏开秘密，境入圆明，大悲不倦于津梁，至善必明于兼济。尊雄付嘱，实在朕躬，思与道安，宣扬妙用，广滋福润，及以大千，传罔象之玄珠，拔沉迷之毒箭。良缘斯在，勿以为劳，杖锡而来，京师非远，齐心已久，副朕虚怀。春寒，师得平安好？遣书指不多及。"忠常以道无不在，华野莫殊，遂高步入宫，引登正殿。霜杖初下，日照龙衣，天香以焚，风飘羽盖。时忠骧首接武，神仪肃若。天子钦之，待以师礼。奏理人治国之要，畅唐尧虞舜之风。帝闻竦然，膝之前席，九龙洒莲花之水，万乘饮醍醐之味。从是肩撵上殿，坐而论道，不拘彝典也。寻令骠骑朱光辉宣旨，住千佛寺。相国崔涣，从而问津。

慧闻铸佛

《宋高僧传》云：唐释慧闻，信安人也。居衢州灵石寺，讽诵精勤，日夜匪懈。尝劝勉檀那，以修福为最。常言未预圣位，于五道中流转，非福何凭？遂于瀔江造模，铸丈六金身像。州人未听许，铜何从致？闻且曰："待大施主至。"无何，有清溪县夫妻二人，将嫁资铜鉴来施，闻为誓咒之曰："此鉴鼓铸，若当佛心前，乃是夫妻发心之至也。"迨脱摹露像，果然鉴当佛心胸间矣。又尝往豫章劝化，获黄金数镒。俄遇贼劫掠，事急遂投金于水中，谓曰："虑损君子福田，请自涝漉舍闻。"闻去，贼徒泅水，求之不得。及闻到州，金冥然已在其院中。若役人用匠，不避讥嫌，得物见多。闻自提鱼挈肉，以饲工人焉。闻尝独行山路，或逢虎豹，闻以杖扣其头曰："汝勿害人耳。吾造功德，汝何不入缘？"明日，虎遂衔野猪投于闻前，弭尾而去。凡举善事，悉皆成就。远近檀越，归信如流，率多奇异。

肃宗应梦

《高僧传》云：唐释大光，姓唐氏，湖州人。未龀之岁，思求佛乘，愿诵《法华》，三月通贯，经声一发，顽鄙革心。及遂出家，而寻登戒。西游京邑，朝见肃宗。帝召至禁中，拱而叹曰："昔梦吴僧，口持大乘，五色光现，音容宛若，适朕愿兮。"因赐名"大光"，令中官赵温送于千福寺，住持经道场。其诵经作吴音，辽辽通于圣听，帝甚异其事。后居蓝田寺，先期而寺僧梦天童来降曰："大光经声，通于有顶。"光一日宴坐，自见神人从天而下，抚其心。乃忆先达抱玉大师尝志斯言："令高其法音，当有神之辅翼。"又梦神僧，乳见于心，命光口吮。自尔功力显畅，形神不劳。后诏往资圣寺，长安七年，遭火荡尽，唯于灰中得《法华经》数部，不损一字。以事奏闻，百姓舍施，数日之间，已盈巨万，遂再造其寺。光览此经，倍加精进。后以偏感有亲在吴，未答慈力，表乞归省养。诏许还，止乌程法华寺。

懒瓒食残

《神僧传》云：唐释懒瓒者，衡岳寺执役僧也。退食即收所余而食，性懒食残，故号“懒残”。时李泌寺中读书，察其所为非凡也。李至中夜，潜往谒焉，通名而拜。懒残大诟唾曰：“是将贼我。”李唯拜而已。懒残拨火，出芋啖之，将所啖芋之半以授焉。李捧承尽食而谢。谓李曰：“慎勿多言，领取十年宰相。”李拜而退。后刺史祭岳修路甚严，忽中夜雷雨大作，大石颓下，拦于当路。乃以十牛及数百人推之，人力竭而石愈固，更无他途可以修事。懒残曰：“不假人力，我能去之。”众皆大笑，以为狂人。曰：“何必见笑，试可去之。”遂摇石而动，忽盘转而下，声若震雷，山路即通。众人皆罗拜，一郡皆呼至圣，刺史奉之如神。寺外虎豹成群，日有杀伤，无由禁止。残曰：“授我箠，为尔尽驱除之。”众皆曰：“大石犹可推，虎豹当易制。”残以杖逐之，众僧见虎豹皆远去之。后李泌果十年宰相也。

山翁指示

《高僧传》云：唐释无著，入五台山，到华严寺。始于堂中啜茶，见老僧问曰："子从南方来，还赍数珠来否?"著度之间，失僧之所。因往金刚窟，见一翁古貌，著迎揖。翁牵牛前行，至寺门，唤均提三声。童子开门，牵牛入寺。翁踞白牙床，指锦墩，揖著坐。童子捧二瓯茶，对饮毕，擎玳瑁器，满中酥酪，各赋一匙。著饮之，神府明豁。翁曰："听吾宣偈：一念净心是菩提，胜造恒河七宝塔。宝塔毕竟化为尘，一念净心成正觉。"著俯听凝神，谢曰："蒙示密偈，若饮醍醐。容八智门，敢忘指决。可谓知言，铭刻心府。"翁唤均提，可送师去。童子视著，遂宣偈云："面上无嗔供养具，口里无嗔吐妙香，心里无嗔是珍宝，无染无著是真常。"偈终，恍惚之间，童子及圣寺俱不见。谛观山林，有白云苒苒涌起，成五色云霓。上有文殊，乘师子，而诸菩萨围绕。食顷，东方白云渐遮菩萨身，群像与云偕灭。

自觉祈雨

《高僧传》云：唐释自觉，居平山县重林山院，右肩偏袒，跣足经行，采拾蔬菜，日唯一食。大历二年五月，大旱。恒阳节度使张君，患炎旱，闻觉精苦，躬入山，请祈雨。张语曰："某无政术，致累百姓。三年亢阳，借苦引咎自责，良无补矣。或云：'龙王多依师听法，忘其施雨。'愿师垂救旱之誓，如有白水，如念苍生，请辍禅定，略入军府。"觉乃虔恪，启告龙神，未移晷刻，天辄大雨，二辰告足。张帅归向，勤重若孝子之事父母。觉始入法已来，学诸佛因中誓愿，其数亦四十九。愿造铸大悲菩萨像，身长随数，及乎发言响应，檀施臻萃。用铜铸成，举高四十九尺，梵相端严，千手全具。迨更年稔，寺亦随成。觉于像前胡跪，诵念至三更。神光三道，于晃朗中见阿弥陀佛、观音、势至。佛垂金手，呼自觉，摩其顶曰："守愿勿悛，无宜懈废，利物为先。汝去吾随，任从汝意。"言毕，杳无朕迹。

问法文殊

《佛祖统纪》云：唐国师法照，于湖东寺开五会念佛，感翔云中见阿弥陀佛及二菩萨。复见老人曰："汝先发愿，礼觐文殊，令何辄止？"师遂与同志远诣五台，见寺南有光，及随光至寺。东北一里有山，山有涧，涧北石门旁有二青衣：一称善财，一称难陀，引师入门。北行见金门楼阁，金榜题曰"大圣竹林寺"。寺方二十里，一百院，皆有金地宝塔，华台玉树。入讲堂，见文殊在西、普贤在东，踞师子座，为众说法，菩萨万数共相围绕。师于二菩萨前，作礼问曰："末代凡夫，未审修何法门？"文殊告曰："诸修行门，无如念佛。阿弥陀佛愿力难思，汝当系念，决取往生。"时二大士同舒金臂，以摩其顶，与之记曰："汝以念佛力故，毕竟证无上觉。"文殊后曰："汝可往诣诸菩萨院，巡礼请教。"师历请教授，至七宝园。复回至大圣前，作礼辞退。向二青衣，送至门外。师复作礼，举头俱失。

指往径山

《高僧传》云：唐释法钦，姓朱氏，吴郡人也。鹤林素禅师躬为剃发，寻登坛纳戒，炼行安禅。领径直之一言，越周施之三学。自此辞素南征，素曰："汝乘流而行，逢径即止。"后到临安，视东北之高峦，乃天目之分径。问樵子，言是径山，遂往挂锡于此。大历三年，诏曰："朕闻江左有蕴道禅人，德性冰霜，净行林野。朕虚心瞻企，渴仰悬悬，有感必通，国亦大庆。愿和尚远降中天，尽朕归向，不违愿力，应物见形。今遣内侍黄凤宣旨，特到诏迎，速副朕心。春暄，师得安否？遣此不多及，敕令本州供送。凡到州县，开净院安置，官吏不许谒见，疲师心力。弟子不算多少，听其随侍。"帝见郑重，咨问法要。供施勤至，累赐缣缯，陈设御馔，皆拒而不受。止布衣蔬食，悉令弟子分卫，唯用陶器。行少欲知足，无以俦比。帝闻之，更加仰重，谓南阳忠禅师曰："欲赐钦一名。"手诏赐"国一"焉。

毁僧感报

《华严感应传》云：唐华严藏法师，于曾州北寺讲《华严经》，说法之次，议及邪正。时有弘道观小道士，在侧听法，归谓观主言："北寺讲师，诽毁道教。"观主闻之甚怒，明晨领诸道士来至讲所，面兴愠色，口发粗言，谓藏公曰："但自讲经，何故论道门事？"藏答曰："贫僧自讲《华严》，无他论毁。"观主问曰："一切诸法悉皆平等耶？"藏对曰："诸法亦平等，亦不平等。"观主又问："何法平等？何法不平等？"藏答曰："一切法不出二种：一者真谛，二者俗谛。若约真谛，无此无彼，无自无他，非净非秽，一切皆离，故平等也。若约俗谛，有善有恶，有尊有卑，有邪有正，岂得平等耶？"道士词穷无对，犹嗔不解，于众僧所生毒害言。归观，经一宿，明朝洗面，手约眉发一时俱落，通身疮疱。观主方生悔心，归敬三宝，求哀藏公忏悔，誓愿受持《华严经》一百部。转诵十部未毕，忽感眉发重生，身疮皆愈。

僧道角法

《高僧传》云：唐释崇惠，居于潜落云寺，专诵《佛顶咒》。俄有神白惠曰："师持《佛顶》，少结"莎诃"，令密语不圆。莎诃者，成就义也。今京室佛法为外教凌轹，其危若缀旒，待师解救耳。"惠趋程西上，心亦劳止，于章信寺挂锡。大历三年，太清宫道士史华，上奏请与释宗当代名流，角佛力道法胜负。于时代宗钦尚释门，异道愤其偏重，故有是请也。遂于东明观坛前，架刀成梯。史华登蹑，如常磴道焉。时缁伍互相顾望推排，且无敢蹑者。惠闻之，谒开府鱼朝恩。鱼奏请于章信寺庭，树梯横架，锋刃若霜雪，然增高百尺，东明之梯极为低下。时朝廷公贵、市肆居民，骈足摩肩而观此举。时惠跣足登级下层，有如坦路，曾无难色；复蹈烈火，手探油汤；仍餐铁叶，号为饦饦；或嚼钉线，声犹脆饴。史华怯惧惭惶，掩袂而退。时众弹指叹嗟，声若雷响。诏授鸿胪卿，号曰"护国三藏"。

诵偈出狱

《华严经感应传》云：唐华严藏法师于大慈恩寺住，往崇福寺谒尘律师。时尘律师谓藏法师曰：“有贤安坊郭神亮忽身死，经七日却苏。入寺礼拜见薄尘，神亮自云：顷忽暴亡，近蒙更生。当时有使者三人来，追至冥府平等王所，审问罪福已，神亮当合受罪，令付使者引送地狱。垂将欲入，忽见一僧云：‘我欲救汝地狱之苦，教汝诵一偈。’神亮礼僧救护，早赐偈文。僧诵偈曰：‘若人欲了知，三世一切佛，应观法界性，一切惟心造。’神亮乃志心诵此偈数遍已，神亮及合同受罪者数千万人，因此皆得离苦，不入地狱。斯皆神亮所说，当知此偈能破地狱，诚叵思议。”藏答尘曰：“此乃《华严经·十行品》觉林菩萨偈文。”尘初不信，犹未全记，乃索此经《十行品》检看，果是《十行品》偈中最后偈也。尘公叹曰：“才闻一偈，千万人一时脱苦，何况受持读诵《华严经》全部耶？”

神人舍地

《高僧传》云：唐释道一，姓马氏，汉州人也。生而凝重，虎视牛行，舌过鼻准，足文大字。根尘虽同于法体，相表特异于幻形。既云在凡之境，亦应随机之教。年方稚孺，厌视尘躅，脱落爱取，游步恬旷。削发于资州唐和尚，受具于渝州圆律师。示威仪之旨，晓开制之端。浣衣锻金，观门都错，大龙香象，羁绊则难，权变无方，机缘有待。闻衡岳怀让禅师即曹溪之前后也，于是出岷峨玉垒之深阻，诣灵桂贞篁之幽寂。一见让公，泯然无际，顿门不俟于三请，作者是齐于七人。以为法离文字，犹传蠹露；圣无方所，亦寄清源。遂于临川棲、南康龚公二山，所游无滞，随摄而化。先是，此峰岫间，魑魅丛居，人莫敢近，犯之者灾衅立生。当一宴息于是，有神衣紫玄冠致礼言："舍此地为清净梵场。"语终不见。自尔猛兽毒蛇变心驯扰，舍贪背憎，即事廉让。郡守裴公，躬勤敬礼。

怀空去虎

《高僧传》云：唐释怀空，河阳人，于广福寺出家。大明禅师默识空之器局不常，教诵群经。纳法之后，闻北秀禅师阐化，造而决疑。后往定安山，倏遇一叟，劝空：“镇压此川，我沾大利。”乃结茅而止，前叟即土地神耳。寻因村民逐虎入山，见空欢喜，而白之曰：“此山多虎暴，村落不安，愿和尚示息灾之法。”空曰：“虎亦众生也。若屠害于彼，彼必来报。迭相偿报，何时断期？老僧为诸君计者，善可禳去。”乡人曰：“愚下无知，唯教是从。”空曰：“汝归舍，同心陈置道场，施设大会，空预法筵。”至日之夕，有一虎于庵前瞑目伏地。空曰：“咄哉！恶类。一报未灭，更增宿殃，噬人伦也。天不见诛，死当堕狱，吾悯汝哉！”虎被责已，忽迟回而去。明日斋散上山，其虎在庵前，领其七子。将斋余掷之，各食讫。为其忏悔，群虎弭首而去。百姓胥悦，且曰：“从师居此，俗无疵疠，仍年丰熟。”致拜而退。

武侯后身

《高僧传》云：唐西域亡名僧，其貌恶陋，缠乾陀色缦条衣，穿革屣，曳铁锡，化行于京辇。当韦皋生时，才三日，其家召僧斋。此僧不召自来，韦氏家僮咸怒之，以弊席坐于庭中。既而斋毕，韦氏令乳母抱婴儿出，意请众僧祝愿。梵僧先从座起，摄衣升阶，视之曰："别久美乎？"婴儿有喜色，众皆异之。韦君曰："此子才生三日，吾师何言别久也？"梵僧曰："此非檀越所知也。"韦君固问之，梵僧曰："此子乃诸葛亮之后身也。武侯为蜀丞相，君所知也。缘蜀人受其赐且久，今降生于世，将为蜀帅，必福坤维之人。吾往在剑门，与此子为友，既知其生于君门，吾不远而来。此子作剑南军节度二十年，官至极贵中书令太尉。"父然之，因以武字之。后韦皋为金吾将军，累迁太尉，果契梵僧悬记也。韦皋在任，钦崇释氏，恒持数珠念佛。所养鹦鹉，教令念佛。鹦鹉死，焚之获舍利焉。

神暄持咒

《高僧传》云：唐释神暄，幼而沉静，非问不言。因游婺州开元寺，志愿出家。本郡太守至寺，见暄神彩朗练，顾之数四，且喜曰："是子真出尘之器，异日承受深法，必超上果，非凡气也。"乃诵《七佛俱胝神咒》，昏晓不绝。于金华山北洞石岩，暄居其中，不构庵室，无复床榻，露地而坐。然有神人吐紫云而高覆之，其神时来问道，白暄曰："赤松洞东峰，林泉卓异，师可居之。"暄遂往住数年。此山多寒少阳，神问曰："师须何物？"暄曰："吾在山之阴，苦于凛冽。"神曰："小事耳。"至夜，闻喧阗之声。明旦，见一小峰移去矣。后遇志贤禅师入山，问暄："如此持诵，魔事必生。欲灭魔怨，须识身本。身本既真，无魔无佛。"暄闻已，豁然开悟，理事俱成，神咒功倍。范歘中丞知仰，遣使赍器皿氈褥施暄，暄并回施现前大众。中书舍人王仲，请暄受菩萨戒。平昌孟简尚书，自会稽甄请，不赴。

三生相遇

《稽古略》云：唐释圆观，或云圆泽，寓洛阳慧林寺，与隐士李源善厚，相率游峨眉山。源欲自荆州泝峡以往，观欲由长安斜谷而往。源以为久绝人事，不入京师。观不能强，遂自荆州舟舶南浦。见妇锦裆，负罂汲水。观见而泣，源惊问，观曰："妇人孕逾三载，今既见之，命有所归。公当以符咒，助我速生。三日浴儿，愿公临访，以一笑为信。后十二年中秋月夜，于钱塘天竺寺外，与公再见。"李往看，果致一笑。至晚，死矣。李自洛之吴，赴期约也。果于杭州天竺寺前，葛洪井畔，闻有牧童，扣牛角而歌曰："三生石上旧精魂，赏月吟风莫要论。惭愧情人远相访，此身虽异性常存。"李趋拜曰："观公健否？"答曰："李公真信士。我与君殊途，慎勿相近。然世缘未尽，惟勤修不惰，乃复相见。"又歌曰："身前身后事茫茫，欲话因缘恐断肠。吴越江山寻已遍，却回烟棹上瞿塘。"遂隐不见。

百丈清规

《高僧传》云：唐释怀海，闽人也。少离朽宅，长游顿门，禀自天然，不由激劝。闻大寂阐化南康，操心依附，虚往实归，果成宗匠。后檀信请居新吴界，有山峻极，可千尺计，号百丈山。海既居之，禅客无远不至，堂室隘矣。且曰："禅宗初自达磨，传至六祖以来，多居律寺中。然于说法住持，未合规度。"故常尔介怀，乃曰："祖之道，欲诞布化元，冀来际不泯者，岂宜以阿含教为随行耶？于大小乘律中，博约折中，设规制范，务归于善。"于是别立禅居，得道眼者号"长老"，如西域道高腊长呼"须菩提"也。所裒学众，不论高下，尽入僧堂。堂中设长连床，施椸架挂搭道具。卧必斜枕床唇，为其坐禅既久，略偃息而已。朝参夕聚，饮食随宜，示节俭也。行普请法，示上下均力也。长老居方丈，同维摩之室也。树法堂，表法超言象也。其诸制度，山门轨则，天下禅宗，如风偃草，由海之始也。

裴休赠诗

《高僧传》云：唐释希运，往天台，偶逢一僧偕（按：“偕”，原作“皆”，据《宋高僧传》改）行，言笑自若。运窥之，其目闪烁，烂然射人。相比而行，截路巨溪，泛泛涌溢，倚杖而止。其僧督运渡去，乃强激发之，运曰：“师要渡自渡。”其僧褰衣蹑波，若履平地，曾无沾湿。已到彼岸，招手曰：“渡来。”运曰：“自了汉，早知必斫汝胫。”其僧叹曰：“真大法器，我所不及。”少顷不见。运惝恍自失。后游京阙，分卫至一家门，屏树之后闻姥曰：“太无厌乎？”运曰：“主不悫宾，何厌之有？”姥召入，施食讫，姥曰：“五障之身，忝尝礼惠忠国师来，劝师可往寻百丈山禅师。所惜巍巍乎！堂堂乎！真大乘器也。”运乃还洪井，见海禅师，开了心趣，声价弥高。徇命黄蘗精舍。升平相裴公休钦重躬谒，有诗赠焉：“曾传达士心中印，额有圆珠七尺身。挂锡十年栖蜀水，浮杯今日渡漳滨。一千龙象随高步，万里香花结胜因。愿欲事师为弟子，不知将法付何人。”

并息诗书

《高僧传》云：唐释皎然，名昼，姓谢氏，长城人。幼负异才，性与道合。初脱羁绊，渐加削染。然其兼功并进，子史经书各臻其极。特所留心于篇什中，吟咏情性，造其微矣。京师则公相敦重，诸郡则邦伯所钦，莫非始以诗句牵劝，令入佛智。及中年，谒诸禅祖，了心地法门，与僧标、元浩、灵澈为道交，故谚曰："霅之昼，能清秀。"后居东溪草堂，欲屏息诗书，非禅者之意，而自诲曰："借使有宣尼之博识，胥臣之多闻，终朝目前，矜道侈义，适足以扰我真性。岂若孤松片云，禅座相对，无言而道合，至静而性同哉？吾将入杼峰，与松云为偶。所著诗式及诸文笔，并寝而不纪。"因顾笔砚曰："我疲尔役，尔困我愚（按："愚"下，原有"迷"字，据《宋高僧传》删），数十年间，了无所得。况汝是外物，何累于人哉？住既无心，去亦无我。将放汝各归本性，使物自物，不关于予，岂不乐乎？"遂命弟子黜焉。为颜真卿、于頔、吴季德所敬。

澄观造疏

《高僧传》云：唐释澄观，遍寻名山，旁求秘藏，梯航既具，壶奥必臻。后游五台，一一巡礼。仍住峨嵋，备观圣像。却还五台，居华严寺，专行方等忏法。时寺主贤林，请讲大经，因慨旧疏文繁义约，惙然长想："况文殊主智，普贤主理，二圣合为毗卢遮那，万行兼通，即是《华严》之义也。吾既游普贤之境界，洎妙吉之乡原，不疏毗卢，有辜二圣矣。"观将撰疏，俄于寤寐之间，见一金人当阳挺立，以手迎抱之，无何咀嚼都尽，觉即汗流。自喜吞纳光明遍照之征，遂著疏二十卷。后常思付授，忽夜梦身化为龙，矫首于南台，蟠尾于山北，拿攫碧落，鳞鬣耀目。须臾蜿蜒，化为千数小龙，腾跃青冥，布散而去。盖取象乎教法支分流布也。制疏时，堂前池生五枝合欢莲花，一花皆有三节。洎至长安，朝臣归向，则齐相国、韦太常、武元衡、李逢吉、郑絪、李吉甫等，咸慕高风，俱从戒训。

湛然止观

《高僧传》云：唐释湛然，童丱之时，异于常伦。受经于左溪，与之言大骇，异日谓然曰："汝何梦乎？"然曰："畴昔夜梦，披僧服，掖二轮，游大河之中。"左溪曰："嘻！汝当以止观二法，度群生于生死渊。"乃授以本师所传止观。然德宇凝精，神锋爽拔，其密识深行，气冲慧用，方寸之间，合于天倪，传道学者悦随，如群流之趣于大川。复于吴郡开元寺，敷行止观。无何朗师捐代，挈密藏独运于东南，谓门人曰："道之难行也，我知之矣。古先至人，静以观其本，动以应乎物，二俱不住，乃蹈于大方。今之人，或荡于空，或胶于存，自盲病他，道用不振。将欲取正，舍予谁归？"于是大启上法，旁罗万行，尽摄诸相，入于无间。即文字以达观，导语默以还源，乃祖述所传章句，凡十数万言。心度诸禅，身不逾矩，二学俱炽，群疑日溃。求珠问影之类，稍见罔象之功。行止观之盛，始然之力也。

少康念佛

《佛祖统纪》云：唐释少康，缙云周氏，自幼出家。贞元初，至洛下白马寺，见殿中文籍放光，探之，乃善导和尚《西方化导文》。师曰："若于净土有缘，当更放光。"言已，光复闪烁。师曰："劫石可磨，我愿无易。"遂至长安光明寺善导和尚影堂，大陈荐献，倏见遗像升空，而谓曰："汝依吾教，广化有情。他日功成，必生安养。"师闻是音，如有所证。南适江陵，路逢僧曰："汝欲化人，当往新定。"言讫而隐。师既入郡，人无识者，乃乞钱诱小儿曰："阿弥陀佛是汝导师，念佛一声与汝一钱。"儿务钱者，随声念之。月余孩孺念佛觅钱者众，能念十声者与一钱。如此一年，无长幼贵贱，见师者皆称阿弥陀佛，念佛之声盈满道路。十年乃于乌龙山建净土道场，筑坛三级，集众行道。师每升座，高声唱佛。众见一佛从口而出，连唱十声则见十佛。师曰："汝见佛者，决得往生。"有不见者，呜呼自责。

李渤参问

《高僧传》云：唐释智常，遍参知识，影附南泉。同游大寂之门，乃见江西之道。驻锡庐山，归宗净院，其徒响应，其法风行。无何，白乐天贬江州司马，最加钦重。续以李渤员外，隐嵩山，以著作郎征起，杜元颖排之，出为虔州刺史南康，曾未卒岁，迁江州刺史。渤洽闻多识，百家之书无不该综，号“李万卷”。到郡，喜与白乐天相遇。因言浔阳庐阜，山水之最，人物贤哲。隐沦慧远遗迹，遂述归宗禅师，善谈禅要。李曰：“朝廷金榜，早晚有嗜菜阿师名目？”白曰：“若然，则未识食菜阿师欤。”白强劝游二林，意同见常耳。及见归宗，李问曰：“教中有言：‘须弥纳芥子，芥子纳须弥。’如何‘芥子纳须弥’？”常曰：“人言博士学览万卷书，还是否耶？”李曰：“忝此虚名。”常曰：“摩踵至顶，只若干尺身。万卷书，向何处着？”李俯首无言，再思称叹。常有异相，目耀重瞳，手恒摩错，目眦俱红，号“赤眼归宗”。

全家悟道

《传灯录》云：唐居士庞蕴，衡阳人也。世以儒为业，少悟尘劳，志求真谛。初谒石头和尚，忘言会旨。石头问曰："子自见老僧已来，日用事作么生？"对曰："若问日用事，即无开口处。"呈偈云："日用事无别，唯吾自偶谐。头头非取舍，处处勿张乖。朱紫谁为号，丘山绝点埃。神通并妙用，运水及搬柴。"石头然之，曰："子以缁耶？素耶？"答曰："愿从所慕。"遂不剃染。后之江西，参问马祖云："不与万法为侣者，之什么人？"祖云："待汝一口汲尽西江水，即向汝道。"于言下顿领玄要，乃留驻参承。经涉二载，有偈曰："有男不婚，有女不嫁。大家团圞头，共说无生话。"自尔机辩迅捷。一女名灵照，制竹笊篱，鬻之以供朝夕。偈曰："心如境亦如，无实亦无虚。有亦不管，无亦不居。不是贤圣，了事凡夫。易复易，即此五蕴有真智。十方世界一乘同，无相法身岂有二？若舍烦恼入菩提，不知何方有佛地？"

无业顿悟

《高僧传》云：唐释无业，闻洪州大寂禅门之上首，特往瞻礼。业身逾六尺，屹若山立，顾必凝睇，声侔洪钟。大寂一见异之，笑而言曰："巍巍佛堂，其中无佛。"业于是礼跪而言曰："至如三乘文学，粗穷其旨。尝闻禅师即心是佛，实未能了。"大寂曰："只未了底心即是，更无别物。不了时即是迷，若了即是悟。迷即众生，悟即是佛。道不离众生，岂别更有佛？亦犹手作拳，全拳即手也。"业言下大悟。业曰："本谓佛道长远，勤苦旷劫，方始得成。今日知法身实相，本自具足。万法从心所生，但有名字，无有实者。"大寂曰："一切法性，不生不灭；一切诸法，本自空寂。经云：'诸法从本来，常自寂灭相。'又云：'毕尽空寂舍，诸法空为座。'此即诸佛如来，住此无所住处。若如是知，即住空寂舍，坐空法座。举足下足，不离道场，言下便了，更无渐次，所谓不动足而登涅槃山。"业顶礼而回。

李翱参问

《高僧传》云：唐释惟俨，俗姓寒，谒石头禅师，密证心法，住药山寺。一夜明月，陟彼崔嵬，大笑一声，声应沣阳东九十里。其夜沣阳人皆闻其声，尽云是东家。明晨展转寻问，迭互推寻，直至药山。徒众云："昨夜和尚山顶大笑是欤？"自兹振誉，遐迩喧然。元和中，李翱为考功员外郎，与李景俭相善。俭除谏议，荐翱自代。及俭获谴，翱乃坐此出为朗州刺史。翱闲来谒俨，遂成警悟。初见俨，执经卷不顾。侍者白曰："太守在此。"翱性偏急，乃倡曰："见面不似闻名。"俨乃呼翱，应："唯。"俨曰："太守何贵耳贱目？"翱拱手谢之，问曰："何谓道邪？"俨指天指净瓶曰："云在青天水在瓶。"翱于时暗室已明，凝冰顿泮，寻有偈云："炼得身形似鹤形，千株松下两函经。我来问道无余说，云在青天水在瓶。"又偈："选得幽居惬野情，终年无送亦无迎。有时直上孤峰顶，月下披云笑一声。"翱作礼而退。

智詧结缘

《高僧传》云：唐释智詧，少时英伟，长勤梵学。凡诸经论，一览入神，其所讲宣，音辩浏亮。每临台座，自谓超绝。所患者，听众无几。复自咎责曰：“所解义理，莫违圣意乎？”沉思兀然。偶举首，见老僧而入，詧疑其异，乃自述本缘，因加悔责。又曰：“倘蒙贤达指南，请受甘心，钤口结舌，不复开演。”老僧笑曰：“师识至广，不知此义。大圣犹不能度无缘之人，况其初心乎？师只是与众无缘耳。”詧曰：“岂终世若此乎？”老僧曰：“吾试为尔结缘。”遂问詧：“今有几赀粮耶？”詧曰：“所赀罄竭，只有现受持九条衣而已。”老僧曰：“只此可矣。必宜鬻之，以所易之直，皆作麋饼油食之物。”詧如言作之，遂相与至坰野之中，散掇饼饵。詧咒曰：“今日食我施者，愿当来世与我为法属，我当教之，得至菩提。”言讫，乌鸟乱下啄食。老僧曰：“尔二（按：“二”，原作“一”，据《宋高僧传》改）十年后，方可开法席。”至期盛化邺中，听众盈千数人，果如其言。

隐峰解阵

《高僧传》云：唐释隐峰，俗姓邓氏，建州邵武人也。稚岁憨狂，不徇父母之命。出家纳法，后往观方。见池阳南泉愿禅师，令取澡瓶，提举相应，为愿公所许焉，终认马禅师耳。峰元和年，言游五台山，路出淮西，属吴元济阻兵，违拒王命。官军与贼遇交锋，未决胜负，隐峰曰："我去解其杀戮。"乃飞锡空中，飞身冉冉随去。介两军阵过，战士各观僧飞腾，不觉抽戈匣刃焉。既而入五台山，游遍灵迹。忽于金刚窟前，倒立而死，亭亭然其直如植。时议灵穴之前，当移就爇，屹定如山，并力不动，远近瞻睹，惊叹希奇。峰有妹为尼，入五台山，嗔目咄之曰："老兄畴昔为不循法律，死且荧惑于人。时众已知，妹虽骨肉，岂敢携贰，请从恒度。"以手轻攘，偾然而仆，遂荼毗，收舍利入塔。时邓隐峰遗一颂云："独弦琴子为君弹，松柏青青不怯寒。金矿相和性自别，任向君前试取看。"

宗密造疏

《高僧传》云：唐释宗密，初在蜀，因斋次，受经得《圆觉了义》，深达理趣，乃著《圆觉经疏钞》，皆本一心，而贯诸法。或议云："以师不守禅行而广讲经论，游名邑于大都以兴建为务，乃为多闻之所役乎？岂声利之所忘乎？"嘻！议者焉知大道之所趣哉！夫一心者，万法之总也。分而为戒定慧，开而为六度，散而为万行，未尝非一心，一心未尝违万行。禅者，六度之一耳，何能总诸法哉？且如来以法眼付迦叶，不以法行。故自心而证者为法，随愿而起者为行，未必常同也。然则一心者，万法之所生，而不属于万法得之者，则于法自在矣。见之者，则于教无碍矣。本非法，不可以法说；本非教，不可以教传。岂可以轨迹而寻哉？故遑遑于济拔，汲汲于开诱。有依归者，不俟请则往；有求益者，不俟愤则启。虽童幼不简于应接，虽骜佷不怠于仰励。其以阐教度生，为若此也。

观音显化

《释氏稽古略》云：唐元和十二年，观世音菩萨大慈悲力，欲化陕右，现为美女子相，乃之其所。人见其姿貌风韵，欲求为配。女曰："我亦欲有归，但一夕能诵《普门品》者事之。"黎明，彻诵者二十辈。女曰："女子一身，岂能配众？可诵《金刚经》。"至旦，通者犹十数人。女复不然其请，更授《法华经》七卷，约三日通期，独马氏子能通经。女令具礼成姻，马氏迎之。女曰："适体中不佳，俟少安相见。"客未散，而女已死，乃即坏烂。葬之数日，有老僧扙锡谒马氏，问女所由。马氏引至葬所，僧以锡杖拨之，尸已化矣，唯黄金锁子之骨存焉。僧以锡杖挑骨，谓众曰："此观世音菩萨悯汝等障重，故垂方便化汝耳。宜善思之，因免堕苦海。"语已，飞空而去。自此陕右奉观世音菩萨者众。泉州粲和尚赞曰："丰姿窈窕鬟欹斜，赚煞郎君念《法华》。一把骨头挑去后，不知明月落谁家？"

韩愈参问

《稽古略》云：唐元和十四年，诏迎释迦文佛指骨入内供养。刑部侍郎韩愈上表陈谏，帝大怒，贬潮州刺史。到郡，闻大颠禅师，入山问曰："弟子军州事繁，省要处乞师一句。"师良久不顾，公罔措。时三平为侍者，乃敲床一下。师云："作么?"平云："先以定动，后以智拔。"公乃拜三平而谢曰："和尚门风高峻，愈于侍者处得个入路。"后帝与宰臣语及愈，有可怜者，改袁州刺史。后造大颠，施衣二袭，而请别曰："愈也将去师矣。幸闻一言，卒以相愈。"颠曰："吾闻易信人者，必其守易改；易誉人者，必其谤易发。子闻吾言，而易信之矣。庸知复闻他说，不复以我为非哉?"遂不告。愈知其不可有闻，乃去。至袁州，孟简尚书知愈与大颠游，以书抵愈，嘉其信向。愈答简书，称："大颠颇聪明，识道理，实能外形骸，以理自胜，不为事物侵乱。虽不尽解其语要，且自胸中无滞碍，因与之往还也。"

乐天参问

《传灯录》云：唐释道林，姓潘氏，富阳人也。诣长安西明寺复礼法师，学《华严经》。后谒径山国一禅师，遂得正法。后见秦望山有长松枝叶繁茂，盘屈如盖，遂栖止其上，于时人谓之“鸟窠禅师”。复有鹊巢于其侧，自然驯狎，人亦目为“鹊巢和尚”。有侍者会通，忽一日告辞去。师问曰：“汝今何往?”对曰：“会通为法出家，不蒙和尚垂诲，今往诸方学佛法去。”师曰：“若是佛法，吾此间（按：“间”，原作“问”，据《景德传灯录》改）亦有少许。”问曰：“如何是和尚佛法?”师于身上拈起布毛吹之，会通遂领悟玄旨。元和年中，白居易出守兹郡，向师之名，因入山礼谒，问师曰：“禅师住处甚危险。”师曰：“太守危险尤甚。”白答曰：“弟子位镇江山，何险之有?”师曰：“业火相交，识性不停，得非险乎?”又问：“如何是佛法大意?”师曰：“诸恶莫作，众善奉行。”白曰：“三岁孩儿也解恁么道。”师曰：“三岁孩儿虽道得，八十老人行不得。”白遂礼拜而去。

文帝嗜蛤

《传灯录》云：唐释惟政，姓周氏，平原人也。受度于本州延和寺诠澄法师，得法于嵩山普寂禅师。既了真诠，即入太一山中，学者盈室。太和中，文帝嗜蛤蜊，沿海官吏，先时递进，人亦劳止。一日御馔中，有擘不开者，帝疑其异，即焚香祷之。俄变为菩萨形，梵相具足。即贮以金粟檀香合，覆以美锦，赐兴善寺，令众僧瞻礼。因问群臣："斯何祥也？"或言："太一山有惟政禅师，深明佛法，博闻强识。"帝即令召至，问其事。师曰："臣闻物无虚应，此乃启陛下之信心耳。故经云：'应以此身得度者，即现此身而为说法。'"帝曰："菩萨身已现，未闻说法。"师曰："陛下睹此为常非常耶？信非信耶？"帝曰："希奇之事，朕深信焉。"师曰："陛下已闻说法了。"时皇情悦豫，得未曾有。诏天下寺院，各立观音像，以答殊休。因留师于内道场，供施丰厚。累辞入山，复诏住圣寿寺。后入终南山隐遁焉。

船子和尚

《传灯录》云：唐释德诚，参药山惟俨禅师。得法之后，尝于华亭吴松江间，泛一小舟，优游自乐，时人谓之“船子和尚”。师尝谓同参道吾曰：“他后有灵利座主，指一个来。”道吾因往澧州夹山，见善会禅师。上堂，僧问：“如何是法身？”会曰：“法身无相。”曰：“如何是法眼？”会曰：“法眼无瑕。”道吾乃笑。会乃生疑，问吾：“何笑？”吾曰：“和尚一等出世未有师，可往浙中华亭县，参船子和尚去。”会曰：“访得获否？”道吾曰：“彼师上无片瓦遮头，下无卓锥之地。”会遂直诣华亭，遇船子鼓棹而至。会参礼师，问曰：“座主住甚寺？”会曰：“寺即不住，住即不似。”师曰：“不似，又不似个什么？”会曰：“目前无相似。”师曰：“何处学得来？”会曰：“非耳目之所到。”师笑曰：“一句合头话，万劫系驴橛。垂丝千尺，意在深潭。离钩三寸，速道速道。”会拟开口，师便以篙撞在水中。会因而大悟，师资道契，微笑不留。师当下弃舟而逝。

山神种菜

《神僧传》云：唐释普闻，僖宗第三子。生而吉祥，眉目风骨，清真如画。性不茹荤，僖宗钟爱之。然以无经世意，百计陶写之，终不可回。中和元年，天下乱，僖宗幸蜀，亲王、宗室皆逃亡。闻断发逸游，谒石霜诸，与语叹异曰：“汝乘愿力而来，乃生王家。脱身从我，火中莲花也。”闻夜入室，问祖师别传事。诸曰：“待按山点头，即向汝道。”闻因契悟，依止数岁。乃请遍游名山，诸曰：“逢乾即止，遇陈便住。”于是远游，过昭武，抵大乾。遥望山颠，蔚然深秀，问父老曰：“彼有居者否?”老曰：“有陈嗣者，久隐其中。”因悟师言，即拨草至山。陈嗣一见，乃分坐同住。因乞菜种于嗣，嗣即与之一合，遂入山垦种。后谷口之人相谓曰：“前日而僧入山，经今不出，必为虎所啖。”往视之，有茅庐一所，行者数人，指呼百诺，菜已青矣。盖耕种菜者，乃山神也；行者，乃虎也。陈嗣觉师之胜，乃献所居而遁焉。

知玄直谏

《高僧传》云：唐释知玄，少时聪敏，内外经籍，百家之书，无不该综。武宗御宇初，尚钦释氏。后纳蛊惑者议，望祀蓬莱山，筑高台以祈羽化。虽谏官抗疏，宰臣屡言，终不回上意。因德阳节，缁黄会麟德殿，独诏玄与道门敌言："神仙为可学？不可学耶?"帝叉手付老氏中"理大国，若烹小鲜"义，共黄冠往复。玄陈帝王理道，教化根本，言："神仙之术，乃山林间匹夫独擅高尚之事业，而又必资宿因，非王者所宜。"辞河下倾，辩海横注，凡数千言，闻者为之股慄。大忤上旨，左右莫不色沮。左护军仇士良、内枢密杨钦义，惜其才辩，恐将有斥逐之命，乃密讽贡《祝尧诗》。玄立成五篇，末章云："生天本自生天业，未必求仙便得仙。鹤背倾危龙背滑，君王且住一千年。"帝览诗微解。帝虽不（按："虽不"，原无，据《宋高僧传》补）纳玄忠谏，而嘉其识见。逮僖宗诏赴，对帝谈论，颇解上心，问道勤重。帝旌其美，赐号"悟达国师"。

舍宅为寺

《佛祖统纪》云：唐太子少傅白居易，晚节诵佛经，不茹荤，舍所居宅为香山寺，自称香山居士。尝述赞曰："十方世界，天上天下，我今尽知，无如佛者。巍巍堂堂，为天人师，故我礼足，赞叹皈依。"会昌初，有客舟遭风，漂至大山。一道士曰："此蓬莱山。"一院扃钥甚固，曰："此乐天所居，在中国未来耳。"乐天闻之，为诗曰："吾学真空不学仙，恐君此语是虚传。海山不是居吾处，归则须归极乐天。"遂命工画西方净土一部，昼夜供养，述记略曰："我本师释迦如来，说言西方有世界，号极乐，以无八苦、四恶道也。其国号净土，以无三毒、五浊业故也。其佛号阿弥陀，以寿命无量、愿无量、功德相好光明无量故也。谛观此娑婆世界众生，无贤愚、无贵贱、无幼艾，有起心归佛者，必先念阿弥陀佛。"赞曰："极乐世界清净土，无诸恶道及众苦。愿如我身老病者，同生无量寿佛所。"

悟达洗冤

《水忏序》云：唐悟达国师（按："师"，原无，据《御制水忏序》补），名知玄，未显时，与一僧同居于京寺。其僧患恶疾，众皆嫌之。玄与之邻，时时顾问，略无厌色。疾愈而别，谓玄曰："子向后有难，可往彭州茶陇山相寻，有二松为记。"玄居长安，道德昭著，恩渥甚厚。忽生人面疮于膝上，其痛苦不可胜言，名医皆拱手。因记昔患僧人语，径往茶陇山相寻，乃见二松于烟云间，即趋其所。其僧立于门首，顾接甚欢，延留止宿。玄以所苦告之，僧曰："无伤。岩下有泉，翌日濯之即愈。"黎明，童子引至泉所，方掬水间，疮曰："未可洗，我有宿因，待为说之。公曾看《西汉书·袁盎晁错传》否？"玄曰："曾看。"疮曰："公即袁盎，我即晁错也。错腰斩东市，其冤何如哉！累世求报。而公十世为高僧，戒律精严，报不可得。今汝受人主宠遇，利名心起，奢侈过多，于德有损，故能报之。今蒙迦诺迦尊者，洗我以三昧水，不复与汝为冤矣。"

从礼祈雨

《高僧传》云：唐释从礼，精持律范，造次颠沛必于是。游天台，挂锡于平田精舍。后推为寺之上座，持重安详，喜愠不形于色，唯行慈忍。恒示众曰：“波罗提木叉，是我大师。须知出家非戒，则若猿玃之脱锁焉。”每所行持，切于布萨，诫众令护惜浮囊。时夏亢阳，主事僧来告：“将营罗汉斋，奈何园蔬枯悴，请阇梨祈祷。”礼曰：“但焚香于真君堂。”真君者，周灵王太子。久闻仙去，以仙官受任，为桐柏真人右弼王领五岳司侍帝晨。王子乔来治此山，是故天台山僧坊道观皆塑右弼形象，荐以香果而已。自此俗间号为“山王土地”也。时主事僧，向仙祠而咒曰：“上座要雨，以滋枯悴。”至夜云起，雨霖三日而止。又僧厨中，缺用水槽栈，而山上有赤树，堪中为材。来白礼，礼曰：“某向真君道去。”但庀徒具器以伺之。无何大风卒起，曳仆其树，取用足矣。其感动鬼神，率多此类。

宁师食荷

《高僧传》云：唐释宁师者，岐阳人也，亡其名，时人以姓呼之耳。往来无恒止，出处如常僧。龙纪元年，居山寺中，忽暴终，安卧体暖，忽忽如烂寝焉。僧徒环守，不敢殡敛。三日而苏，众惊问之，答曰："我为冥司追摄，初见一判官云：'和尚寿命未当身死，而食禄以尽已。'乃召吏语，与之检覆。须臾吏曰：'只有干荷叶三石，令注于簿。'又命一人引之，巡历观游去。乃入一门，见数殿，各有榜额。于是徙步，至一殿署，具冠冕如王者，左右数十人侍立，检校阳间之人，作善作恶之事，不能备细瞻问。旁厢数殿，望之黯黯，唯闻苦痛之声。使者不容引去，仍还至本所。判官厅事谓使者曰：'好送师回，但多转念功德经。'宁问曰：'孰是功德经？'曰：'《金刚般若经》也。此经冥间济拔，功德无比。'"及乎苏醒，四顾久矣。乃述前事，闻者骇然。宁师自此，其诸食饮逆口不餐，唯食荷叶而已。

二王问法

《释氏通鉴》云：唐释从谂，初参南泉，得旨后归北地。众请住赵州观音院，道风大振。一日，燕王领兵至镇府界，欲取赵城。有观气者曰："赵州必有圣人者居，战必不胜。"因此燕赵通和。闻有观音院谂禅师，道眼明白，此必应兆。一日，二王命驾谒赵州和尚。师见王，端坐不起。燕王问曰："人王尊？法王尊？"师曰："在人中人王尊，在法中法王尊。"王唯然而已。师良久，乃问："那个是镇府大王？"赵王曰："弟子是。"师曰："老僧滥在化部，不及趋见。"须臾王请说法。师曰："大王尊讳多。"王曰："请去讳说法。"师曰："我佛世尊，一称名号，罪灭福生。大王先祖，才有人触着名讳，便生嗔怒。"赵州于是慈悲说法，二王大悦，稽首而退。至来日，燕王有先锋将入院，欲责慢君之礼。师闻来，乃出门外接。锋云："昨日见二王不起，今日见某甲来，何故出接？"师云："待都使似大王，老僧亦不出接。"锋愧而去。

洞宾参问

《佛祖统纪》云：唐释晦机，姓张氏，清河人也。得法于怀州玄泉彦禅师。天祐元年，游化至鄂州黄龙山。本郡节使施俸创建法宇。奏赐紫衣，号“超慧大师”，大张法席。师一日上堂，僧问曰：“如是和尚家风?”师曰：“琉璃钵盂无底。”问：“如何是君王剑?”师曰：“不伤万类。”曰：“佩者如何?”师曰：“血溅梵天。”曰：“大好不伤万类?”师便打。忽值吕洞宾游华山，遇钟离权，授金丹及剑法。因过鄂州黄龙山，值禅师说法，毅然问曰：“一粒粟中藏世界，半升铛内煮山川。此意如何?”师曰：“守尸鬼。”洞宾曰：“争奈囊中有不死丹。”师曰：“饶君八万劫，终是落空亡。”洞宾不服，夜飞剑以胁之。师已前知，以法衣幪头，端坐方丈，剑绕数匝，师手指之，即堕地。洞宾明日诣师前谢过，师诘曰：“半升铛内即不问，如何是一粒粟中藏世界?”洞宾忽有省，乃述偈谢曰：“自从一见黄龙后，始觉从前错用心。”

闽王问道

《释氏通鉴》云：唐释义存，姓曾氏，泉州人也。因游闽，居雪峰。属王侍中之始据闽越，乃洗兵于法雨，致礼于禅林。闽王王氏雅隆其道，凡斋僧构刹必请问焉。一日登山问曰："朕今造寺修福，布施度僧，遏恶行善，此去还得成佛否？"师云："未得成佛。但是有作之心，皆是轮回。"王云："得何果报？"师云："得生天报，得福寿报。"王默然。少时，雪峰谓王曰："见性是佛。"王云："将何为道？作何修行？"师云："'一切业障海，皆从妄（按："妄"，原作"忘"，据《释氏通鉴》改）想生。若欲忏悔者，端坐念实相。'愿大王识取实相，自然成佛。"大王起礼白言："愿师开示，生死事大。"师曰："真如佛性，三世诸佛，十二部经，并在大王。本性自具足，亦不用求。切须自救，无人相为。若作佛，应须自度。若悟一真如性，不在多言。佛言：'向无功用处证道矣。'愿大王但观本性，若见了，一切自通。"大王闻师指示，大起信心，誓志受持，终无退志，稽首而回。

长汀布袋

《佛祖统纪》云：唐释契此，初见四明奉化，蹙额皤腹，言人吉凶皆验。常以拄杖荷布袋，游化廛市，见物则乞，所得之物悉入布袋。有十八群儿，哗逐之，争制其袋。或于人中，打开袋，出钵盂、木履、鱼饭、菜肉、瓦石等物，撒下云："看看。"又收拾于袋中。尝在路上立，僧问："作么?"师云："等个人来。"曰："来也。"师于怀中，取一橘与之。僧拟接，复缩手云："如不是者个人。"郡人蒋摩诃，每与之游。一日同浴于长汀，蒋见师背一眼，抚之曰："汝是佛?"师止曰："勿说与人。"师常教蒋念摩诃般若波罗密。师游闽中，陈居士供奉甚勤，问师："年几?"曰："我此袋与虚空齐年。"后于岳林寺东廊，坐盘石上而化，葬于封山。复有人见东阳道中，归而知师以亡。复有莆田令王仁，于闽中见之。遗一偈云："弥勒真弥勒，分身千百亿。是时示时人，时人俱不识。"后有人于坟侧，得青磁净瓶、六环锡杖，藏之于寺。

为僧报父

《释氏通鉴》云：唐释师备，闽人，姓谢氏。父以钓鱼为业，因夜泛船坠水，师备鼓棹而救。因见水中月，乃云："先达有言：'一切诸法皆如水月。'若父存，与其同杀，只益三涂之苦。今既不可救，可舍缘出家，报其恩也。"于是投师受具，布衲芒屦，食草接气，终日宴坐。与雪峰义存禅师亲近，师资道契。雪峰以其苦行，呼为"备头陀"。尝携囊出岭，欲遍历诸方参礼。忽到险峻之处，筑着脚指，血流痛楚，叹曰："是身非有，痛从何来？是身是苦，毕竟无生。休休。达磨不来东土，二祖不往西天。"从此回筇岭峤，与雪峰同力缔构，玄徒臻萃。师入室咨决心要，罔替晨昏。又阅《楞严经》，发明心地。由是应机敏捷，与修多罗宜契。诸方玄学，有所未决，必从之请益。至与雪峰征诘，亦当仁不让。雪峰曰："备头陀再来人也。"后忽夜梦父来谢云："得子出家，了明心地，我得生天，故来报汝耳。"

劝停沙汰

《高僧传》云：周释道丕，长安贵里人也。虽童稚聚戏，终鲜笑容。七岁忽绝荤羶，每游精舍，怡然忘返。遂白母，往保寿寺，礼继能法师，尊为轨范。广顺元年，敕召丕为左街僧录，不容陈让，还赴东京，居于僧任。世宗尹厘府政，嫌空门繁杂，欲奏沙汰，召丕同议。时问难交发，开喻其情，且曰："僧之清尚，必不露于人前；僧或凶顽，而遍游于世上。必恐正施薰莸，草和兰茝而芟；方事淘澄，金逐沙泥而荡。大王储明欲照，蓄智当行，为益皇帝邪？为损君亲邪？若益君乎，不令一物失所；若损亲也，是坏六和福田。况以天下初平，疮痍未合，乞待后时搜扬未晚。故老子云：'治大国，如烹小鲜。'虑其动则糜烂矣。"世宗深然其言，其从停寝。及世宗登极，丕谓僧曰："吾皇宿昔有志，汝当相警，护持佛法。"时相国李公涛西、枢密太傅王公朴、翰林丞旨陶公谷等，无不倾心归敬。

闻法顿悟

《高僧传》云：宋国师德韶，俗姓陈氏，处州龙泉人也。后至临川，谒净慧禅师。值上堂，有僧问："如何是曹源一滴水？"净慧曰："是曹源一滴水。"僧惘然而退。韶于坐侧闻已，豁然开悟，平生凝滞，焕然冰释，遂以所悟，闻于净慧。净慧曰："汝向后当为国王之师，致祖道光大，吾不如也。"自是诸方异唱古今玄键，与之决择，不留微迹，寻回本道。游天台，睹智者颉禅师遗踪，有若旧居。韶复与智者同姓，时谓之后身也。初止白沙时，吴越忠懿王，以国王子刺台州，向师之名，延请问道。师谓曰："他日为霸王，无忘佛恩。"乾祐元年，王嗣国位，遣使迎之，申弟子之礼。有传天台智者教义寂者，屡言于师曰："智者之教，年祀寝远，虑多散落。今新罗国其本甚备，自非和尚慈力，其孰能致之乎？"师于是闻于忠懿王。王遣使及赍师之书，往彼国缮写备足而回，迄今盛行于世矣。

延寿放生

《佛祖统纪》云：宋释延寿，总角诵《法华经》，五行俱下，六旬诵毕。衣不缯纩，食无重味。初往参韶国师发明心要，国师尝谓延寿曰："汝向后当大作佛事。"后往天台智者岩，九旬入定。又于国清寺行法华忏，夜见神人，持戟而入。师诃之曰："何得擅入？"对曰："久积净业，方到此中。"夜半绕像，见普贤前莲花在手，遂上智者岩，作二阄：一者，一生禅定；二者，诵经万善，庄严净土。乃冥心精祷，得诵经万善阄，乃拈七度，于是一意专修净业。振锡金华天柱峰，诵经三载。禅观中，见观音以甘露灌其口，遂获辩才无碍。忠懿王请住永明寺，日行一百八事，未尝暂废。学者参问，指心为宗，以悟为则。日暮往别峰行道念佛，旁人闻螺贝天乐之声。王叹曰："自古求西方者，未有如此之专切也。"乃为立西方香严殿，以成其志。师昼放诸生命，夜施鬼神之食，悉皆回向，庄严净土。

螺溪兴教

《佛祖统纪》云：宋释羲寂，永嘉胡氏，幼白二亲出家，入开元寺。依师诵《法华》，暮月而彻。乃造天台，学止观于竦法师，即能领解。尝寓四明育王寺，梦登国清上方，有宝幢座，题曰“文殊台”，栏楯外隔，欲入不可。俄见观音，从堂而出，手却行马，低回相接。忽觉自身，与观音体合为一。自是之后，乐说无尽。初天台教迹，自安史挺乱，近从会昌焚毁，残编断简，传者无凭。师每痛念，力网罗之。先于金华古藏，仅得《净名疏》。吴越忠懿王，因览《永嘉集》，有“同除四住，此处为齐；若伏无明，三藏即劣”之语，以问韶国师。师云：“此是教义，可问天台寂师。”王即召师，出金门建讲，以问前义。师曰：“此出智者《妙玄》，自唐末丧乱，教籍散毁，故此诸文多在海外。”于是吴越王遣使十人，往日本国求取教典。既回，王为建寺螺溪，扁曰定慧，赐号“净光法师”。天台一宗教观，自此而复兴也。

恳留利生

《佛祖统纪》云：宋释义通，姓尹氏，高丽国人。梵相异常，顶有肉髻，眉毫宛转，长五六寸。幼从释宗为师，学《华严》、《起信》，为国宗仰。晋天福时，来游中国。至天台、云居，忽有契悟。及谒螺溪，闻一心三观之旨，及叹曰："圆顿之学，毕兹辙矣。"乃留受业。久之，具体之声，浃闻四远。一日，别同学曰："吾欲以此道，导诸未闻，必从父母之邦，乃括囊东下，假道四明，将登海舶。"郡守太师钱惟治，闻师之来，加礼延屈，咨问心要。复请为菩萨戒师，亲行为授受之礼，道俗趋敬，同仰师模。钱公固留之曰："或尼之，或使之，非弟子之力也。如曰利生，何必鸡林乎？"师曰："缘既汝合，辞不我却。"因止其行。漕使顾承徽屡亲师诲，始舍宅为传教院，请师居之。法智初从师学，敷扬教观。几二十年，升堂受业者不可胜记。常呼人为乡人，有问其故，曰："吾以净土为故乡，诸人皆当往生，皆吾乡人也。"

四明中兴

《佛祖统纪》云：宋释知礼，四明金氏。父经以枝嗣未生，与妻李氏祷于佛，梦神僧携童子遗之曰："此佛子罗睺罗也。"因而有娠。暨生，遂以为名，神宇清粹，不与众伦。七岁丧母，遂求出家。十五具戒，专探律部。后从宝云学教观，首座谓之曰："法界次第，汝当奉持。"师曰："何为法界?"座曰："大总相法门，圆融无碍者是也。"师曰："既圆融无碍，何有次第?"座无对。其父梦师跪于宝云之前，云以瓶水注于口，自是圆顿之旨，一受即了。宝云归寂，师复梦贯宝云之首，擐于左臂而行，即自解曰："将非初表受习流通，次表操持种智之首，化行于世也。"天禧初，郡大旱，与慈云同修光明忏祈雨，约三日无应。当然一手供佛忏未竟，雨已太浃。日本国遣寂照，持源信法师问目二十七条，请答释。师撰《十二门指要钞》，成立别理真如有缘随义，谓真如不变，随缘随义是圆教之理。

警欧阳修

《佛祖统纪》云：宋释居讷，姓蹇氏，梓州人也，住圆通寺。谏议欧阳修归庐陵，舟次九江，因游庐山，往谒禅师，居讷与之论道。师出入百家，而折衷于佛法。修肃然心服，耸听忘倦，至夜分不能已。默默首肯，平时排佛，为之内销，迟回逾日不忍去。师曰："俗谚云：'善骂者人亦骂之。'足下旧著本论，孜孜以毁佛为务，安得众口不毁公于天听之前乎？足下之言，以蒐狩丧祭乡射之礼，为胜佛之本。是犹退之原道，而实未知道也。"修大惊赧，谢曰："修胸中已释然，师将何以见教？"师曰："佛道以悟心为本，足下屡生体道，特以失念。生东华为名儒，偏执世教，故忘其本。诚能运圣凡平之心，默默体会，顿袪我慢，悉悔昨非。观荣辱之本空，了生死于一致，则净念常明，天真独露，始可问津于此道耳。"修自此颇有省发，及后入参大政，每誉于公卿之前。岁时书问，未尝绝矣。

御前升座

《稽古略》云：宋释怀琏，仁宗召琏入化成殿，问佛法大意。奏对称旨，赐号“大觉禅师”。复传旨，效南方禅林仪范，升座演法。又宣慈云大师清满，启白偈曰：“帝苑春回，皇家会启。万乘既临于舜殿，两街获奉于尧眉。爰当和煦之辰，正是阐扬之日。宣谈祖道，上副宸衷。”琏升座，问答罢，乃曰：“古佛堂中，曾无异说。流通句内，诚有多谈。得之者妙用无亏，失之者触途成滞。所以溪山云月，处处同风；水鸟树林，头头显道。若向迦叶门下，直得尧风荡荡，舜日高明，野老讴歌，渔人鼓舞。当此之时，纯乐无为之化，焉知有恁么事？”就下座。皇情大悦，后遣中使问曰：“才去竖拂，人立难当。”师即以颂回进曰：“有节非干竹，三星绕月宫。一人居日下，弗与众人同。”帝览大悦。师乞老山居，进颂曰：“六载皇都唱祖机，两曾金殿奉天威。青山隐去欣何得，满箧唯将御颂归。”宣谕未许。

进《辅教篇》

《稽古略》云：宋释契嵩谒李泰伯，以论儒释，因致书誉师于文忠公。既而师居杭州灵隐，撰《正宗记》，定祖图。至嘉祐三年，赍往京师，经开封府，投状府尹。王公素仲仪以劄子进之曰："臣今有杭州灵隐寺僧契嵩，经臣陈状，称禅门传法祖宗未甚分明，教门浅学各执传记，古今多有争竞。故讨论《大藏经》，备得禅门祖宗所出本末。因删繁撮要，撰成《传法正宗记》，并画祖图，以正传记谬误。兼注《辅教篇》，上陛下表一封，并不干求恩泽，乞臣缴进。臣于释教粗曾留心，观其笔削注述，故非臆论，颇亦精致。陛下万机之暇，深得法乐，愿赐圣览。如有可采，乞降中书看详，特与编入《大藏》目录。"取进止。帝览其书，可其奏，乃送中书丞相韩魏公琦、参政欧阳文忠公修，相与观叹。欧阳公曰："不意僧中有此郎。"探经考证，既无讹谬，于是朝廷旌以"明教大师"号，赐书入藏。

闻雷悟道

《稽古略》云：宋赵清献公抃，平居与天钵重元禅师为方外友，而咨决心法。暨牧青州日，闻雷有省，即说偈曰："退食公堂自凭几，不动不摇心似水。霹雳一声透顶门，惊起从前自家底。举头苍苍喜复喜，刹刹尘尘无不是。中下之人不得闻，妙用神通而已矣。"即而答富郑公书，略曰："抃伏思西方圣人，教外别传之法，不为中下根机之所设也。上智则顿悟而入，一得永得；愚者则迷而不复，千差万别。唯佛与祖，以心传心。其利生接物不得已者，遂有语言文字，种种方便，去圣逾远。诸方学徒忘本逐末，弃源随波，滔滔皆是，斯所谓可怜悯者矣。因有所感，既已稍知本性，无欠无余。古人谓至乐法门，信不诬矣。伏惟福寿康宁，如是备足；退休闲逸，如是之高。其所未甚留意者，如来一大事因缘而已。今兹又复于真性有所悟入，抃敢为贺于门下也。"

北邙山行

《稽古略》云：宋释法泉，幼岁群书博览，过目成诵，遍参知识，颖悟玄机。师尝作《北邙山行》，其文曰："前山后山高峨峨，丧车辚辚日日过。哀歌幽怨满岩谷，闻者潸悲薤露歌。哀歌一声千载别，孝子顺孙徒泣血。世间何物得坚牢？大海须弥竟磨灭。人生还如露易晞，从来有会终别离。苦乐哀感不暂辍，况复百年惊梦驰。去人悠悠不复至，今人不会古人意。栽松起石驻墓门，欲为死者长年计。魂魄悠扬形化土，五趣茫茫井轮度。今人还葬古人坟，今坟古坟无定主。洛阳城里千万人，终为北邙山下尘。沉迷不记归时路，为君孤坐长悲辛。昔日送人哭长道，今为孤坟卧芳草。妖狐穿穴藏子孙，耕夫拨骨寻珠宝。老木萧萧生野风，东西坏冢连晴空。寒食已过谁享祀，冢畔余花寂寞红。日月相催若流矢，贫富贤愚尽如此。安得同游常乐乡，纵经劫火无生死。"

草衣文殊

《稽古略》云：宋太尉吕惠卿，因游五台山，见一童子被发，以蒲自足缠至肩，袒右膊，手执梵策，问太尉曰："官人何求而来？"曰："愿见大士。"问曰："欲见何为？"曰："尝览《华严》大教，旨深意广。欲望大士发启解心，庶几笺释，流行世间，使幽夜顿获光明，大心者即得开悟。"童子曰："诸佛妙意，善顺事理，简易明白。先德注意可解，如《十地》一品，释文不过数纸。今时枝蔓，注近百卷，而圣意逾远，真所谓破碎大道也。"太尉曰："童子貌若此，而敢呵前辈乎？"童子曰："官人谬矣。此间一草一木，无非文殊境界。在汝日用，触途不迷，此真文殊耳。曷以凡情，乱干思虑？"太尉悔前言之谬，即顿首下拜，才起之间，童子现大士形，跨师子，隐隐云中不见。太尉自尔怀恨，心神恍惚。家人问故，太尉曰："吾欲竭诚（按："诚"，原作"请"，据《释氏稽古略》改）悔过，期再见之。"后忽见童子呵曰："胡为住相贪著之甚也。"对曰："欲使世人见真容耳。"

著《护法论》

《佛祖统纪》云：宋居士张商英，初仕，因入僧寺中，见藏经严整，怫然曰："吾孔圣之教，不如胡人之书耶？"夜坐长思，凭纸阁笔。妻向氏曰："何不睡去？"商英曰："吾在此著《无佛论》。"向曰："既言无佛，何论之有？当著《有佛论》可耳。"商英默然而止。后诣同列，见佛龛前《维摩诘经》，信手开视，有云："此病非地大，亦不离地大。"倏然会心，借归细读。向曰："读此经，始可著《无佛论》。"商英闻而大悟，由是深信其道，乃著《护法论》，盛行于世。后谒东林总禅师，遂蒙印可。最后见兜率悦公，商英见其短小，遽问曰："闻公聪明，善文章？"悦笑曰："运使何至失言？从悦对运使论文章，正如运使对从悦论禅也。"商英内惭。是夜宿兜率，语及宗门事，至更深，悦曰："参禅只为命根不断，依语生解，如是之说，公已深悟。然至极微细处，使人不觉不知，堕在区宇。"悦作颂证之。商英遂作十颂，叙其事以酬之。

饭僧赆金

《稽古略》云：宋居士洪庆善，任江东节度使，宿池州。愚丘宗禅师迎之，相与夜话。洪问："饭僧见于何经？"宗曰："《四十二章经》云：'饭凡人百，不如饭一善人；饭善人千，不如饭一无住无作无证之者。'其无住无作无证之者，则是正念独脱。能饭斯人，功齐诸佛，然前辈知此旨者多矣。"洪曰："其为谁乎？"宗曰："且以近说。如秦少游贬藤州，自作挽章，有'谁为饭黄缁'之句。东坡既闻秦讣，以书送银五两，嘱范元长为秦饭僧。及东坡北归，至毗陵，以疾不起，太学生裒钱于东京慧林饭僧，苏黄门撰《东坡墓志》首载之。"洪曰："赆金有据乎？"宗曰："公岂不见《毛诗·小雅·鹿鸣》，燕群臣嘉宾也。饮食之，又实币帛筐篚，以将其厚意。盖饮食不足以尽敬，而加赠遗，以致殷勤也。"洪曰："向读《名臣传》，只见'补仲山衮，和傅说羹'一联而已。今闻师言，其饭僧若此。"遂起敬信，每岁于禅刹饭僧。

天母护身

《佛祖统纪》云：宋隆祐太后孟氏，将去国南向，求护身法于道场，大德有教以奉摩利支天母者。及定都吴门，念天母冥护之德，乃以天母像奉安于中天竺寺，刻石以记事。建炎二年三月，唐州泌阳尉李珏，遇北虏入寇，挟一仆，单骑走。夜匿道旁空舍，闻车过声，遣仆问唐州贼何在。见车中人长丈余，面蓝色，惊而返。珏即乘马追及之，前致敬曰："珏避寇至此，敢问车中何所载?"其人曰："此京西遭劫死人名字，天曹定籍。汝是李珏，亦其数也。"珏大怖告曰："何法可免？愿赐指教。"人曰："能日日念摩利支天菩萨七百遍，向空回向天曹圣贤，则死籍可销，可免兵戈之厄。"珏方拜谢，驾车疾驰而去。自是珏不辍诵持，果获免难。《念诵法》云："南无释迦牟尼佛十声，南无摩利支天菩萨七百声。最上心真言曰：'唵。摩利支娑缚贺。'七百声，愿常护我弟子娑缚贺。"

普庵禅师

《稽古略》云：宋释印肃，俗姓余氏，袁州宜春人也。年六岁，梦异僧勉之出家。父母送之，从寿隆院贤公受业。年二十七落发，越明年受具足戒，贤勉之诵《法华经》。师曰："尝闻诸佛元旨，必贵了悟于心。"遂辞师，游湖湘，谒牧庵忠禅师于大沩山。师问："万法归一，一归何处？"忠竖起拂子，师遂有省。后归受业院，有邻寺曰慈化，众请师住。无常产，师布衾纸衣，粥食禅定，因阅《华严经合论》说偈曰："捏不成团拨不开，何须南岳又天台？六根门首无人用，惹得胡僧特地来。"平居说偈曰："灵妙如如，不异太虚。造化万物，不碍方隅。"慕师之道而来者，师随宜而为说法，或书偈与之。有病患者，折草为药与之，受者即愈。自是灵应非一，不可具述。由是四远檀信，捐金施米，贫者施力，鼎新梵宇，不日而成。或问："师修何行而得此？"师画一画云："会么？"云："不会。"师云："止。止。不须说。"

真武施巾

《启圣实录》云：僧蕴方，投礼西京善济院住持用勤为师，差蕴方化缘众僧。夏浴手巾，到曲阜山下，于涧边见青衣童子前行，蕴方随后。至一林，花叶茂盛，见真武真君坐于石上，检校善恶。蕴方不敢近前，方欲回转，被适见童子相召云："真君唤。"蕴方既面拜真君，蒙问抄注手巾，收上疏目，恐尔难寻吾之住所。令童子将随身手巾一条，与蕴方略充结缘，言："只不得与诸色人称是见吾于此所得。"蕴方拜谢，将手巾归院纳上，只称于曲阜山不识姓名人家，求化得来。用勤接看，其巾长八尺，非凡俗布，入手如纯缨，遇冷处觉热，于暖处却凉，无箝眼，反覆有金光异香。用勤带去，谒昭文馆大学士李中孚，商量进奏。进奉承诏书，宣僧用勤并行童蕴方，赴阙根问。蕴方即依前实奏，奉圣旨，披剃蕴方为僧，留净巾赴内道场供养，令蕴方就在京住院。

金光明忏

《稽古略》云：宋释若讷，孝宗宣讷入对，选德殿赐坐。问曰："何故岁修金光明忏？"讷曰："大梵尊天是娑婆世界主，释提桓因天帝中御三十三天以临下土，四大天王共誓护法护民故，佛为诸天说金光明三昧。此帝王盛世之典也，朝家香火，故宜岁岁行之。"问曰："光明忏科仪如何？"讷曰："经中有理忏，有事忏。理忏者，端坐究心，是以曰：'业障如霜露，皆从妄想生。端坐念实相，慧日能消除。'事忏者，有五：谨自正心诚意，思惟大乘，甚深空义，从善如流，改过不吝，是修第一忏悔；孝事父母，以先四海，是修第二忏悔；正法治世，不枉人民，是修第三忏悔；于六斋日，境内不杀，是修第四忏悔；深信因果，心存般若，不忘灵山付嘱，是修第五忏悔。不必克期礼忏，但能行此五者，以事契理，是名第一义忏悔。"帝大喜曰："甚有开发。"每岁于上天竺寺，建护国金光明忏法道场。

慧远入对

《稽古略》云：宋释慧远，孝宗宣远入对，选德殿赐坐。帝曰："如何免得生死?"远对曰："不悟大乘道，终不能免。"帝曰："如何得悟?"远曰："本有之性，究之无不悟者。"帝曰："悟后如何?"远曰："悟后始之脱体现前，了无毫发可见之相。"帝首肯之。帝曰："即心即佛如何?"远曰："目前无法，陛下唤甚么作心?"帝曰："如何是心?"远正身叉手立曰："只这是。"天颜大悦。上幸灵隐寺，宣远入赐坐。帝曰："有一二事，欲问卿。前日睡梦中，忽闻钟声遂觉，不知梦与觉如何?"远曰："陛下问梦耶?问觉耶?若问觉，而今正是寐寤；若问梦，梦觉无殊，教谁分别?梦即是幻，知幻即离，离幻即觉，觉心不动，故曰：'若能转物，即同如来。'"帝曰："梦幻既非，钟声从甚处起?"远曰："从陛下问处起。"帝复问："前日在此阁静坐，忽然思得'不与万法为侣'，有个见处。"远曰："愿闻圣训。"帝曰："四海不为多。"远曰："一口吸尽西江水。"帝然之。

上问三教

《佛祖统纪》云：宋孝宗皇帝召明州雪窦寺宝印禅师入见，上问曰："三教圣人，本同一理?"师曰："譬如虚空，初无南北。"上曰："但所立门户异耳，故孔子以《中庸》设教。"师曰："非《中庸》何以立世间?《华严》有云：'不坏世间相，而成出世间法。'"上曰："今时学者，只观文字，不识夫子之心。"师曰："非独今之学者。当时颜子为具体，只说得瞻之在前，忽焉在后，如有所立，卓尔亦未足以识夫子之心。夫子亦曰：'二三子，以我隐乎尔。'以此而观，当时弟子尚不识夫子之心，况今人乎？张商英有云：'唯吾学佛，然后能知儒。'"上曰："朕意常作此见。"上又问："老庄之教何如?"师曰："可比佛门中小乘人耳。小乘厌身而桎梏，弃智如杂毒，化火焚身，入无为界。正如庄子形固可使如槁木，心固可使如死灰。老子曰：'吾有大患，为吾有身。'大乘人则不然，度众生尽，方证菩提。"上大悦，即日诏住径山。

僧道辩论

《辩伪录》云：元道家出一书，曰《老君化胡成佛经》及八十一化图，镂板传于四方。其言浅陋诞妄，意在轻蔑释教，而自重其教。少林长老福裕等，以其事奏闻。时上居潜邸，宪宗有旨，令僧道二家诣上所辩析。二家自约："道胜则僧冠首而为道，僧胜则道削发而为僧。"道者又持《史记》诸书以进，欲以多说取胜。帝师曰："此谓何书？"曰："前代帝王之书。"帝师曰："我天竺亦有《史记》，汝闻之乎？"对曰："未也。"帝师曰："我为汝说。天竺频婆娑罗王赞佛功德曰：'天上天下无如佛，十方世界亦无比。世间所有我尽见，一切无有如佛者。'当其说是语时，老子安在？"道不能对。帝师又问："《史记》中有化胡之说否？"曰："无。""然则老子所传何经？"曰："《道德经》。""此外更有何经？"曰："无。"帝师曰："《道德经》中有化胡事否？"曰："无。"帝师曰："《史记》中无，《道德经》中不载，其为伪妄明矣。"道士辞屈，上命如约行罚。

敕烧道经

《辩伪录》云：元至元十八年，都功德司脱因小演赤奏言："往年所焚道家伪经，板本化图多隐匿未毁。其道藏诸书，类皆诋毁释教，剽窃佛语，宜加甄别。"于是命中书省右丞文谦、秘书监友直、正一天师张宗演，暨诸道流，考证真伪。翻阅兼旬，虽卷帙数千，究其本末，惟《道》、《德》二篇为老子所著，余悉汉张道陵，后魏寇谦之，唐吴筠、杜光庭，宋王钦若辈，撰造演说，凿空架虚，罔有根据，诋毁释教，以妄自尊崇。复爱慕其言，而窃为己有，往往改易名号，传注讹舛，失其本真。上可其奏，诏谕天下："道家诸经，可留《道》、《德》二篇。其余文字及板本化图，一切焚毁，隐匿者罪之。民间刊布诸子、医药等书，不在禁例。今后道家者流，其一遵老子之法。如嗜佛者，削发为僧。不愿为僧道者，听其为民。"乃以十月壬子，集百宫于悯忠寺，尽焚道藏伪经杂书。遣使诸路，俾遵行之。

胆巴国师

《神僧传》云：元国师胆巴者，一名功嘉葛剌思，西番突甘斯旦麻人也。幼从西天竺古达麻失利，传习梵音秘密，得其法要。世祖中统年间，帝师八思巴荐之。时怀孟大旱，帝命祈雨，雨随至。又尝咒食投龙湫，顷之奇花异果，涌出波面，取以进上，帝大悦。枢密副使月的迷失镇潮州，妻得疾，胆巴以数珠加其身即愈。又尝为月的迷失言异梦，及己还朝，期后皆验。元贞间，海都犯西番界，成宗命祷于摩诃葛剌神已，而降书果至。又为成宗祷疾遄愈，赐予甚厚。且诏分御前校尉十人，为之导从。成宗北巡，命胆巴以象舆前导。过云川，语诸弟子曰："此地有灵怪，恐惊乘舆，当密持神咒厌之。"未几，风雨大至，众咸惊惧，惟幄殿无虞，复赐碧钿杯。大德七年卒。皇庆间，追号"大觉普惠广照无上胆巴帝师"。